# O Milionário Mora ao Lado

**DR. THOMAS J. STANLEY e
WILLIAM D. DANKO**

# O Milionário Mora ao Lado

## Os Surpreendentes Segredos dos Ricos

ALTA BOOKS
GRUPO EDITORIAL
Rio de Janeiro, 2023

# O Milionário Mora ao Lado

Copyright © 2023 da Starlin Alta Editora e Consultoria Eireli.
ISBN: 978-85-508-1753-8

*Translated from original The MillionaireNext Door. Copyright © 1996 by Thomas J. Stanley and William D. Danko. ISBN 9781589795471. This translation is published and sold by permission of Taylor Trade Publishing an imprint of The Rowman & Littlefield Publishing Group, Inc., the owner of all rights to publish and sell the same. PORTUGUESE language edition published by Starlin Alta Editora e Consultoria Eireli, Copyright © 2023 by Starlin Alta Editora e Consultoria Eireli.*

Impresso no Brasil — 1ª Edição, 2023 — Edição revisada conforme o Acordo Ortográfico da Língua Portuguesa de 2009.

```
Dados Internacionais de Catalogação na Publicação (CIP) de acordo com ISBD

S787m    Stanley, Thomas J.
             O Milionário Mora ao Lado: Os Surpreendentes Segredos dos
         Ricos / Thomas J. Stanley, William D. Danko ; traduzido por Edite
         Siegert. - Rio de Janeiro : Alta Books, 2023.
             288 p. ; 15,8cm x 23cm.

             Tradução de: The Millionaire Next Door
             Inclui índice e apêndice.
             ISBN: 978-85-5081-753-8

             1. Economia. 2. Finanças. 3. Riqueza. I. Danko,William D. II.
         Siegert, Edite. III. Título.
                                                      CDD 332
         2022-2931                                    CDU 336

         Elaborado por Vagner Rodolfo da Silva - CRB-8/9410

                    Índice para catálogo sistemático:
                    1. Economia: Finanças 332
                    2. Economia: Finanças 336
```

Todos os direitos estão reservados e protegidos por Lei. Nenhuma parte deste livro, sem autorização prévia por escrito da editora, poderá ser reproduzida ou transmitida. A violação dos Direitos Autorais é crime estabelecido na Lei nº 9.610/98 e com punição de acordo com o artigo 184 do Código Penal.

A editora não se responsabiliza pelo conteúdo da obra, formulada exclusivamente pelo(s) autor(es).

**Marcas Registradas:** Todos os termos mencionados e reconhecidos como Marca Registrada e/ou Comercial são de responsabilidade de seus proprietários. A editora informa não estar associada a nenhum produto e/ou fornecedor apresentado no livro.

**Erratas e arquivos de apoio:** No site da editora relatamos, com a devida correção, qualquer erro encontrado em nossos livros, bem como disponibilizamos arquivos de apoio se aplicáveis à obra em questão.

Acesse o site www.altabooks.com.br e procure pelo título do livro desejado para ter acesso às erratas, aos arquivos de apoio e/ou a outros conteúdos aplicáveis à obra.

**Suporte Técnico:** A obra é comercializada na forma em que está, sem direito a suporte técnico ou orientação pessoal/exclusiva ao leitor.

A editora não se responsabiliza pela manutenção, atualização e idioma dos sites referidos pelos autores nesta obra.

| | | | |
|---|---|---|---|
| **Produção Editorial**<br>Editora Alta Books | **Coordenação Comercial**<br>Thiago Biaggi | **Assistente Editorial**<br>Andreza Moraes | **Equipe Editorial**<br>Beatriz de Assis<br>Betânia Santos |
| **Diretor Editorial**<br>Anderson Vieira<br>anderson.vieira@altabooks.com.br | **Coordenação de Eventos**<br>Viviane Paiva<br>comercial@altabooks.com.br | **Produtores Editoriais**<br>Illysabelle Trajano<br>Maria de Lourdes Borges<br>Paulo Gomes | Brenda Rodrigues<br>Caroline David<br>Gabriela Paiva<br>Henrique Waldez |
| **Editor**<br>José Ruggeri<br>j.ruggeri@altabooks.com.br | **Coordenação ADM/Finc.**<br>Solange Souza | Thales Silva<br>Thiê Alves | Kelry Oliveira<br>Marcelli Ferreira<br>Mariana Portugal |
| **Gerência Comercial**<br>Claudio Lima<br>claudio@altabooks.com.br | **Coordenação Logística**<br>Waldir Rodrigues<br>logistica@altabooks.com.br | **Equipe Comercial**<br>Adenir Gomes<br>Ana Carolina Marinho<br>Ana Claudia Lima | Matheus Mello<br>Milena Soares<br>**Marketing Editorial** |
| **Gerência Marketing**<br>Andréa Guatiello<br>andrea@altabooks.com.br | **Direitos Autorais**<br>Raquel Porto<br>rights@altabooks.com.br | Daiana Costa<br>Everson Sete<br>Kaique Luiz<br>Luana Santos<br>Maira Conceição<br>Natasha Sales | Amanda Mucci<br>Guilherme Nunes<br>Livia Carvalho<br>Pedro Guimarães<br>Thiago Brito |

## Atuaram na edição desta obra:

**Tradução**
Edite Siegert

**Copidesque**
Vivian Sbravatti

**Revisão Técnica**
Carlos Bacci
Economista e empresário do setor de serviços

**Revisão Gramatical**
Alessandro Thome
Thamiris Leiroza

**Diagramação**
Joyce Matos

**Capa**
Paulo Gomes

Editora afiliada à:

ALTA BOOKS
GRUPO EDITORIAL

Rua Viúva Cláudio, 291 — Bairro Industrial do Jacaré
CEP: 20.970-031 — Rio de Janeiro (RJ)
Tels.: (21) 3278-8069 / 3278-8419
www.altabooks.com.br — altabooks@altabooks.com.br
**Ouvidoria:** ouvidoria@altabooks.com.br

*Para Janet, Sarah e Brad — um milhão de Natais, um trilhão de Quatro de Julhos.*
— T. J. Stanley

*Para minha amada esposa, Connie, e meus queridos filhos, Christy, Todd e David.*
— W. D. Danko.

# Agradecimentos

A BASE PARA O MILIONÁRIO MORA AO LADO FOI CRIADA EM 1973, quando realizei a primeira pesquisa sobre a população abastada. Este livro reflete o conhecimento e as informações obtidas nesse estudo inicial e em muitos outros sobre os ricos que se seguiram. Então, meu coautor, Bill Danko, e eu realizamos um estudo de maio de 1995 a janeiro de 1996 que consideramos ser muito revelador. Nós nos responsabilizamos por esses estudos, e isso nos permitiu ter total controle para focar fatores que explicam como as pessoas se tornam ricas nos Estados Unidos.

Ao longo do caminho de reunir conhecimento sobre os ricos, fui auxiliado por pessoas realmente extraordinárias. Bill foi meu "braço direito" mais importante e valioso desde o início dessa pesquisa. Ninguém poderia querer um coautor melhor que o Dr. Bill Danko.

Estou em dívida para com minha mulher, Janet, por sua orientação, paciência e auxílio no desenvolvimento das primeiras formas do manuscrito. Um obrigado muito especial vai para Ruth Tiller pelo excelente trabalho na formatação dos questionários, transcrição das entrevistas, edição e processamento de texto. Toda a gratidão do mundo para Suzanne De Galan pelo extraordinário trabalho na edição do manuscrito. Também devo reconhecer a contribuição de meus filhos, Sarah e Brad, por sua ajuda como estagiários neste projeto.

Finalmente, gostaria de citar as milhares de pessoas que contribuíram para nosso trabalho com sua franqueza, disposição e interesse em contar "sua história". Elas são realmente os milionários que moram ao lado!

Dr. Thomas J. Stanley<br>
Atlanta, Geórgia

Muitas pessoas impulsionaram minha carreira. Sou especialmente grato ao meu principal núcleo de apoiadores na Universidade de Albany, da Universidade do Estado de Nova York. Os professores Bill Holstein, Hugh Farley, Don Bourque, Sal Belardo e outros contribuíram de forma consistente para um ambiente de cooperação na universidade que permitiu que este trabalho fosse concluído. E, certamente, não fosse por Bill e Don levarem Tom Stanley para lecionar na universidade no início dos anos 1970, este livro e outros esforços bem-sucedidos da equipe Stanley/Danko jamais teriam existido.

As árduas tarefas associadas com as muitas pesquisas empíricas necessárias para completar o livro foram alegremente terminadas sob minha orientação por meus filhos, Christy, Todd e David. Sua diligência e atenção aos detalhes não poderiam e não foram motivadas por "uma taxa pelo serviço". Eles realizaram suas tarefas como se o projeto realmente lhes pertencesse. Acredito que essa exposição à pesquisa de marketing fará deles consumidores bem informados quando moldarem suas carreiras.

Finalmente, devo reconhecer e aplaudir a minha mãe, que instilou disciplina e fé em mim. Por seu exemplo vivo de trabalho duro apesar das adversidades, ela me ensinou a viver uma vida honrosa de perseverança e coragem guiada por Deus.

Dr. William D. Danko<br>
Albany, Nova York

# Sumário

| | |
|---|---:|
| Tabelas | xi |
| Prefácio | xv |
| | |
| Introdução | 1 |
| 1: Conheça o Milionário que Mora ao Lado | 9 |
| 2: Frugal Frugal Frugal | 29 |
| 3: Tempo, Energia e Dinheiro | 73 |
| 4: Você Não É o Carro que Dirige | 113 |
| 5: Suporte Financeiro | 145 |
| 6: Ação Afirmativa, Estilo Familiar | 179 |
| 7: Encontre Seu Nicho | 215 |
| 8: Empregos: Milionários versus Herdeiros | 233 |
| | |
| Apêndice 1: Como Encontramos Milionários | 253 |
| Apêndice 2: Automóveis de 1996: Preço Estimado por Libra | 255 |
| Apêndice 3: Negócios/Ocupações de Milionários que Trabalham para Si Próprios | 261 |
| | |
| Índice | 265 |

# Tabelas

1-1: Os Dez Principais Grupos Ancestrais de Milionários Norte-americanos, p. 20

1-2. Os Quinze Principais Grupos Ancestrais Economicamente Produtivos de Pequena População, p. 24

2-1: Preços Pagos por Milionários por Roupas e Acessórios, p. 34

2-2: Cartões de Crédito de Membros de Famílias de Milionários, p. 46

2-3: Contrastes entre Contribuintes Norte-americanos, p. 60

3-1: Apreensões, Receios e Preocupações: Dr. North versus Dr. South, p. 75

3-2: Hábitos de Consumo: Os Norths versus os Souths, p. 82

3-3: Disparidades entre Renda e Riqueza, p. 95

3-4: Apreensões, Receios e Preocupações: PARs versus SARs, p. 97

3-5: Planejamento de Investimentos e Contrastes Demográficos: PARs versus SARs de Renda Média, p. 100

3-6: Horas Alocadas: Dr. North versus Dr. South, p. 105

4-1: Automóveis de Milionários: Modelo-Ano, p. 117

4-2: Automóveis de Milionários: Preço de Compra, p. 118

4-3: Orientações de Milionários na Compra de Veículos, p. 123

4-4: Estilos de Vida Econômicos de Tipos de Aquisição de Veículos, p. 132

5-1: Suporte Financeiro Dado por Pais Ricos a Filhos Adultos e/ou Netos, p. 149

5-2: Recebedores versus Não Recebedores de Presentes em Espécie: Quem Tem Mais Riqueza/Renda?, p. 155

6-1: A Probabilidade de Receber uma Herança Vultosa: Contrastes Ocupacionais, p. 181

6-2: A Probabilidade de Receber Presentes Financeiros Substanciais: Contrastes Ocupacionais, p. 181

6-3: Média de Renda Anual: Homens versus Mulheres nas Vinte Profissões Produtoras de Maior Renda, p. 185

6-4: Executivos Corporativos — Presentes e Herança: Contrastes entre Filhos Adultos dos Ricos, p. 192

6-5: Empresários — Presentes e Herança: Contrastes entre Filhos Adultos dos Ricos, p. 201

6-6: Médicos — Presentes e Herança: Contrastes entre Filhos Adultos de Ricos, p. 202

7-1: Alocação Estimada de Bens Avaliados em US$1 Milhão ou Mais ($ Bilhões), p. 217

7-2: Taxas Estimadas para Serviços de Propriedade ($ Milhões), p. 217

7-3: Previsão de Quantidade e Valor de Propriedades de US$1 Milhão ou Mais, p. 221

7-4: Previsão de Quantidade de Propriedades Avaliadas em US$1 Milhão ou Mais Classificadas por Quantidades por Estado no Ano de 2000, p. 222

7-5: Estimativa de Domicílios de Milionários em 2005, p. 230

8-1: Classificação de Categorias Selecionadas de Proprietários Individuais Segundo a Porcentagem de Renda Líquida: 1984 versus 1992, p. 237

8-2: Os Dez Negócios Mais Lucrativos de Proprietários Individuais, p. 242

8-3: Negócios/Ocupações de Milionários Autônomos, p. 245

Esta publicação é destinada a oferecer informações precisas e confiáveis sobre o tema descrito. Ela é vendida com o compromisso de que nem o autor e nem o editor pretendem prestar serviços legais, de investimentos, contabilidade ou outros serviços especializados. Se for preciso uma orientação jurídica ou de outro tipo, os serviços de um profissional competente devem ser procurados.

Todos os nomes nos estudos de caso contidos neste livro são pseudônimos.

# Prefácio

RECENTEMENTE, UMA REPÓRTER ME PERGUNTOU SOBRE AS MUDANÇAS que notei entre a população de milionários norte-americanos desde o atual colapso econômico. Ela queria saber se o mercado de milionários desapareceu, considerando-se os atuais retrocessos no valor de mercado de ações e imóveis. Respondi que o milionário que mora ao lado está vivo e passa bem, mesmo nesta recessão. Desde 1980, constatei de forma consistente que a maioria dos milionários não tem toda a riqueza presa a portfólios de ações ou imóveis. Um dos motivos pelos quais eles são economicamente bem-sucedidos é que pensam de um jeito diferente. Muitos milionários me disseram que uma verdadeira diversidade tem muito a ver com o controle dos investimentos; ninguém controla o mercado de ações. Mas é possível, por exemplo, você controlar seus negócios, investimentos privados e o dinheiro emprestado a particulares. Em nenhum momento nos últimos 30 anos encontrei um milionário comum com mais que 30% de seus bens investidos em ações de empresas de capital aberto. Geralmente, eles ficam na faixa entre 20% e 25%. Essas porcentagens são consistentes com as encontradas em estudos realizados pelo Internal Revenue Service [equivalente à Receita Federal, no Brasil], que tem o melhor conjunto de dados sobre milionários no mundo.

Observe o perfil do casal de milionários-que-moram-ao-lado, a Sra. T e o marido. Para a maioria, o estilo de vida do casal é monótono, até comum. Ela usa um relógio de pulso Timex, e o marido, um Seiko (número um entre milionários). O casal compra as roupas na Dillard's, J.C. Penney e T.J. Maxx; eles compraram apenas dois carros nos últimos 10 anos: ambos da Ford. O valor de mercado atual de sua casa está em torno de US$275 mil. O corte de cabelo mais recente da Sra. T custou US$18. No entanto, eles são incomuns, pois têm independência financeira.

Quando falo de pessoas como a Sra. T e o marido, sempre alguém pergunta: "Mas eles são felizes?" Noventa por cento dos milionários que moram em casas com valor inferior a US$300 mil estão muito satisfeitos com a vida. E, em meu trabalho mais recente, afirmo que há três vezes mais famílias com investimentos de US$1 milhão ou mais morando em casas que valem US$300 mil ou menos do que morando em residências de US$1 milhão ou mais.

Mesmo a maioria dos multimilionários nos Estados Unidos não mora em casas caras. Recentemente, tabulei os dados de 2007 do Imposto de Renda (os mais recentes disponíveis) em relação aos falecidos com um patrimônio avaliado em US$3,5 milhões ou mais. Calculei que o valor de mercado da casa de um falecido era de US$469.021, ou menos de 10% do valor médio de seu patrimônio líquido. Na média, esses falecidos tinham duas vezes e meia mais de sua riqueza aplicada em imóveis com fins de investimento do que nas próprias residências.

Criar o perfil da população de milionários que moram ao lado foi um processo cumulativo que ainda continua. Originalmente, usei uma descrição diferente para definir esse segmento. Primeiro, eu o chamei de segmento de "rico de colarinho azul" em um artigo intitulado "Segmentação de Mercado: Utilizando Determinantes de Investimento", que apresentei em 10 de outubro de 1979 em uma conferência da Associação da Indústria de Títulos em Nova York. No início de maio de 1979, a Bolsa de Valores de Nova York havia pedido que eu desenvolvesse um conjunto de implicações e recomendações de marketing com base no então recém-concluído estudo nacional de 2.741 famílias sobre padrões de investimento e atitudes e comportamentos em relação a dinheiro. Isso proporcionou a base para o artigo mencionado. O ponto principal desse artigo era:

> *oportunidades existem em segmentos que o setor de investimentos ignorou por anos... Membros desse realmente grande segmento, os ricos de colarinho azul, não precisam comprar artigos caros que fazem parte dos bens do trabalhador de colarinho branco...*

Na época da apresentação, dei-me conta de que o segmento do milionário de colarinho azul/que mora ao lado existia e provavelmente era bem grande. Não muito depois de eu ter identificado esse mercado, descobri qual era realmente seu tamanho.

Em junho de 1980, um banco de atacado me pediu para realizar um estudo nacional sobre a população de milionários nos Estados Unidos. Durante a etapa de planejamento, ocorreu um evento que exerceu grande influência no rumo de minha carreira. Tive minha epifania sobre o segmento do milionário-que-mora-ao-lado certa manhã na reunião de uma força-tarefa com meu cliente, colega e amigo Jon Robbin. Jon é um matemático que estudou em Harvard e realizou o perfil de características de riqueza de residentes em mais de 200 mil bairros em todos os Estados Unidos. Ele disse, casualmente: "Cerca de metade dos milionários nos Estados Unidos não vive em bairros nobres." Foi então que uma luz se acendeu em minha mente! A história realmente interessante não era sobre a população de milionários em geral. Era sobre os milionários discretos, os que moravam em casas modestas situadas em bairros de classe média ou até de operários. Desse momento em diante, comecei a estudar intensamente e escrever sobre os tipos de milionários-que-moram-ao-lado. A pesquisa que realizei 30 anos antes, em 1980, foi o primeiro estudo abrangente nacional sobre o tamanho, distribuição geográfica e estilo de vida dos milionários. Os principais achados eram totalmente congruentes com os vários estudos que eu realizei desde aquela época.

Fui o autor do "The National Affluent Study 1981–1982" para um consórcio das 50 maiores instituições financeiras nos Estados Unidos. Além de planejar o estudo, viajei pelo país conduzindo entrevistas com grupos focais de milionários. Mais tarde, muitas dessas instituições, incluindo 7 das 10 maiores instituições fiduciárias dos Estados Unidos, me pediram para realizar entrevistas com grupos focais e levantamentos com pessoas abastadas em seu nome. Como resultado, tive a oportunidade de conhecer mais de 500 milionários pessoalmente. A interpretação dessas entrevistas, assim como de muitas outras que realizei, está descrita em todo *O Milionário Mora ao Lado*. É interessante notar que os milionários entrevistados em Oklahoma e Texas, por exemplo, seguiam o mesmo conjunto de valores tradicionais norte-americanos que os entrevistados em Nova York e Chicago. A grande maioria estava muito interessada em ter independência financeira, por esse motivo, viviam abaixo de suas possibilidades.

Antes de escrever *O Milionário Mora ao Lado*, passei quase um ano revisando os dados de minhas pesquisas e as transcrições das entrevistas realizadas entre 1982 e 1996. Acho que essa abrangente pesquisa e análise tornam O *Milionário Mora ao Lado* um best-seller perene. Pelo preço de um livro, o leitor está, na verdade, comprando o equivalente a mais de US$1 milhão em valiosas pesquisas e interpretações.

Por que continuo a escrever sobre os ricos? Não é para o benefício deles! O que escrevo se destina a esclarecer os que estão confusos e mal informados sobre o que significa ser rico. A maioria dos norte-americanos não tem ideia do verdadeiro funcionamento interno de uma família rica. A indústria da publicidade e Hollywood fizeram um ótimo trabalho nos condicionando a acreditar que a riqueza e o hiperconsumo caminham juntos. No entanto, como eu já disse várias vezes, a grande maioria dos ricos vive bem abaixo de seus ganhos. Infelizmente, a maioria dos norte-americanos acha que está imitando os ricos ao consumir imediatamente qualquer aumento em seu fluxo de caixa.

Mas os tipos de milionários-que-moram-ao-lado agem diferente. Como me disse uma engenheira milionária, "Depois da faculdade, meu marido (também engenheiro) e eu conseguimos bons empregos. Vivemos com um salário e poupamos o outro. Sempre que temos aumentos, simplesmente poupamos mais. Moramos na mesma casa modesta de 170m$^2$ durante 20 anos... Às vezes meus filhos perguntam se somos pobres, porque faço com que peçam algo do cardápio promocional".

Os Estados Unidos ainda são uma terra de oportunidades. Nos últimos 30 anos, descobri que de 80% a 85% dos milionários se fizeram sozinhos. Há um grande orgulho, alegria e satisfação em construir a própria fortuna. Inúmeros milionários me disseram que a jornada para a riqueza é muito mais satisfatória do que o destino. Quando olham para trás e veem suas histórias de criação de riqueza, eles se lembram constantemente de definir metas econômicas e a grande felicidade obtida ao atingi-las. Sim, no contexto da realização econômica, é sobre a viagem, a jornada para a independência financeira, que os milionários que moram ao lado tanto se gabam.

Dr. Thomas J. Stanley<br>
Junho, 2010<br>
Atlanta, Geórgia

Visite o Dr. Stanley em www.thomasjstanley.com [conteúdo em inglês].

# Introdução

VINTE ANOS ATRÁS, COMEÇAMOS A ESTUDAR COMO AS PESSOAS ENRIquecem. No início, fizemos o que você imagina, pesquisando pessoas em vizinhanças sofisticadas em todo o país. Na época, descobrimos algo estranho. Muitas pessoas que vivem em casas caras e dirigem carros de luxo na verdade não têm muito dinheiro. Então descobrimos algo ainda mais estranho: muitas pessoas que têm uma grande riqueza nem ao menos moram em vizinhanças sofisticadas.

Esse pequeno insight mudou nossa vida. Ele tirou um de nós, Tom Stanley, da carreira acadêmica, inspirou-o a escrever três livros sobre marketing para os ricos dos Estados Unidos e o tornou consultor de corporações que oferecem produtos e serviços para pessoas abastadas. Além disso, ele realizou pesquisas sobre os ricos para sete das dez maiores instituições financeiras dos Estados Unidos. Juntos, apresentamos centenas de seminários sobre o tema focando os ricos.

Por que tantas pessoas se interessam pelo que temos a dizer? Porque descobrimos quem os ricos realmente são ou não são. E, mais importante, determinamos como pessoas comuns podem enriquecer.

O que há de tão profundo nessas descobertas? Só isto: a maioria das pessoas entende mal a riqueza nos Estados Unidos. Riqueza não é o mesmo que renda. Se você tem uma boa renda todos os anos e a gasta toda, não está ficando mais rico. Está apenas levando um padrão de vida elevado. A riqueza é o que você acumula, não o que gasta.

Como ficar rico? Aqui também as pessoas não entendem bem. Raramente é sorte, herança, ensino superior avançado ou até inteligência o que permite às pessoas reunir fortuna. A riqueza é mais frequentemente o resultado de um estilo de vida de trabalho duro, perseverança, planejamento e, acima de tudo, autodisciplina.

Introdução

## Por que não estou rico?

Muitas pessoas se fazem essa pergunta o tempo todo. Muitas vezes, elas trabalham duro, são instruídas e ganham bem. Por que, então, tão poucas são ricas?

**MILIONÁRIOS E VOCÊ**

Nunca houve mais riqueza pessoal nos Estados Unidos do que hoje (mais de US$22 trilhões em 1996). No entanto, a maioria dos norte-americanos não é rica. Cerca de metade de nossa riqueza pertence a 3,5% das famílias. A maioria das outras famílias nem chega perto. Por "outras famílias", não nos referimos a quem deixou de trabalhar. A maioria desses milhões de famílias é composta de pessoas que têm rendas moderadas, até altas. Mais que 25 milhões de domicílios nos Estados Unidos têm renda anual acima de US$50 mil; mais de 7 milhões, acima de US$100 mil. Mas, apesar de "ganharem bem", muitas dessas pessoas têm baixos níveis de riqueza acumulada. Muitas vivem de um salário a outro. Elas são as pessoas que mais se beneficiarão deste livro.

A família média (comum) nos Estados Unidos tem um patrimônio líquido inferior a US$15 mil, excluindo o imóvel. Desconte o valor de carros, móveis etc. e, adivinhe: quase sempre a família não tem nenhum ativo financeiro, como ações e títulos. Quanto tempo poderia uma família média norte-americana sobreviver economicamente sem um cheque mensal do empregador? Talvez um mês ou dois, na maioria dos casos. Mesmo os no quintil superior não são realmente ricos. Seu patrimônio líquido em média é inferior a US$150 mil. Excluindo o imóvel, o patrimônio médio desse grupo cai para menos que US$60 mil. E os idosos? Sem os benefícios da Previdência Social, quase metade dos norte-americanos acima dos 60 anos viveria na pobreza.

Só uma minoria de norte-americanos tem até mesmo os tipos mais convencionais de ativos financeiros.[1] Somente cerca de 15% dos domicílios norte-americanos têm uma conta de depósito remunerado do mercado financeiro (que paga juros); 22%, um certificado de depósito

---

[1] As aplicações financeiras citadas no original, bem como a participação porcentual de cada uma, são típicas do mercado dos EUA e apresentam semelhanças e/ou diferenças com as que existem no Brasil. Na edição em português citam-se aplicações de características razoavelmente semelhantes. [N. do RT.]

bancário; 4,2%, um fundo de renda fixa; 3,4%, títulos da dívida pública municipal) e debêntures; menos que 25%, ações e fundos de investimento; 8,4%, renda de aluguel; 18,1%, títulos do Tesouro e 23%, contas IRA e KEOGH (planos de aposentadoria).

Mas 65% das famílias têm imóvel próprio, e mais de 85% têm um ou mais carros. Estes depreciam rapidamente. Ativos financeiros tendem a se valorizar.

Os milionários sobre os quais discutimos neste livro têm independência financeira. Eles podem manter o atual estilo de vida durante anos sem trabalhar. A grande maioria desses milionários não é descendente dos Rockefeller ou Vanderbilts. Mais de 80% são pessoas comuns que acumularam sua riqueza em uma geração. Eles o fizeram devagar, com regularidade, sem assinar um contrato multimilionário com os Yankees, sem ganhar na loteria, sem se tornar o próximo Mick Jagger. Fortunas inesperadas chegam às manchetes, mas elas são raras. No curso da vida de um adulto, a probabilidade de ficar rico seguindo esses caminhos é menor do que um em 4 mil. Compare essas probabilidades com a proporção de domicílios norte-americanos (3,5 em cada 100) na categoria de patrimônio líquido de US$1 milhão ou mais.

**OS SETE FATORES**

Quem fica rico? Geralmente o rico é um homem de negócios que morou na mesma cidade toda a vida adulta. Essa pessoa tem uma pequena fábrica, uma cadeia de lojas ou uma empresa prestadora de serviços. Ele se casou uma vez e continua casado. Ele é vizinho de pessoas com uma fração de sua fortuna. Ele é um poupador e investidor compulsivo. E ganhou seu dinheiro sozinho. *Oitenta por cento dos milionários dos Estados Unidos são ricos de primeira geração.*

Pessoas ricas normalmente adotam um estilo de vida que leva ao acúmulo de dinheiro. No curso de nossas investigações, descobrimos sete denominadores comuns entre os que tiveram êxito na construção da fortuna.

1. Elas vivem bem abaixo de suas posses.
2. Elas alocam tempo, energia e dinheiro com eficiência, de um jeito a reunir fortuna.

3. Elas acreditam que a independência financeira é mais importante que exibir um elevado status social.

4. Seus pais não lhes ofereceram suporte financeiro [*"economic outpatient care"*].

5. Seus filhos adultos são economicamente autossuficientes.

6. Elas são hábeis em identificar oportunidades de mercado.

7. Elas escolhem a profissão certa.

Em *O Milionário Mora ao Lado*, você estudará essas sete características dos ricos. Esperamos que aprenda como desenvolvê-las também.

## A PESQUISA

A pesquisa para *O Milionário Mora ao Lado* é a mais abrangente já realizada sobre quem é rico nos Estados Unidos — e como eles chegaram lá. Grande parte dessa pesquisa foi desenvolvida a partir de um estudo que fizemos e que, por sua vez, foi desenvolvido a partir de estudos que realizamos ao longo de 20 anos. Esses estudos incluíram entrevistas pessoais e com grupos focais com mais de 500 milionários e levantamentos de mais de 1.100 entrevistados com patrimônio líquido ou renda elevados.

Mais de mil pessoas responderam ao nosso último estudo,[2] que foi realizado de maio de 1995 até janeiro de 1996. Perguntei a cada entrevistado sobre suas atitudes e seus comportamentos referentes a uma ampla variedade de questões relativas à riqueza. Cada participante de nosso estudo respondeu a 249 perguntas. Elas abordavam temas como planejamento de orçamento doméstico ou a falta dele; temores e preocupações financeiros e de métodos de barganha ao comprar um carro; e categorias de presentes financeiros, ou "atos de generosidade", que os ricos dão aos filhos adultos. Várias seções do questionário pediam aos entrevistados que indicassem o máximo que já gastaram com automóveis, relógios de pulso, ternos, sapatos, férias etc. Esse estudo foi o mais ambicioso e minucioso que já realizamos. Nenhum outro focou os fatores-chave que explicam como as pessoas enriquecem em uma geração.

---

2 Para detalhes sobre como escolhemos os entrevistados para a pesquisa, veja o Apêndice 1.

Tampouco revelou por que tantas pessoas, mesmo aquelas com rendas elevadas, nunca acumulam mesmo uma modesta riqueza.

Além de nosso estudo, obtivemos insights consideráveis sobre o milionário-que-mora-ao-lado em outra pesquisa. Gastamos centenas de horas realizando e analisando profundamente entrevistas com milionários que se fizeram sozinhos. Também entrevistamos muitos de seus consultores, como contadores e especialistas de outras áreas. Esses especialistas foram muito úteis em nossa exploração de questões subjacentes ao acúmulo de riqueza.

O que descobrimos em todas as nossas pesquisas? Basicamente, que construir fortuna exige disciplina, sacrifício e trabalho duro. Você quer mesmo ter independência financeira? Você e sua família estão dispostos a reorientar seu estilo de vida para alcançar essa meta? É provável que muitos concluam que não estão. Porém, se você estiver disposto a fazer as escolhas — e o consequente abrir mão de algo — necessárias em seu tempo, energia e hábitos de consumo, pode começar a construir riqueza e alcançar independência financeira. *O Milionário Mora ao Lado* o iniciará nessa jornada.

# O Milionário Mora ao Lado

Capítulo 1

# Conheça o Milionário que Mora ao Lado

> *Essas pessoas não podem ser milionárias! Elas não se parecem com milionárias, não se vestem como milionárias, não comem como milionárias, não agem como milionárias — elas nem têm nomes de milionárias. Onde estão os milionários que se parecem com milionários?*

QUEM DISSE ISSO FOI O VICE-PRESIDENTE DE UM TRUST. ELE FEZ ESSES comentários depois de uma entrevista com um grupo focal e um jantar que oferecemos a dez milionários de primeira geração. A visão que ele tem de milionários é compartilhada pela maioria das pessoas que não são ricas. Elas acham que milionários usam roupas, relógios e outros artigos de status caros. Descobrimos que não é bem assim.

Na verdade, nosso amigo funcionário de uma instituição fiduciária gasta muito mais por seus ternos do que o típico milionário norte-americano. Ele também usa um relógio de US$5 mil. Por meio de nossas pesquisas, sabemos que a maioria dos milionários não gasta nem um décimo disso em um relógio. Nosso amigo também dirige um moderno carro de luxo importado. A maioria dos milionários não dirige um carro do ano. Somente uma minoria dirige carros estrangeiros. Uma minoria ainda menor dirige carros de luxo. Nosso amigo daquele trust faz leasing [arrendamento], algo que só uma minoria de milionários faz com seus automóveis.

Porém, faça essa pergunta ao norte-americano adulto médio: quem se parece mais com um milionário? Nosso amigo do trust ou uma das pessoas que participaram de nossa entrevista? Apostamos que a maioria, por uma ampla margem, escolheria o primeiro. Mas aparências enganam.

Talvez esse conceito seja mais bem definido pelos sensatos e ricos texanos que se referem ao tipo do funcionário daquela instituição como

### Tem um chapelão, mas nenhum boi

Ouvimos primeiro essa expressão (*big hat, no cattle* — tem um chapelão, mas nenhum boi) de um texano de 35 anos de idade. Ele era dono de um bem-sucedido negócio de reforma de motores a diesel, mas dirigia um carro de dez anos e usava jeans e uma camisa de pele de carneiro. Sua casa ficava em um bairro de classe média. Seus vizinhos eram funcionários do correio, bombeiros e mecânicos.

Depois de corroborar seu sucesso financeiro com números reais, esse texano nos disse:

> *Meu negócio não é sofisticado. Não faço esse personagem... não represento esse papel... Quando meus sócios ingleses me conheceram, pensaram que eu era um dos nossos caminhoneiros... Eles olharam todo o escritório, olharam para todos, menos para mim. Então o mais velho do grupo disse: "Ah, esquecemos que estamos no Texas!" Eu não uso um chapelão, mas tenho muito boi.*

## RETRATO DE UM MILIONÁRIO

Qual é o protótipo do milionário norte-americano? O que ele diria sobre si mesmo?[1]

- Sou um homem de 57 anos, casado e tenho 3 filhos. Cerca de 70% de nós ganham 80% ou mais de nossa renda doméstica.

---

[1] Nosso perfil do milionário típico se baseia em estudos de domicílios de milionários, não indivíduos. Portanto, é impossível, na maioria dos casos, dizer com certeza se nosso milionário típico é homem ou mulher. Mesmo assim, como 95% das famílias de milionários se compõem de casais e porque em 70% desses casos o homem da família contribui com pelo menos 80% da renda, geralmente nos referiremos ao típico milionário norte-americano como "ele" neste livro.

- Cerca de 1 em 5 está aposentado. Cerca de 2/3 trabalha para si próprio. *O interessante é que essas pessoas são quase 20% dos trabalhadores nos Estados Unidos, mas são 2/3 dos milionários.* Além disso, 3 em 4 de nós nessa condição se consideram empresários. A maioria dos demais são profissionais liberais, como médicos e contadores.

- Muitos dos tipos de negócios que dirigimos podem ser considerados monotonamente normais. Somos empreiteiros de soldagem, leiloeiros, produtores de arroz, donos de terrenos para acomodar em sistema de condomínio as *mobile-homes* [casa transportável com estrutura pré-fabricada], dedetizadores, comerciantes de moedas e selos e empreiteiros de pavimentação.

- Cerca de metade das esposas não trabalha fora. A maioria que trabalha é professora.

- Nossa renda familiar total anual tributável é de US$131 mil (mediana, ou o 50º percentil), enquanto nossa renda média é de US$247 mil. Note que os que têm renda na faixa de US$500 mil a US$999,999 (8%) e os que estão na faixa de US$1 milhão ou mais (5%) jogam a média para cima.

- Temos um patrimônio líquido familiar em torno de US$3,7 milhões. Naturalmente, alguns de nossos pares acumularam muito mais. Cerca de 6% têm um patrimônio líquido superior a US$10 milhões. Outra vez, essas pessoas jogam nossa média para cima. O patrimônio familiar do milionário típico (mediana, ou 50º percentil) tem um valor líquido de US$1,6 milhão.

- Na média, nossa renda total anual tributável é inferior a 7% de nossa riqueza. Em outras palavras, vivemos com menos de 7% de nossa riqueza.

- A maioria de nós (97%) tem casa própria. Moramos em casas com valor atual aproximado de US$320 mil. Cerca da metade de nós ocupa a mesma casa há mais de 20 anos. Assim, usufruímos aumentos significativos em seu valor.

- A maioria de nós nunca se sentiu em desvantagem por não ter recebido uma herança. Cerca de 80% de nós somos ricos de primeira geração.

- Vivemos bem abaixo de nossas posses. Usamos ternos baratos e dirigimos carros norte-americanos. Somente uma minoria faz um leasing para adquirir um veículo.

- Quase todas as esposas planejam e fazem orçamentos meticulosos. Na verdade, só 18% de nós discorda da declaração: "Caridade começa em casa." A maioria dirá que as esposas são muito mais conservadoras com dinheiro do que nós.

- Temos um fundo "que se dane". Em outras palavras, acumulamos riqueza suficiente para viver sem trabalhar por 10 anos ou mais. Assim, os que têm um patrimônio líquido de US$1,6 milhão podem viver confortavelmente por mais de 12 anos. Na verdade, poderíamos viver mais que isso, visto que poupamos pelo menos 15% de nossa renda.

- Temos 6,5 vezes mais riqueza que nossos vizinhos não milionários, mas, em nossa vizinhança, esses não milionários nos excedem a uma taxa de 3 por 1. Será que eles escolheram trocar a riqueza pelo status elevado de possuir bens materiais?

- Como grupo, somos relativamente bem instruídos. Só cerca de 1 em 5 não cursou a faculdade. Muitos de nós têm diplomas avançados. Dezoito por cento têm diploma de mestrado, 8% em direito, 6% em ciências médicas, e 6%, Ph.D.

- Só 17% de nós ou das esposas frequentaram uma escola particular. Mas 55% dos filhos atualmente frequentam ou frequentaram escolas particulares.

- Como grupo, acreditamos que a educação é extremamente importante para nós, nossos filhos ou netos. Gastamos muito com a educação deles.

- Cerca de 2/3 de nós trabalham entre 45 e 50 horas por semana.

- Somos investidores exigentes. Na média, investimos cerca de 20% da renda familiar todos os anos. A maioria de nós investe ao menos 15%. Setenta e nove por cento têm pelo menos uma conta em uma corretora de valores, mas nós tomamos nossas próprias decisões de investimento.

- Aplicamos cerca de 20% dos bens da família em valores mobiliários como ações da bolsa de valores e fundos de investimentos em ações. Mas raramente vendemos nossos investimentos. Aplicamos ainda mais nos planos de aposentadoria. Na média, 21% de nossa riqueza vêm dos negócios particulares.

- Como grupo, sentimos que nossas filhas estão em desvantagem em comparação aos filhos. Parece que os homens ganham mais mesmo em profissões equivalentes. Por esse motivo, a maioria de nós não hesitaria em compartilhar parte de nossa fortuna com nossas filhas. Nossos filhos, e os homens em geral, têm as cartas a seu favor. Eles não deveriam precisar de subsídio dos pais.

- Qual seria a ocupação ideal para nossos filhos e filhas? Há cerca de 3,5 milhões de famílias de milionários como a nossa. Nossos números crescem mais depressa do que a população em geral. Nossos filhos devem pensar em proporcionar serviços valiosos para pessoas ricas. No geral, nossos consultores financeiros mais confiáveis são os contadores. Nossos advogados também são muito importantes. Assim, recomendamos contabilidade e direito para nossos filhos. Especialistas como consultores fiscais e em planejamento patrimonial serão muito procurados nos próximos 15 anos.

- Eu sou pão-duro. Essa é uma das principais razões pelas quais completei um longo questionário por uma nota novinha de US$1. Por que mais eu gastaria duas ou três horas sendo entrevistado por esses autores? Eles me pagaram US$100, US$200 ou US$250. Ah, eles me fizeram outra oferta — doá-los em meu nome para minha instituição de caridade preferida. Mas eu disse: "Eu sou minha caridade preferida."

## DEFINIÇÃO DE "RICO"

Peça ao norte-americano comum para definir a palavra *rico*. A maioria lhe dará a mesma definição encontrada no *Webster*. Para eles, rico se refere a pessoas que têm muitos bens materiais.

Nós definimos rico de outro modo. Não definimos rico, abastado ou próspero em termos de posses materiais. Muitas pessoas que exibem um estilo de vida de consumo elevado têm poucos ou nenhum investimento, ativos significativos, ativos rentáveis, ações, títulos, negócios particulares, direitos minerais e terras com árvores de valor comercial. Por outro lado, essas pessoas que definimos como ricas extraem muito mais prazer de possuir quantidade significativa de ativos valiosos do que mostrar um estilo de vida de alto consumo.

## A Definição Nominal de Rico

Um jeito de determinar se alguém é rico ou não se baseia no patrimônio líquido — no "boi", e não no "chapelão". O patrimônio líquido é definido pelo valor atual dos bens de uma pessoa menos as obrigações (excluído o principal no trust). Neste livro, definimos que ser rico é ter um patrimônio líquido de US$1 milhão ou mais. Com base nessa definição, somente 3,5 milhões (3,5%) dos 100 milhões de famílias nos Estados Unidos são consideradas ricas. Cerca de 95% dos milionários nos Estados Unidos têm um patrimônio líquido entre US$1 milhão e US$10 milhões. Grande parte da discussão neste livro foca esse segmento da população. Por que esse grupo? Porque esse nível de riqueza pode ser obtido em uma geração. Ele pode ser atingido por muitos norte-americanos.

## Qual Deve Ser Seu Grau de Riqueza?

Outro meio de definir se uma pessoa, domicílio ou família é rica ou não se baseia no nível esperado de patrimônio líquido. A renda e idade de uma pessoa são fortes determinantes de quanto a pessoa deve "valer". Em outras palavras, quanto maior a renda de alguém, maior é seu patrimônio esperado (supondo que a pessoa esteja trabalhando, e não aposentada). Da mesma forma, quanto mais tempo uma pessoa está gerando riqueza, mais provável será que ela acumule cada vez mais riqueza. Assim, pessoas mais velhas com renda elevada deveriam ter acumulado mais riqueza do que as com renda menor e mais jovens.

Para a maioria das pessoas nos Estados Unidos com rendas obtidas anuais de US$50 mil ou mais e para a maioria de 25 a 65 anos de idade, há um nível de expectativa correspondente. Os que estão muito acima desse nível podem ser considerados ricos em relação aos outros do mesmo grupo de renda/idade.

Talvez você pergunte: como alguém pode ser considerado rico se, por exemplo, ele vale apenas US$460 mil? Afinal, ele não é um milionário.

Charles Bobbins é um bombeiro de 41 anos. A esposa é secretária. Eles têm uma renda anual combinada de US$55 mil. Segundo as descobertas de nossas pesquisas, o Sr. Bobbins deveria ter um patrimônio líquido de cerca de US$225 mil. Mas ele vale muito mais que outros na mesma categoria de renda/idade. O casal Bobbins conseguiu acumular um patrimônio líquido acima da média. Assim, parece que eles sabem como viver com o salário de um bombeiro e uma secretária e ainda poupar e investir uma boa parte. É provável que eles levem uma vida de baixo consumo. E, considerando esse estilo de vida, o Sr. Bobbins conseguiria sustentar a si e a família durante 10 anos sem trabalhar. Em suas categorias de renda e idade, os Bobbins são ricos.

Os Bobbins são muito diferentes de John J. Ashton, médico, 55 anos, que tem uma renda anual de cerca de US$560 mil. Quanto vale o Dr. Ashton? Ele é rico? Segundo uma definição, ele é, visto que seu patrimônio líquido é de US$1,1 milhão. Mas ele não é rico segundo nossa outra definição. Considerando sua idade e renda, ele deveria valer mais de US$3 milhões.

Com um estilo de vida de alto consumo, quanto tempo ele poderia se sustentar e a família se ficasse sem emprego? Talvez por dois, no máximo três anos.

### Como Determinar Se Você É Rico

Qualquer que seja sua idade ou renda, o quanto deveria valer agora? Depois de anos pesquisando várias pessoas com rendas e patrimônios elevados, desenvolvemos várias equações multivariadas de riqueza. Uma regra simples, porém, é mais que adequada para calcular o patrimônio esperado de alguém.

> **Multiplique sua idade pela renda doméstica anual antes de impostos, proporcionada por todas as fontes, exceto heranças. Divida o resultado por 10. Este, menos qualquer riqueza herdada, é o que deve ser seu patrimônio líquido.**

Por exemplo, se o Sr. Anthony O. Duncan tem 41 anos, ganha US$143 mil por ano e tem investimentos que geram mais US$12 mil, ele multiplicaria US$155 mil por 41, cujo resultado é US$6,355 milhões. Dividindo esse valor por 10, o patrimônio líquido dele deveria ser de US$635,5 mil. Se a Sra. Lucy R. Frankel tem 61 anos e uma renda anual total de US$235 mil, seu patrimônio líquido deverá ser de US$1.433.500.

Dadas sua idade e renda, como está seu patrimônio líquido? Onde você se encontra no continuum da riqueza? Se você está no quartil superior para acúmulo de riqueza, você é um **PAR**, ou **prodigioso acumulador de riqueza**. Se você está no quartil inferior, é um **SAR**, ou um **subacumulador de riqueza**. Você é um **PAR**, um **SAR** ou só um **MAR** (médio acumulador de riqueza)?

Desenvolvemos outra regra simples. Para estar bem posicionado na categoria PAR, você deve valer o dobro do nível de riqueza esperado. Em outras palavras, o patrimônio líquido/riqueza do Sr. Duncan deveria ser cerca de duas vezes o valor esperado ou mais para seu grupo de renda/idade, ou US$635,5 mil multiplicado por dois igual a US$1.271 mil. Se o patrimônio líquido do Sr. Duncan é de aproximadamente este valor ou mais, ele é um prodigioso acumulador de riqueza. Por outro lado, e se seu nível de riqueza for metade ou menos que o esperado para todos na sua categoria de renda/idade? O Sr. Duncan seria classificado como um SAR se sua riqueza for de US$317,75 mil ou menos (ou a metade de US$635,5 mil).

## PARs versus SARs

PARs são construtores de riqueza — isto é, eles são os melhores em formar um patrimônio líquido, comparados aos outros em sua categoria. Normalmente, PARs têm no mínimo quatro vezes a riqueza acumulada pelos SARs. Comparar as características dos PARs e SARs é uma das partes mais reveladoras da pesquisa que realizamos nos últimos 20 anos.

Um bom exemplo da diferença entre PARs e SARs é revelado em dois estudos de caso. O Sr. Miller "Bubba" Richards, 50 anos, é proprietário de uma concessionária de mobile-homes. A renda da família no ano anterior foi de US$90.200. O patrimônio líquido do Sr. Richards, calculado pela equação de riqueza, deve ser US$451 mil. Mas "Bubba" é um PAR. Seu patrimônio líquido atual é de US$1,1 milhão.

Seu equivalente é James H. Ford II. O Sr. Ford, 51 anos, é advogado. Sua renda no ano anterior foi de US$92.330, um pouco mais que a do Sr. Richards. Qual é o patrimônio líquido atual do Sr. Ford? Seu nível esperado de riqueza? O patrimônio líquido atual do Sr. Ford é de US$226.511, enquanto seu nível de riqueza esperado (novamente calculado com a equação de riqueza) é de US$470.883. O Sr. Ford, por nossa definição, é um subacumulador de riqueza. O Sr. Ford passou 7 anos na faculdade. Como é possível ter menos riqueza que um vendedor de mobile-homes? Na verdade, o patrimônio do Sr. Richards é cerca de 5 vezes maior do que o do Sr. Ford. E, lembre-se, ambos pertencem ao mesmo grupo de renda/idade. Para tentar responder à questão anterior, faça-se estas duas perguntas simples:

- Quanto dinheiro é necessário para manter um estilo de vida de classe média alta de um advogado e sua família?
- Quanto dinheiro é necessário para manter um estilo de vida de classe média ou mesmo operária de um negociante de mobile-homes e sua família?

Está claro que o Sr. Ford gasta muito mais que sua renda para manter e exibir um estilo de vida de classe média alta. Que marca de automóvel é adequada ao status de um advogado? Estrangeiro, de luxo, sem dúvida. Quem precisa usar um terno caro diferente todos os dias no trabalho? Quem precisa se associar a um ou mais clubes de campo? Quem precisa de caras pratarias e baixelas da Tiffany?

O Sr. Ford, o SAR, tem maior propensão para gastar do que os membros do grupo PAR. SARs tendem a gastar mais do que ganham; eles enfatizam o consumo. E tendem a ignorar muitos dos fatores essenciais que fundamentam a criação de riqueza.

## VOCÊ OU SEUS ANCESTRAIS?

Quase todos os milionários dos Estados Unidos são ricos de primeira geração. Como é possível que pessoas de origem humilde se tornem milionários em uma geração? Por que tantas pessoas com antecedentes socioeconômicos semelhantes nunca acumulam nem mesmo uma pequena quantidade de bens?

A maioria das pessoas que se torna milionária tem confiança em suas habilidades. Elas não passam o tempo preocupadas com o fato de os pais terem sido ricos ou não. Elas não acreditam que é preciso nascer rico. Por outro lado, pessoas de origens humildes que acreditam que somente os ricos produzem milionários estão predeterminadas a continuar não ricas. Você acha que a maioria dos milionários nasceu em berço de ouro? Nesse caso, pense nos seguintes fatos que nossa pesquisa revelou sobre os milionários norte-americanos:

- Só 19% recebem uma renda ou dinheiro de qualquer espécie de um trust[2] ou propriedade herdada.
- Menos de 20% herdaram 10% ou mais de sua riqueza.
- Mais da metade nunca recebeu nem mesmo US$1 de herança.
- Menos de 25% receberam "um ato de bondade" de US$10 mil ou mais dos pais, avós ou outros parentes.
- Noventa e um por cento não receberam de presente nem US$1 em participação do negócio da família.
- Cerca de metade nunca teve a faculdade paga pelos pais ou outros parentes.
- Menos de 10% acham que receberão uma herança no futuro.

Os Estados Unidos continuam com boas perspectivas para os que desejam acumular riqueza em uma geração. Na verdade, o país sempre foi uma terra de oportunidades para os que acreditam na natureza fluida de nosso sistema social e econômico.

O mesmo ocorria há mais de 100 anos. Em *The American Economy* [*A Economia Norte-Americana*, em tradução livre], Stanley Lebergott revisa um estudo de 4.047 milionários norte-americanos realizado em 1892. Ele relata que 84% "eram *nouveau riche*, e chegaram ao topo sem o benefício de uma herança".

---

2 Fundo fiduciário (trust fund) é um acordo legal criado para gerenciar imóveis e bens de uma empresa, grupos ou de uma única pessoa. Assim, ele é administrado por um gestor, que deve seguir as leis e regras do fundo até a conclusão do acordo e a transferência dos bens para seus beneficiários. [N. da T.]

## Normas Britânicas?

Um pouco antes da Revolução Americana, a maior parte da riqueza da nação estava nas mãos de proprietários de terras. Mais da metade das terras pertencia a pessoas nascidas na Inglaterra ou nos Estados Unidos, de pais ingleses. Mais da metade da riqueza desta nação hoje é de origem inglesa? Não. Um dos principais mitos referentes à riqueza neste país se relaciona à origem étnica. Um grande número de pessoas acha que a população abastada é composta predominantemente de descendentes diretos dos passageiros do *Mayflower*.

Examinemos essa suposição com objetividade. E se o "país de origem" fosse um fator importante para explicar a variação na riqueza? Esperaríamos que mais da metade da população de milionários dos Estados Unidos fosse de descendência inglesa. Isso não é verdade (veja a Tabela 1-1). Em nosso levantamento mais recente de milionários do país, pedimos aos entrevistados para designar seu país de nascimento/ascendência/origem étnica. Talvez os resultados o surpreendam.

Os que indicaram "inglês" como sua origem étnica são responsáveis por 21,1% da população de milionários. Pessoas de origem inglesa representam 10,3% dos domicílios dos Estados Unidos em geral. Assim, milionários norte-americanos de origem inglesa são mais frequentes do que o esperado, considerando os números em toda a população dos EUA (10,3% versus 21,1%). Em outras palavras, esse grupo tem uma taxa de concentração de milionários de 2,06 (21,1% de todos os domicílios de milionários divididos por 10,3% de todos os domicílios cujos chefes têm origem inglesa), o que significa que as pessoas de origem inglesa têm probabilidade duas vezes maior de chefiar famílias na categoria de milionários do que se esperaria de sua porção de todos os domicílios nos Estados Unidos.

E, no entanto, que porcentagem de grupos ancestrais nos Estados Unidos está na categoria de milionários? Você esperaria que o grupo ancestral inglês estivesse em primeiro lugar? Na verdade, ele está em quarto. Segundo nossa pesquisa, 7,71% de todos os domicílios da categoria inglesa têm um patrimônio líquido de US$1 milhão ou mais. Três outros grupos ancestrais têm concentrações de milionários significativamente mais altos.

**TABELA 1-1**
**OS DEZ PRINCIPAIS GRUPOS ANCESTRAIS DE MILIONÁRIOS NORTE-AMERICANOS**

| Grupo Ancestral/ Origem Étnica: Chefe da Família[3] | % de Todas as Famílias dos EUA | Número de Famílias de Milionários[4] | % da População de Domicílios de Milionários | Classificação: % da População de Domicílios de Milionários | Taxa de Concentração: % Todos os Domicílios de Milionários/% Todos os Domicílios | % de Grupos Ancestrais que São Milionários | Classificação: % de Grupos Ancestrais que São Domicílios Milionários |
|---|---|---|---|---|---|---|---|
| INGLÊS | 10,3 | 732.837 | 2,1 | 1º | 2,06 | 7,71 | 4º |
| ALEMÃO | 19,5 | 595.171 | 17,3 | 2º | 0,89 | 3,32 | 9º |
| IRLANDÊS | 9,6 | 429.559 | 12,5 | 3º | 1,30 | 4,88 | 7º |
| ESCOCÊS | 1,7 | 322.255 | 9,3 | 4º | 5,47 | 20,8 | 2º |
| RUSSO | 1,1 | 219.437 | 6,4 | 5º | 5,82 | 22 | 1º |
| ITALIANO | 4,8 | 174.929 | 5,1 | 6º | 0,94 | 4 | 8º |
| FRANCÊS | 2,5 | 128.350 | 3,7 | 7º | 1,48 | 5,5 | 6º |
| HOLANDÊS | 1,6 | 102.818 | 3 | 8º | 1,88 | 7,23 | 5º |
| NATIVO AMERICANO | 4,9 | 89.707 | 2,6 | 9º | 0,53 | 1,99 | 10º |
| HÚNGARO | 0,5 | 67.625 | 2 | 10º | 4 | 15,1 | 3º |

Como é possível que o grupo ancestral inglês não tenha a maior concentração de domicílios de milionários? Afinal, eles estiveram entre os primeiros europeus a chegar ao Novo Mundo. Eles foram os primeiros a tirar vantagem econômica desta terra de oportunidades. *Nos Estados Unidos, as realizações da geração atual são um fator mais significativo para explicar o acúmulo de riqueza do que o ocorreu no passado.* Novamente, a maioria dos milionários norte-americanos hoje (cerca de 80%) é rica de primeira geração. Normalmente, as fortunas construídas por essas pessoas são completamente dissipadas pela segunda ou terceira geração. A economia norte-americana é fluida. Há muitas pessoas hoje que estão no caminho de ficarem ricas. E há muitas outras que estão na porta de saída da categoria de abastados.

---

3 Chefe da família se refere ao adulto do domicílio que respondeu a pesquisa. Os participantes se designaram como a pessoa da família responsável por tomar decisões financeiras.
4 Domicílios milionários que têm um patrimônio líquido de US$1 milhão ou mais.

## GRUPOS ANCESTRAIS VENCEDORES

Se o grupo ancestral inglês não tem a maior concentração de domicílios milionários, então que grupo a tem? O grupo ancestral russo está em primeiro lugar; o escocês, em segundo; e o húngaro, em terceiro. Embora o grupo ancestral russo represente apenas 1,1% de todos os domicílios nos Estados Unidos, ele é responsável por 6,4% de todos os domicílios milionários. Calculamos que perto de 22 de cada domicílio chefiado por alguém de ancestralidade russa tem um patrimônio de US$1 milhão ou mais. Esse número representa um forte contraste com o grupo ancestral inglês, no qual apenas 7,71 em 100 de seus integrantes estão na liga dos milionários. Quanta riqueza esse grupo de milionários russo-americanos tem no total? Calculamos que perto de US$1,1 trilhão ou quase 5% de toda a riqueza pessoal nos Estados Unidos hoje!

Como explicar a produtividade econômica de russo-americanos? Em geral, a maioria dos milionários norte-americanos são gerentes-proprietários de um negócio. Além disso, esse espírito empreendedor parece passar de uma geração de russos à outra.

O grupo ancestral húngaro também tem inclinação empresarial. Esse grupo é responsável por apenas 0,5% de todas as famílias deste país. No entanto, ele representa até 2% dos domicílios milionários. Compare-os com o grupo ancestral alemão, responsável por cerca de um em cada cinco domicílios (19,5%) neste país. Somente 17,3% de todos os domicílios milionários são chefiados por ancestrais alemães, e só cerca de 3,3% de domicílios alemães estão na liga dos milionários.

## ESCOCESES PARCIMONIOSOS

O grupo ancestral escocês compõe só 1,7% de todos os domicílios, mas é responsável por 9,3% dos domicílios milionários nos Estados Unidos. Assim, em termos de concentração, o grupo de descendentes escoceses tem probabilidade cinco vezes maior (5,47) de conter domicílios milionários do que se esperaria de sua parcela geral (1,7%) dos domicílios norte-americanos.

O grupo de ancestrais escoceses se encontra em segundo lugar em termos de porcentagem de seu clã que está na liga dos milionários. Cerca de 21 (20,8) em 100 de seus domicílios são milionários. O que explica a elevada classificação do grupo ancestral escocês? É verdade que muitos escoceses estavam entre os primeiros imigrantes dos Estados Unidos, mas essa não é a principal razão de sua produtividade econômica. Lembre-se de que os ingleses estavam entre os primeiros imigrantes, no entanto seus números de concentração são muito mais baixos que os de escoceses. Lembre-se também de que os escoceses não usufruíam o mesmo status econômico sólido que os ingleses tinham durante os primeiros anos da nação. Considerando esses fatos, era de se imaginar que o grupo ancestral inglês seria responsável por uma concentração maior dos domicílios milionários do que o grupo escocês. Mas ocorre exatamente o oposto. Mais uma vez, o grupo ancestral escocês tem um nível de concentração perto de três vezes maior que o dos ingleses (5,47 versus 2,06). Então, o que torna o grupo ancestral escocês especial?

Se um grupo de descendentes tem uma elevada concentração de milionários, que características de renda se esperaria dele? A expectativa é a de que o grupo tivesse uma concentração igualmente alta de produtores de renda elevada. A renda está intimamente relacionada com o patrimônio líquido; mais de 2/3 dos milionários nos Estados Unidos têm rendas domésticas de US$100 mil ou mais. Na verdade, essa correlação existe em todos os principais grupos ancestrais, menos o escocês. Este grupo tem uma quantidade muito maior de domicílios de patrimônio líquido alto que não pode ser explicado só pela presença de domicílios com renda elevada. Domicílios de descendência escocesa de renda elevada são responsáveis por menos de 2% de todos os domicílios de renda elevada nos Estados Unidos. Mas lembre-se de que o grupo ancestral escocês é responsável por 9,3% dos domicílios milionários nos Estados Unidos hoje. Mais de 60% dos milionários de descendência escocesa têm renda doméstica anual de menos de US$100 mil. Nenhum outro grupo ancestral tem essa elevada concentração de milionários a partir de uma concentração tão pequena de domicílios produtores de alta renda.

Se a renda não é muito útil para explicar a riqueza do grupo ancestral nos Estados Unidos, que fatores esclarecem esse fenômeno? Há vários fatores básicos.

Primeiro, os escoceses-americanos costumam ser frugais. Considerando a renda doméstica, há uma expectativa matemática correspondente ao nível de consumo. Os membros desse grupo não atendem a essas expectativas. Na média, eles vivem bem abaixo da norma para pessoas em várias categorias de renda. Muitas vezes, eles vivem em ambientes autoplanejados de relativa escassez. Uma família de descendentes escoceses com uma renda anual de US$100 mil geralmente consome o equivalente a uma família norte-americana com renda anual de US$85 mil. Ser frugal lhes permite poupar mais e investir mais que os outros em grupos de renda semelhantes. Assim, o mesmo domicílio de descendentes escoceses que produz a mesma renda de US$100 mil poupa e investe em um nível comparável à típica família norte-americana que ganha cerca de US$150 mil por ano.

Nos capítulos seguintes, revelamos os preços mais altos que os milionários típicos afirmaram ter pago por ternos, sapatos, relógios e carros. Um número muito maior de milionários com descendência escocesa alegou pagar menos para cada item do que a norma para todos os milionários na amostra. Por exemplo, mais de 2/3 (67,3%) de milionários escoceses pagaram menos por seu carro mais caro do que a norma para todos os milionários pesquisados.

Por acumularem riqueza, os ricos de descendência escocesa a passam aos descendentes. Nossa pesquisa revela que os filhos dos escoceses normalmente se tornam econômica e emocionalmente independentes mesmo quando jovens adultos. Assim, tendem a não esgotar a fortuna dos pais.

Membros do grupo de ascendência escocesa souberam passar seus valores de economia, disciplina, realização econômica e independência financeira em gerações sucessivas. Esses valores também são traços comuns entre alguns milionários que se fizeram sozinhos.

### PEQUENAS POPULAÇÕES

Muitas vezes, pequenos grupos de população são sub-representados em estudos dos ricos. No entanto, muitos contêm concentrações de famílias abastadas. Que pequenos grupos em especial? Calculamos que todos os 15 grupos ancestrais de pequena população mostrados na Tabela 1-2 têm ao menos 2 vezes a proporção de milionários que a proporção de todas as famílias dos EUA. Só cerca de 3,5% de todos os domicílios nos Estados Unidos pertencem à liga de patrimônio líquido na casa de US$1 milhão. Calcula-se que todos os grupos listados na Tabela 1-2 contêm pelo menos 2 vezes essa proporção. (No total, todos os 15 são responsáveis por menos de 1% de todos os domicílios ricos.) Na verdade, há sólidas evidências de uma relação inversa entre o tamanho de um grupo ancestral e a proporção de seus membros que são ricos. Em outras palavras, grupos maiores contêm menor proporção de milionários na média que grupos menores.

**TABELA 1-2**
**OS QUINZE PRINCIPAIS GRUPOS ANCESTRAIS ECONOMICAMENTE PRODUTIVOS DE PEQUENA POPULAÇÃO[5]**

| Descendência dos Domicílios | Proporção Total de Domicílios dos EUA | Índice Ancestral de Renda Elevada[6] | Índice de Dependência Ancestral[7] | Índice de Produtividade Econômica Ancestral[8] | Classificação de Produtividade Econômica Ancestral |
|---|---|---|---|---|---|
| ISRAELITA | 0,0003 | 2,6351 | 0,3870 | 6,8095 | 1 |
| LETÃ | 0,0004 | 2,4697 | 0,5325 | 4,6383 | 2 |
| AUSTRALIANA | 0,0001 | 2,1890 | 0,5329 | 4,1080 | 3 |
| EGÍPCIA | 0,0003 | 2,6546 | 0,6745 | 3,9357 | 4 |
| ESTONIANA | 0,0001 | 1,8600 | 0,4787 | 3,8855 | 5 |
| TURCA | 0,0003 | 2,2814 | 0,6650 | 3,4305 | 6 |
| ISLANDESA | 0,0001 | 1,8478 | 0,5600 | 3,2997 | 7 |
| SÍRIA | 0,0004 | 2,1659 | 0,6698 | 3,2335 | 8 |
| IRANIANA | 0,0009 | 2,0479 | 0,6378 | 3,2107 | 9 |
| ESLAVA | 0,0002 | 1,2292 | 0,4236 | 2,9018 | 10 |
| LUXEMBURGUESA | 0,0002 | 1,1328 | 0,3992 | 2,8379 | 11 |
| IUGOSLAVA | 0,0009 | 1,3323 | 0,5455 | 2,4424 | 12 |
| PALESTINA | 0,0002 | 1,8989 | 0,7823 | 2,4274 | 13 |
| ESLOVENA | 0,0004 | 1,0083 | 0,4246 | 2,3748 | 14 |
| SÉRVIA | 0,0004 | 1,3184 | 0,5950 | 2,2157 | 15 |

---

5 Grupos ancestrais de populações pequenas são os com menos de 100 mil famílias que moram nos EUA, segundo o Censo de Etnia da População nos Estados Unidos.
6 Por exemplo, domicílios com descendentes israelenses têm proporção 2,6351 vezes maior de renda elevada (US$100 mil ou mais) do que a proporção de todos os domicílios dos EUA.
7 Por exemplo, domicílios com descendentes israelenses têm 0,3870 vezes a proporção de domicílios que recebem assistência pública do que a proporção de todos os domicílios dos EUA.
8 Por exemplo, o índice de produtividade econômica ancestral de domicílios de descendência israelense (6,8095) é determinado tomando-se o índice de renda elevada (2,6351) e dividindo-o por seu índice de dependência (0,3870).

E quanto aos anos que um membro médio de um grupo ancestral está nos Estados Unidos? Quanto mais tempo lá, menor é a probabilidade de ele produzir uma porcentagem desproporcionalmente grande de milionários. Por quê? Pelo fato de serem uma sociedade de consumo. *Em geral, quanto mais tempo um membro médio de um grupo ancestral está nos Estados Unidos, maior é a probabilidade de ele se tornar totalmente socializado em relação ao estilo de vida de consumo elevado.* Há outra razão. Os norte-americanos de primeira geração costumam trabalhar para si próprios. Esse é um importante fator positivo relacionado com a riqueza.

Não sugerimos que o trabalho autônomo e/ou ser a primeira geração de norte-americanos garante participação nas fileiras de milionários. A maioria dos norte-americanos que trabalham para si próprios jamais acumularão nem mesmo os níveis mais modestos de riqueza. Isso se aplica à maioria da primeira geração de norte-americanos. Mas 23 milhões de pessoas neste país, hoje, nasceram em outro lugar. Esse é um grande grupo genético. Observe também que 12% dos 500 maiores empresários da revista *INC* são norte-americanos de primeira geração.

Espera-se que filhos e netos dessas pessoas automaticamente se tornem economicamente ainda mais bem-sucedidos que elas. Não é bem assim. Discutiremos transferências intergeracionais em detalhes nos Capítulos 5 e 6, mas agora explicaremos por que a "próxima geração" muitas vezes é menos produtiva economicamente que a anterior.

## Victor e Seus Filhos

Veja o caso de Victor, um empresário bem-sucedido que é um norte-americano de primeira geração. Empresários como ele normalmente têm sido caracterizados por sua economia, baixo status, disciplina, risco e muito trabalho duro. Mas depois que essas maravilhas genéticas obtêm sucesso financeiro, o que ocorre? O que eles ensinam aos filhos? Estes têm coragem de seguir a orientação dos pais? Também se tornam empreiteiros de obra ou terraplanagem, donos de ferro-velho etc.? É provável que não. Menos de um em cinco o fazem.

Não, Victor quer que os filhos tenham uma vida melhor. Ele os encoraja a passar vários anos na faculdade. Ele quer que eles se tornem médicos, advogados, contadores, executivos etc. Mas, ao encorajá-los dessa forma, Victor os desencoraja a serem empresários. Sem saber, estimula-os a adiar sua entrada no mercado de trabalho. E, claro, estimula-os a rejeitar seu estilo de vida de economia e escassez.

Victor quer que os filhos tenham uma vida melhor. Mas o que exatamente isso quer dizer? Ele quer que os filhos tenham boa instrução e um status profissional mais elevado que ele. Além disso, "melhor" significa melhores bens: casas boas, automóveis de luxo novos, roupas de qualidade, associação a clubes. Mas Victor não incluiu em sua definição de melhor muitos elementos que foram o fundamento de seu sucesso. Ele não se dá conta de que ter boa instrução tem certas desvantagens econômicas.

Os filhos instruídos de Victor aprenderam que um nível de consumo elevado é esperado de pessoas que passam muitos anos na faculdade ou escolas profissionalizantes. Hoje, seus filhos são subacumuladores de riqueza. Eles são o oposto do pai, o proprietário de colarinho azul de um negócio bem-sucedido. Os filhos se americanizaram. Eles são parte da geração de consumo elevado que adia a procura de emprego.

Quantas gerações são necessárias para um grupo ancestral que hoje contém milhares de Victors se americanizar? Apenas umas poucas. A maioria passa para a faixa do "norte-americano normal" em uma ou duas gerações. É por isso que os Estados Unidos precisam de um constante fluxo de imigrantes com a coragem e a tenacidade de Victor. Esses imigrantes e seus filhos são necessários para constantemente substituir os Victors dos Estados Unidos.

## Os Autores e Toddy e Alex

Vários anos atrás, fomos chamados para realizar um estudo sobre os ricos dos Estados Unidos. Fomos contratados por Toddy, vice-presidente corporativo de uma subsidiária de uma grande empresa. Os ancestrais de Toddy eram ingleses. Seus antepassados estavam nos Estados Unidos antes da Guerra da Independência. Mais recentemente, eles eram donos de siderúrgicas na Pensilvânia. Toddy, seu descendente direto, frequentou uma escola preparatória exclusiva na Nova Inglaterra. Mais tarde, formou-se na Universidade de Princeton. Enquanto estudava, jogava futebol no time da universidade.

Toddy, como muitas outras pessoas neste país, sempre acreditou que pessoas ricas herdavam sua fortuna. Ele também acreditava que a maioria dos ricos tinha raízes inglesas. Assim, o que ocorreu com as arraigadas opiniões de Toddy depois que se juntou a nós no campo da pesquisa, conhecendo milionários norte-americanos? A maioria dos entrevistados que Toddy conheceu era de ricos de primeira geração. E a maioria não tinha origem inglesa. A maioria frequentava escolas públicas, dirigia carros norte-americanos e preferia comer sanduíches a caviar. E, ao contrário de Toddy, a maioria era frugal.

A educação de Toddy foi melhorada por outro evento. No decorrer de nossa incumbência, um empresário de nome Alex abordou Toddy e os outros funcionários seniores da corporação. Alex queria comprar a firma que empregava Toddy. Quem era esse Alex, afinal? O pai havia imigrado da Rússia para os Estados Unidos antes de Alex nascer e era dono de uma pequena empresa. Alex se formou em uma universidade estadual. "Como é possível", Toddy perguntou, "que esse cara queira e tenha os recursos para comprar a empresa?" O pai de Alex respondeu resumidamente:

*Russos — eles são os melhores negociadores, os mais astutos e inteligentes.*

Alex é um milionário que se fez sozinho. A dele é a prototípica história de sucesso norte-americano. Por outro lado, Toddy e os outros como ele são uma espécie em risco de extinção. Algum dia, eles podem realmente desaparecer. Isso se aplica aos que gastam muito tempo se lembrando de como seus falecidos ancestrais fundaram siderúrgicas, estradas de ferro e serviços de entrega rápida de correspondência muito, muito tempo atrás.

Capítulo 2

# Frugal Frugal Frugal

Eles vivem bem abaixo de suas rendas.

A PRIMEIRA VEZ QUE ENTREVISTAMOS UM GRUPO DE PESSOAS COM pelo menos US$10 milhões (decamilionários), a sessão transcorreu de modo diferente do que planejáramos. Fomos contratados para estudar os ricos por um grande "trust" internacional. Nosso cliente queria que estudássemos as necessidades de indivíduos com patrimônio líquido elevado.

Para garantir que os participantes decamilionários se sentissem à vontade durante a entrevista, alugamos uma cobertura chique no badalado East Side de Manhattan. Também contratamos dois designers de culinária gourmet. Eles reuniram um cardápio de quatro patês e três tipos de caviar. Para acompanhá-los, sugeriram uma caixa de Bordeaux 1970 de alta qualidade e uma caixa de um "maravilhoso" cabernet sauvignon de 1973.

Armados com o que imaginávamos ser o cardápio ideal, esperamos com entusiasmo a chegada de alguém que chamaremos de Sr. Bud. Um milionário de primeira geração de 69 anos, o Sr. Bud possuía vários imóveis comerciais na área metropolitana de Nova York. Ele também tinha duas empresas. Pela sua aparência, você nunca imaginaria que ele valia muito mais que US$10 milhões. Suas roupas eram absolutamente comuns — um terno e um casaco bem surrado.

Mesmo assim, queríamos que o Sr. Bud soubesse que entendíamos totalmente as expectativas em relação à bebida e à comida dos decamilionários dos Estados Unidos. Então, depois das apresentações, um de nós perguntou: "Sr. Bud, posso lhe servir uma taça de Bordeaux 1970?"

Ele olhou para nós com uma expressão atordoada e disse:

*Eu tomo uísque e dois tipos de cerveja — grátis e BUDWEISER!*

Disfarçamos nossa surpresa quando o verdadeiro significado da mensagem de nosso decamilionário ficou clara para nós. Durante as duas horas seguintes da entrevista, os nove decamilionários participantes se mexiam constantemente nas cadeiras. Ocasionalmente, olhavam para o bufê. Nenhum tocou o patê ou tomou nossos vinhos finos. Sabíamos que estavam com fome, mas eles só comeram as bolachas salgadas. Detestamos desperdiçar comida. Como nos livramos da comida e da bebida? Não, não as jogamos fora. Os funcionários do trust ao lado consumiram a maior parte. Claro, os autores ajudaram! Parece que a maioria de nós era gourmet. Entretanto, nenhum era decamilionário.

## UMA FUNDAÇÃO PARA CONSTRUIR RIQUEZA

Hoje conhecemos bem melhor o estilo de vida dos ricos. Quando entrevistamos milionários, oferecemos um bufê que combina melhor com seu estilo de vida. Oferecemos café, refrigerantes, cerveja, uísque (nas sessões noturnas) e sanduíches de frango, presunto, bacon e maionese. Naturalmente, também lhes pagamos de US$100 a US$250 por pessoa. Às vezes, oferecemos incentivos adicionais. Muitos participantes escolhem um grande urso de pelúcia como uma de suas recompensas não monetárias; eles nos dizem que têm um neto que adoraria ganhar um urso.

Infelizmente, algumas pessoas julgam as outras por suas decisões em relação a comida, bebida, roupas, relógios, carros etc. Para elas, pessoas superiores têm gosto excelente em bens de consumo. Mas é mais fácil comprar produtos que indicam superioridade do que ser realmente superior na realização econômica. Alocar tempo e dinheiro para parecer superior muitas vezes tem um resultado previsível: realização econômica inferior.

Quais são as três palavras que definem os ricos?

# FRUGAL FRUGAL FRUGAL

O *Webster* define *frugal* como o "comportamento caracterizado por ou refletindo economia no uso de recursos". O oposto de frugal é desregrado. Definimos desregrado como um estilo de vida marcado por gastos excessivos e hiperconsumo.

Ser frugal é a base da construção da riqueza. No entanto, com frequência, os grandes gastadores são incentivados e tratados como sensação pela imprensa comum. Por exemplo, constantemente somos bombardeados pela intensa publicidade na mídia sobre os assim chamados atletas milionários. Sim, alguns membros dessa pequena população são milionários. Mas, se um jogador de futebol altamente talentoso ganha US$5 milhões ao ano, ter um patrimônio líquido de US$1 milhão não é grande coisa. Segundo nossa equação de riqueza, alguém de 30 anos que ganha US$5 milhões deveria valer US$15 milhões ou mais. Quantos jogadores de futebol bem remunerados têm uma fortuna nessa faixa? Acreditamos que só uma parcela muito pequena. Por quê? Porque a maioria leva uma vida luxuosa — e podem sustentá-la enquanto ganham uma renda elevada. Tecnicamente, pode haver milionários (com um patrimônio de no mínimo US$1 milhão ou mais), mas eles estão na parte inferior da escala do prodigioso acumulador de riqueza (PAR).

Quantos domicílios nos Estados Unidos ganham US$5 milhões em um ano? Menos de 5 mil entre cerca de 100 milhões de famílias. Isso é perto de 1 em 20 mil. A maioria dos milionários não ganha 1/10 de US$5 milhões em um ano. A maioria só se torna milionário com 50 anos ou mais. A maioria é frugal. E poucos sustentam um estilo de vida de alto consumo e se tornam milionários na mesma vida.

Mas o estilo luxuoso de vida vende tempo na TV e nos jornais. É frequente pessoas jovens serem doutrinadas na crença de que "os que têm dinheiro gastam despreocupadamente" e "se você não mostra, você não tem". Você imagina a mídia noticiando exageradamente o estilo de vida frugal de um milionário norte-americano típico? Quais seriam os resultados? Baixos índices de audiência e falta de leitores, porque a maioria das pessoas que constrói riqueza nos Estados Unidos trabalha duro, é econômica e nem um pouco glamourosa. A riqueza raramente é obtida pela loteria, com um gol ou em um programa de perguntas e respostas. Mas a imprensa trata com sensacionalismo exatamente esses prêmios raros.

Muitos norte-americanos, principalmente os da categoria de subacumuladores de riqueza (SARs), sabem como lidar com aumentos em sua renda realizada. Eles os gastam! Sua necessidade de gratificação imediata é grande. Para eles, a vida é como um programa de perguntas e respostas. Os vencedores ganham dinheiro fácil e presentes chamativos. Os espectadores desses programas têm muita empatia pelos participantes. Veja os elevados índices de audiência que esses programas conquistam. As pessoas adoram ver um seu igual ganhando carros, lanchas, aparelhos domésticos e dinheiro. Por que esses programas não oferecem bolsas de estudo como prêmio? Porque a maioria das pessoas quer gratificação imediata. Elas não querem um prêmio de, por exemplo, um motorhome para ficar oito anos acampado em uma faculdade noturna, apesar de o diploma poder se transformar em um valioso equivalente de mais de uma dezena de vans.

## O ESTILO DE VIDA DO TÍPICO MILIONÁRIO NORTE-AMERICANO

O público em massa da TV gostaria de um programa sobre o típico milionário norte-americano? Duvido. Por que não? Vamos dar uma olhada nas razões.

A câmera se aproxima da família milionária típica do Sr. Johnny Lucas. Como a maioria dos milionários, Johnny, 57, está casado com a mesma mulher durante quase toda sua vida adulta. Ele tem um diploma de bacharel da faculdade local. Ele é dono de uma pequena empresa de limpeza que prosperou nos últimos anos. Todos seus funcionários agora usam uniformes de bom caimento, incluindo bonés que exibem o logo da firma.

Para os vizinhos, Johnny e a família parecem ser um pessoal desinteressante de classe média, mas Johnny tem um patrimônio líquido de mais de US$2 milhões. Na verdade, em termos de riqueza, sua família se encontra entre os primeiros 10% de todos os domicílios dessa "agradável vizinhança". Em termos nacionais, sua família está entre os primeiros 2%.

Como o público da TV responderá à descrição da riqueza de Johnny e suas imagens na tela? Primeiro, é provável que os espectadores fiquem confusos, porque ele não se parece com a maioria dos milionários que quase todos imaginamos. Segundo, eles poderão ficar pouco à vontade. Os valores tradicionais da família e o estilo de vida de trabalho duro, disciplina, sacrifício, economia e investimentos sólidos podem ameaçar o público. O que acontecerá se você contar ao norte-americano médio adulto que ele precisa reduzir os gastos a fim de construir riqueza para o futuro? Ele perceberá isso como uma ameaça a seu estilo de vida. É provável que só Johnny e seus pares assistam ao tal programa. Ele certamente reforçará sua visão sobre a vida.

Apesar dessas preocupações, suponhamos que uma grande rede de TV concorde em apresentar ao menos um piloto sobre a vida dos Johnnys dos Estados Unidos. O que o programa contará ao público?

*Senhoras e senhores, aqui está Johnny Lucas. O Sr. Lucas é um milionário. Farei algumas perguntas a ele sobre seus hábitos de compra. Essas perguntas foram sugeridas por nosso público.*

## FEITO SOB MEDIDA OU DAS PRATELEIRAS?

*Primeiro, Johnny, o Sr. J. G. de nossa plateia quer saber: "Qual foi o máximo que já gastou em um terno?"*

Johnny fecha os olhos por um momento. É óbvio que está imerso em pensamentos. O público está em silêncio. Está esperando que ele diga: "Algo entre US$1 mil e US$6 mil." Mas nossa pesquisa indica que as expectativas do público estão erradas. Prevemos que nosso prototípico milionário diria:

*O máximo que já gastei... o máximo que já gastei... incluindo as roupas que comprei para mim e minha mulher, June, e meus filhos, Buddy e Darryl, e as meninas, Wyleen e Ginger... foi US$399. Gente, lembro que isso foi o máximo que já gastei. Era para uma ocasião muito especial, a festa de aniversário de 25 anos de nosso casamento.*

Como o público reagiria à declaração de Johnny? Provavelmente com surpresa e descrença. Suas expectativas não combinam com a realidade da maioria dos milionários norte-americanos.

Segundo nosso estudo mais recente, o típico milionário norte-americano informou que nunca gasta mais que US$399 por um terno para ele ou outra pessoa. Observe os números apresentados na Tabela 2-1. Cinquenta por cento ou mais dos milionários entrevistados pagaram US$399 ou menos pelo terno mais caro que já compraram. Só 1 em 10 pagou US$1 mil ou mais; só cerca de 1 em 100 pagou US$2.800 ou mais. Por outro lado, cerca de 1 em 4 milionários pagou perto de US$285 ou menos e 1 em dez pagou US$195 ou menos por seu terno mais caro.

### TABELA 2-1
### PREÇOS PAGOS POR MILIONÁRIOS POR ROUPAS E ACESSÓRIOS

| TERNO | | | PAR DE SAPATOS | | | RELÓGIO DE PULSO | | |
|---|---|---|---|---|---|---|---|---|
| Máximo Gasto | % que Pagou Essa Quantia ou: | | Máximo Gasto | % que Pagou Essa Quantia ou: | | Máximo Gasto | % que Pagou Essa Quantia ou: | |
| | Menos | Mais | | Menos | Mais | | Menos | Mais |
| US$195 | 10 | 90 | US$73 | 10 | 90 | US$47 | 10 | 90 |
| US$285 | 25 | 75 | US$99 | 25 | 75 | US$100 | 25 | 75 |
| US$399 | 50 | 50 | US$140 | 50 | 50 | US$235 | 50 | 50 |
| US$599 | 75 | 25 | US$199 | 75 | 25 | US$1.125 | 75 | 25 |
| US$999 | 90 | 10 | US$298 | 90 | 10 | US$3.800 | 90 | 10 |
| US$1.400 | 95 | 5 | US$334 | 95 | 5 | US$5.300 | 95 | 5 |
| US$2.800 | 99 | 1 | US$667 | 99 | 1 | US$15.000 | 99 | 1 |

Esses números são para *todos* os milionários de nossa pesquisa. Lembre-se de que quase 14% dos entrevistados nos disseram que herdaram sua fortuna. O que acontece quando dividimos herdeiros e milionários que se fizeram sozinhos? Os que se fizeram sozinhos gastam muito menos em ternos e na maioria de outros itens de status elevado do que os que herdaram seu dinheiro. O milionário típico que se fez sozinho (50º percentil) pagou cerca de US$360 por um terno, enquanto o herdeiro típico relatou gastar mais que US$600.

Como conseguem os Johnnys dos Estados Unidos gastar valores tão baixos? Johnny não precisa usar ternos caros. Ele não é um advogado bem-sucedido que precisa impressionar os clientes. Tampouco precisa impressionar uma grande quantidade de acionistas em uma reunião anual, a imprensa financeira ou banqueiros de investimentos. Johnny não precisa parecer um poderoso CEO que sempre lida com um Conselho de Administração sofisticado. Johnny, porém, precisa impressionar sua equipe de faxineiros. Como? Nunca lhes dando a impressão de que está ganhando tanto dinheiro que pode se dar ao luxo de comprar um terno sob medida no valor de quatro dígitos.

A maioria dos milionários que entrevistamos nos últimos 20 anos tem opiniões semelhantes às de Johnny. Então, quem compra todos esses ternos caros? Nossa pesquisa revelou uma interessante relação. Para cada milionário que tem um terno de US$1 mil, há pelo menos 6 proprietários com renda anual na faixa entre US$50 mil a US$200 mil, mas que não são milionários. Seus hábitos de consumo certamente têm algo a ver com o fato de não serem ricos. Quem são essas pessoas? Normalmente, não são donos do próprio negócio. É mais provável que sejam gerentes corporativos de médio escalão (principalmente os que formam um casal que trabalha), advogados, profissionais de vendas e marketing e médicos.

Por que alguém sugeriria que você gaste em um terno mais que o milionário típico? Em um artigo, o dono de ternos muito caros afirmou que eles eram um excelente investimento (Lawrence Minard, "Você Parece Muito Próspero, senhor", *Forbes*, 8 de abril de 1996, págs. 132–133). O Sr. Minard faz e responde à pergunta das perguntas sobre investir em ternos:

> *Podem ternos feitos sob medida valer US$2 mil? Os meus valem. Quatorze anos e 7 quilos mais tarde, eles ainda caem bem... Acredite ou não, eu fiz um excelente investimento* (Minard, p. 132).

O Sr. Minard conta a seus leitores como foi inicialmente levado aos alfaiates de Savile Row, em Londres, por dois executivos seniores que ele considerava como tendo um "gosto excelente", mas sem serem "frívolos" em seus hábitos de compras:

> *Eles explicaram que comprar sob medida é entrar em uma relação única e pessoal com suas roupas* (Minard, p. 132).

Qual é o significado de *sob medida*? Na classe média norte-americana, significa customizado. Johnny Lucas nunca comprou um terno customizado. Ele tem uma "relação única e pessoal" com seu terno de lã da JC Penney top de linha? (Você está surpreso em saber que alguns milionários compram na Penney? Talvez ainda mais surpreendente seja o fato de que 30,4% dos entrevistados milionários têm cartões de crédito da JC Penney.) A marca exclusiva de ternos da Penney, Stafford Executive, tem recebido ótimas notas de uma importante revista devido à durabilidade, ao corte e ao caimento:

> JC Penney... agora sujeita as roupas a duros testes de combinação de cores, encolhimento do tecido e pilling (bolinhas)... Quando se trata de controle de qualidade, a Penney é mais exigente do que qualquer outra loja de departamentos (Teri Agins, "Por que Roupas Baratas Estão Conquistando mais Respeito", *The Wall Street Journal*, 16 de out. de 1995, págs. B1, B3).

Lembre-se de que traças, cinzas de cigarro e outros acidentes não se importam muito com quanto você pagou por um terno de lã. Eles não entendem o real significado de *sob medida*. Eles não estão interessados no fato de que um terno com a mesma etiqueta também foi usado por Dickens, de Gaulle e Churchill. Tampouco se importam se seus ternos geram dividendos ou ganhos de capital. Mas eles certamente podem arruinar seu portfólio de investimento de ternos.

### ENTÃO, CERTAMENTE, CALÇADOS

Voltemos ao nosso programa de TV. O Sr. Lucas ainda está no palco. Que tipo de sapatos Johnny Lucas compra? O público da TV, se ainda há algum assistindo, novamente ficará surpreso com a resposta. Johnny, como a maioria dos milionários, não compra calçados caros. Cerca de metade dos entrevistados alegou que nunca gastou US$140 ou mais em um par de sapatos. Um em 4 nunca gastou mais que US$100. Somente 1 em 10 gastou mais que US$300. Não sendo os milionários, quem está mantendo os fabricantes de calçados caros e as lojas em funcionamento? Certamente alguns milionários compram calçados caros, mas para cada milionário na categoria de "preço mais alto pago" de mais de US$300, há ao menos 8 não milionários.

Mas o que nos diz a imprensa popular? A imprensa trata com sensacionalismo essa parcela muito pequena de norte-americanos que compra calçados e artigos relacionados caros. Veja esta história sobre o empresário de boxe Don King, que passou duas horas comprando sapatos em Atlanta. Durante esse período, o Sr. King comprou 110 pares de sapatos em uma loja, pelos quais pagou US$64.100, impostos inclusos. Sua compra cobriu o recorde anterior da loja, atingido por Magic Johnson, que gastou US$35 mil em uma visita. O recorde da compra do Sr. King se traduz em uma média de US$582,73 por par. Quanto o Sr. King pagou pelo par mais caro? Diz-se que um par de mocassins de pele de jacaré lhe custou US$850 (Jeff Schultz, "King põe nos pés uma conta de US$64.100 na loja de calçados", *Atlanta Journal-Constitution*, 4 de junho de 1995, p. 1).

Note que só 1% de milionários em nossa pesquisa pagou US$667 ou mais por um par de sapatos. A compra de sapatos de pele de jacaré do Sr. King é rara até entre milionários. Entretanto, a mídia popular gosta de promover anormalidades em comportamentos de consumo. Como consequência, dizem à nossa juventude atual que comprar artigos caros é um comportamento normal para os ricos. Ela é levada a acreditar que os ricos têm um estilo de vida de consumo elevado. Ela aprende que gastar em excesso é a principal recompensa de se tornar rico nos Estados Unidos.

Por que Johnny Lucas é ignorado enquanto o Sr. King recebe as manchetes? Porque os hábitos de consumo de Johnny são comuns. Suas recompensas são mais intangíveis do que relacionadas a produtos: independência financeira; disciplina; e ser excelente provedor familiar, um ótimo marido e pai de crianças bem disciplinadas.

## A Última Chance para o Sr. Lucas

Resta alguma vida para nossa proposta de programa de TV sobre o milionário norte-americano típico? Pode Johnny Lucas ainda correr e recuperar o público que perdeu?

Johnny Lucas, o rico dono de empresa, é muito pontual. Ele nunca se atrasa para as reuniões e chega no trabalho todos os dias às 6h30. Como ele consegue? Deve ser seu relógio de pulso. Será que Johnny usa um relógio caro? Agora, você provavelmente já adivinhou a resposta. E mais uma vez o público fica desapontado. Metade de todos os milionários entrevistados jamais gastou mais que US$235 por um relógio de pulso. Cerca de 1 em 10 nunca pagou mais que US$47, enquanto 1 em 4 gastou US$100 ou menos.

Certamente alguns milionários compram relógios caros, mas eles são uma minoria. Mesmo entre milionários, só 25% dos pesquisados pagaram US$1.125 ou mais. Cerca de 1 em 10 pagou US$3.800 ou mais, e perto de 1 em 100 pagou US$15 mil ou mais.

Temos certeza de que Johnny se desculparia com o público por seus gostos comuns em roupas e acessórios. Mas sabemos que ele também definiria sua posição declarando o seguinte:

> *Moro em uma ótima casa... não pago hipoteca. Os recursos para a faculdade de meus filhos já existiam antes mesmo de eles começarem a estudar.*

Infelizmente, a história de Johnny, inclusive suas justificativas, nunca irão para o ar.

## TÃO RAROS, OS JOHNNY LUCAS

Por que tão poucas pessoas nos Estados Unidos são ricas? Mesmo os domicílios com rendas anuais de seis dígitos não são ricos. Essas pessoas seguem uma orientação diferente daquela de Johnny Lucas. Elas acreditam em gastar hoje o dinheiro de amanhã. São propensas a criar dívidas e seguem uma rotina de ganhar-e-consumir. Para muitas delas, as que não exibem uma abundância de bens materiais não são bem-sucedidas. Para elas, pessoas voltadas à não exibição, como Johnny Lucas, são inferiores.

É provável que Johnny Lucas não usufrua grande prestígio junto a muitos de seus vizinhos. Em uma escala de status social, ele está abaixo da média. Mas de acordo com que critérios? Aos olhos dos vizinhos, Johnny tem baixo status profissional. Ele é dono de um pequeno negócio. O que acontece quando ele chega em casa, às vezes, em uma das vans de limpeza da empresa? A van fica na entrada até ele sair na manhã seguinte. O que seus vizinhos pensam? Eles não sabem que Johnny tem independência financeira. Eles não lhe conferem pontos por ser casado e nunca ter se divorciado, ter pago totalmente a faculdade dos filhos, ser frugal, pagar sua hipoteca, e assim por diante. Não, muitos vizinhos prefeririam que Johnny saísse do bairro. Por quê? Talvez porque ele e a família não parecem abastados, não dirigem carros de ricos ou não trabalham em cargos de status elevado.

## PARTINDO PARA UMA GRANDE DEFESA

Os ricos tendem a responder "sim" para três perguntas que incluímos em nossas pesquisas:

1. Seus pais eram muito frugais?
2. Você é frugal?
3. Seu cônjuge é mais frugal que você?

A última pergunta é muito significativa. Não só a maioria dos prodigiosos acumuladores de riqueza é frugal, mas seus cônjuges tendem a ser ainda mais frugais. Pense em uma família rica. Cerca de 95% dos domicílios milionários são compostos de casais. Em 70% dessas famílias, o homem contribui com pelo menos 80% da renda. A maioria desses homens joga no ataque no jogo chamado geração de renda. Jogar no ataque em termos econômicos significa que uma família gera uma renda significativamente mais alta que a norma, que nos Estados Unidos é uma renda anual tributável de aproximadamente US$33 mil. A maioria das famílias também joga bem na *defesa*, ou seja, é frugal quando se trata de gastar com bens de consumo e serviços. Um frugal produtor de renda elevada na categoria dos casados, porém, não se transforma automaticamente em dono de um patrimônio líquido de alto nível. É necessária a presença de outra coisa. Um milionário que se fez sozinho nos deu uma declaração ótima:

*Não consigo fazer minha mulher gastar dinheiro!*

A maioria das pessoas nunca ficará rica em uma geração se estiver casada com um esbanjador. Um casal não pode acumular riqueza se um de seus membros consome em excesso. Isso realmente ocorre quando um ou ambos estão tentando criar um negócio bem-sucedido. Poucas pessoas conseguem sustentar hábitos extravagantes e, ao mesmo tempo, construir riqueza.

> ### Ode à Sua Vida Frugal
>
> Como respondeu a mulher de um milionário quando o marido lhe deu US$8 milhões em ações da empresa da qual tinha aberto o capital? Segundo o marido, de 31 anos, ela disse: "Gostei muito disso, muito mesmo." Então ela sorriu, sem mudar de posição à mesa da cozinha, onde continuou a recortar cupons de desconto de alimentos de US$0,25 e US$0,50 do jornal da semana. Nada é tão importante a ponto de interromper suas tarefas de sábado de manhã. "Ela faz hoje o que sempre fez, mesmo quando tudo o que tínhamos era uma mesa de cozinha... Foi como atingimos uma boa situação hoje. Fizemos uma série de trade-offs... sacrifícios no início de nosso casamento."

Você quer saber por que não é rico? Bem, examinemos seu estilo de vida. É um estilo proativo? Você está na categoria de renda de US$70 mil, US$100 mil, US$200 mil? Parabéns, seu jogo tem um ataque ótimo. Mas como você continua perdendo o jogo chamado acúmulo de riqueza?

Seja honesto consigo mesmo. É possível que você seja terrível na defesa? A maioria dos que ganham salários elevados encontra-se na mesma situação, mas não a maioria dos milionários. Milionários jogam bem no ataque *e* na defesa. E, com frequência, sua ótima defesa os ajuda a superar/acumular mais que os que têm salário maior/ataque superior. *O fundamento do acúmulo de riqueza é a defesa, e essa defesa deve estar ancorada no orçamento e planejamento.* Descobrimos que vários grupos profissionais contêm muitas pessoas que se dedicam a isso.

## LEILOEIROS RICOS

Nossa última pesquisa com leiloeiros constatou que 35% deles eram milionários. Essa porcentagem é um pouco mais alta que a da proporção de famílias ricas que moram nos bairros urbanos e subúrbios mais sofisticados dos Estados Unidos.

Leiloeiros estiveram em nossa lista de tipos altamente produtivos desde a realização de nosso primeiro estudo de profissões, em 1983, quando se encontravam em sexto lugar entre aqueles com rendas anuais de mais de US$100 mil. Mas não foi só sua renda que nos chamou a atenção. Considerando o mesmo nível de renda, quem acumula mais riqueza — um leiloeiro que mora em uma pequena cidade dos Estados Unidos, ou quem mora em um bairro urbano ou suburbano de status elevado? Como você pode adivinhar, é o leiloeiro típico.

Leiloeiros são mais frugais que seus colegas de renda elevada em áreas de prestígio; suas despesas gerais domésticas e profissionais são menores. Até certo ponto, esses dados são explicados pelo custo de vida menor de morar e fazer negócios em cidades pequenas. No entanto, mesmo quando o custo de vida é levado em consideração, os leiloeiros são mais propensos a acumular riqueza. Pense no seguinte:

- Na média, leiloeiros milionários têm cerca de 50 anos de idade, de seis a oito anos menos do que seus colegas urbanos/suburbanos[1].
- O leiloeiro milionário médio gasta só 61% do que o milionário da cidade ou do subúrbio gasta em habitação.
- Milionários urbanos/suburbanos têm probabilidade três vezes maior que leiloeiros milionários de ter carros de luxo estrangeiros.
- Leiloeiros aplicam uma parcela maior de sua riqueza em ativos que se valorizam do que outros produtores de renda elevada e investem em categorias nas quais têm conhecimento.
- Leiloeiros têm experiência em falências. Eles estão cientes de que bens de consumo muitas vezes geram alguns centavos de dólar. Uma leiloeira explicou por que ela era tão frugal:

*Quando eu era bem jovem, vi uma mulher chorando... sentada em uma cadeira na frente de seu jardim. O tempo todo, os licitantes estavam levando embora tudo que um dia lhe pertenceu. Nunca esquecerei essa mulher.*

Vamos perguntar a uma típica milionária que se fez sozinha sobre sua defesa. Nós a chamaremos de Sra. Jane Rule. A Sra. Rule e o marido têm um pequeno negócio, uma empresa de leilões/avaliações de bens.

---

[1] Nos EUA, subúrbios são áreas residenciais confortáveis cujos moradores têm boa renda e que estão localizadas nos arredores de centro urbanos. (N. da RT.)

Eles também investem em várias das categorias de itens que avaliam. O Sr. Rule visivelmente é o gerente da empresa. Ele tem grande responsabilidade por seu sucesso, afinal, ele fala muito bem e depressa. Mas é a Sra. Rule que é a força real, a verdadeira líder do empreendimento. É seu planejamento, sua concepção, seu orçamento, sua cobrança e seu marketing que tornaram a empresa de leilões tão bem-sucedida.

Por que o Sr. e a Sra. Rule são milionários hoje? Por que a Sra. Rule joga na defesa com perfeição! Ela é responsável pelo orçamento e pelos gastos da casa e do negócio. Há alguém na sua casa responsável pelo orçamento? A resposta costuma ser "não exatamente". As pessoas costumam permitir que a renda defina o orçamento. Quando falamos ao nosso público sobre os hábitos de orçamento e planejamento dos ricos, alguém sempre faz uma pergunta previsível: por que um milionário precisaria de um orçamento? Nossa resposta é sempre a mesma:

### Eles se tornam milionários fazendo orçamentos e controlando as despesas e mantêm o status de ricos da mesma forma.

Às vezes somos obrigados a apresentar analogias para provar nosso ponto. Perguntamos, por exemplo:

> *Vocês notaram as pessoas que veem praticando jogging todos os dias? Parece que elas não precisam da atividade. Mas é por isso que estão em boas condições físicas. Os realmente ricos trabalham para continuar em boa situação financeira. Mas os que não estão em boa situação fazem pouco para mudar.*

A maioria das pessoas quer ficar em boas condições físicas. E a maioria sabe o que é preciso para isso. Mas, apesar de saber, a maioria das pessoas nunca atinge esse objetivo. Por que não? Porque elas não têm a disciplina para fazê-lo. Não planejam seu tempo para chegar lá. É como ficar rico nos Estados Unidos. Ah, verdade, você quer ficar rico, mas seu jogo na defesa é péssimo. Você não tem a disciplina para controlar seus gastos. Você não se dedica a fazer um orçamento ou plano. Observe que subacumuladores de riqueza passam três vezes mais se exercitando por mês do que planejando suas estratégias de investimento.

A Sra. Rule é diferente. Ela é como a maioria dos milionários. Ela é disciplinada. Ela gasta tempo planejando e fazendo orçamentos. Isso se transforma em riqueza. A renda da família da Sra. Rule varia de um ano a outro. (É comum que leiloeiros tenham altos e baixos no fluxo de caixa. Muitas vezes, crises na economia do país representam um aumento na demanda dos serviços de leiloeiros.) Nos últimos cinco anos, sua renda anual foi de US$90 mil, em média. Mas seu patrimônio líquido continua aumentando. Hoje a Sra. Rule tem um patrimônio líquido de mais de US$2 milhões. Em nossa pesquisa, ela respondeu "sim" às quatro perguntas sobre planejamento e orçamento.

Você quer ficar e continuar rico? Pode responder "sim" com franqueza e honestidade a essas quatro perguntas simples?

## Pergunta 1: Sua Casa Funciona com um Orçamento Anual?

Você planeja seus gastos de consumo segundo uma variedade de categorias de alimentos, roupas e moradia todos os anos? A Sra. Rule sim, como a maioria dos milionários. Na verdade, em nossa última pesquisa nacional de milionários, constatamos que para cada 100 milionários que não elaboram um orçamento, há cerca de 120 que o fazem.

Previmos sua pergunta sobre os milionários que não fazem orçamento. Como eles se tornaram milionários? Como eles controlam os gastos? Eles criam um ambiente artificial econômico de escassez para si mesmos e os outros membros da família. Mais da metade dos que não fazem orçamentos investem primeiro e gastam o saldo da renda. Muitos chamam isso de estratégia de "pague-se primeiro". Essas pessoas investem um mínimo de 15% de sua renda anual antes de pagar a comida, as roupas, a casa, o cartão de crédito etc.

E aqueles milionários que não fazem orçamentos *nem* criam um ambiente de relativa escassez? Alguns herdaram quase ou a maioria de sua fortuna. Outra minoria, responsável por menos de 20% dos milionários, normalmente ganham salários tão elevados que, até certo ponto, podem "comer" a sua renda e ainda ter um patrimônio líquido de sete dígitos. Em outras palavras, seu ataque extraordinariamente bom compensa a falta de defesa. Mas e se você ganhar US$2 milhões por ano e tiver um patrimônio líquido de US$1 milhão? Tecnicamente, você é um milionário, mas espiritualmente você é um subacumulador de riqueza.

E é provável que seu status de milionário seja temporário. Essas são as pessoas sobre as quais você lê nos jornais. A imprensa adora falar sobre os malucos da economia e da natureza.

Algum dia, a imprensa popular contará a história da Sra. Rule? É improvável. Quem quer ler sobre a casa de US$140 mil e o sedã de "metal de Detroit" de quatro anos que ela tem? Quem quer vê-la sentada à mesa da cozinha três noites seguidas elaborando o orçamento anual da família? Há algo empolgante em calcular e contabilizar cada dólar gasto no ano anterior? Você ficaria entusiasmado em ver a Sra. Rule calcular e alocar futuros dólares da renda em dezenas de categorias de consumo? Quanto tempo você aguentaria observá-la cuidadosamente completar o calendário de alocações do ano? Bem, também não é divertido para ela. Mas na mente da Sra. Rule há coisas piores, como nunca poder se aposentar nem ter independência financeira. É muito mais fácil fazer o orçamento se você visualizar os benefícios de longo prazo das tarefas.

## Pergunta 2: Você Sabe Quanto Sua Família Gasta Todos os Anos com Comida, Roupas e Habitação?

Quase 2/3 dos milionários entrevistados (62,4%) responderam "sim" a esta pergunta. A Sra. Rule também. Mas só cerca de 35% de não milionários de renda elevada responderam "sim" a essa questão. Muitas dessas pessoas de alta renda/baixo patrimônio líquido não têm ideia de quanto gastam todos os anos com a comida consumida dentro e fora de casa, bebidas, presentes de aniversário e férias (por cada categoria de recebedor), cada categoria de vestiário para cada membro da família em cada loja, babás, mensalidade de creches, carros e despesas relacionadas, escola, férias, aquecimento e energia elétrica e seguro.

Note que não incluímos pagamentos de hipotecas em nossa lista. Muitas vezes, entrevistados de renda alta/baixo patrimônio líquido gabam-se de quanto dinheiro poupam, nos EUA, em impostos com as deduções da hipoteca. Certamente a maioria dos milionários que têm hipotecas também se beneficia dessa facilidade. Mas a maioria dos milionários também contabiliza as outras categorias de gastos domésticos. Pergunte às pessoas comuns com alta renda/patrimônio líquido baixo sobre suas metas. O que elas dirão? Uma meta importante que costumam citar é minimizar a carga tributária; eles usam a dedução da hipoteca como um jeito de atingi-la. Então, por que essas mesmas pessoas não calculam seus demais gastos domésticos? Simplesmente porque não percebem o valor em fazê-lo. Sob seu ponto de vista, a maioria dos gastos domésticos não é dedutível ao se calcular a renda obtida tributável.

Mas a Sra. Rule pensa diferente. Sua meta é obter independência financeira — em seu caso, ter US$5 milhões na época em que ela e o marido se aposentarem. Ela acha que fazer orçamentos e contabilizar os gastos domésticos estão diretamente relacionados a atingir esse objetivo. Em sua opinião, a tabulação ajuda a controlar o consumo. Ela também reduz a probabilidade de alocar muitos dólares às categorias de produtos e serviços que não são realmente importantes. A Sra. Rule sempre anotou os gastos do negócio. Ela sabe que o mesmo sistema que usa na contabilidade da empresa pode ser usado em casa. Essa é uma vantagem de trabalhar para si próprio.

A Sra. Rule quer ficar livre de preocupações financeiras antes dos 65 anos. Cada vez que faz a tabulação, ela diz a si mesma que está reduzindo o receio de nunca poder se aposentar com conforto. Ora, quem se preocupa com seu futuro financeiro? Não é o caso da Sra. Rule. Embora ela tenha uma renda anual de US$90 mil, vale mais que vinte vezes essa quantia. E ela está no controle dos gastos domésticos da família.

Robert e Judy, por outro lado, têm medo. E devem ter. Esse casal ganha US$200 mil por ano, ou mais que duas vezes o que a Sra. Rule ganha. No entanto, como tantos casais que trabalham atualmente, Robert e Judy têm apenas uma fração da riqueza da Sra. Rule. Eles sentem que o consumo os controla, e não o oposto. Até a Sra. Rule acharia assustador ter que contabilizar gastos no valor de US$200 mil por ano. Robert e Judy têm quatorze cartões de crédito; os Rules têm dois (um para os negócios, outro para gastos domésticos).

Falemos sobre cartões de crédito por um momento. Faça a vários milionários uma simples pergunta sobre seus cartões de crédito. Os resultados lhe darão uma ótima ideia de quem esses milionários realmente são.

**Sr./Sra. Milionário:**

Por favor, faça um círculo no número que indica a quantidade de cartões de crédito que você ou algum membro de sua família tem. Circule todos que usar.

Agora feche os olhos e finja que é um milionário norte-americano com um patrimônio líquido de quase US$4 milhões. Que cartões de crédito corresponderiam à sua posição na vida? Talvez no topo de sua lista estarão um American Express Platinum, Diners Club ou Carte Blanche. Talvez você se considere um milionário ligado em moda. Talvez você tenha cartões da Brooks Brothers, Neiman Marcus, Saks Fifth Avenue, Lord & Taylor ou até Eddie Bauer. Você faria parte da minoria de milionários se listar esses cartões. Os resultados de nossa pesquisa nacional de milionários revelam algumas preferências interessantes em relação a cartões de crédito (veja a Tabela 2-2). Alguns destaques:

**TABELA 2-2**
**CARTÕES DE CRÉDITO DE MEMBROS DE FAMÍLIAS DE MILIONÁRIOS (N = 385)**

| CARTÃO DE CRÉDITO | % DE PROPRIETÁRIOS |
|---|---|
| Visa | 59 |
| MasterCard | 56 |
| Sears | 43 |
| Penney | 30,4 |
| American Express Gold | 28,6 |
| American Express Green | 26,2 |
| Lord & Taylor | 25 |
| Saks Fifth Avenue | 25 |
| Neiman Marcus | 21 |
| Brooks Brothers | 10 |
| Eddie Bauer | 8,1 |
| American Express Platinum | 6,2 |
| Diners Club | 3,4 |
| Carte Blanche | 0,9 |

- Como a maioria dos domicílios norte-americanos, quase todas as famílias nos Estados Unidos têm um MasterCard e um cartão Visa.

- É quatro vezes mais provável que uma família de milionários tenha um cartão da Sears (43%) do que um da Brooks Brothers (10%).

- Os cartões da Sears e da Penney são muito mais populares entre os ricos que os cartões de lojas sofisticadas.
- Só 21% dos domicílios abastados nos Estados Unidos têm o cartão da Neiman Marcus; 25%, da Saks Fifth Avenue; 25%, da Lord & Taylor; e só 8,1%, da Eddie Bauer.
- Só 6,2% dos milionários entrevistados têm o cartão American Express Platinum; 3,4% têm o Diners Club; e menos de 1% têm o Carte Blanche.

## Pergunta 3: Você Tem uma Série de Metas Diárias, Semanais, Mensais, Anuais e de Vida Claramente Definidas?

A fonte dessa pergunta é um decamilionário que entrevistamos há 12 anos. Ele nos disse que começou um negócio de atacado de alimentos aos 19 anos. Ele nunca terminou o ensino médio, mas acabou recebendo o equivalente ao diploma. Nós lhe pedimos que contasse como, apesar de ter deixado os estudos, havia acumulado mais de US$10 milhões. Ele respondeu:

*Sempre me baseei em metas. Tenho um conjunto definido de metas diárias, semanais, mensais, anuais e para a vida. Tenho até metas para ir ao banheiro. Sempre digo aos nossos jovens executivos que precisam ter metas.*

A Sra. Rule é voltada para metas. O mesmo ocorre com a maioria dos demais milionários. Para cada 100 milionários que responderam "não" a esta pergunta, houve 180 que responderam "sim". Quem são os "nãos"? Muitos dos tipos de renda elevada e riqueza herdada discutidos na seção anterior. Muitos senhores idosos e milionários aposentados que já atingiram a maioria de suas metas também responderam "não". Reflita por um momento sobre os comentários feitos por um multimilionário de 80 anos:

*Autores:* A primeira pergunta que sempre fazemos é sobre metas. Quais são suas metas atuais?

*Sr. Clark:* [O metal ouro] Estava US$438 a onça ontem em Londres!

Depois que o Sr. Clark ligou seu aparelho auditivo, repetimos a pergunta.

*Sr. Clark: Ah, metas, não o metal ouro... entendi. Minhas metas. Eu realizei o que tentei fazer... Minha meta de longo prazo era, é claro, acumular riqueza suficiente para deixar os negócios e aproveitar a vida. Andei muito por essa estrada... Conquistei reputação internacional. A minha é uma das maiores empresas de soldagem do mundo. Nunca quero me aposentar. Mas agora minha meta é minha família e a autossatisfação com o que realizei.*

O Sr. Clark é o típico idoso que acumulou riqueza significativa. A propósito, somente dois milionários de todos os entrevistados nos disseram que sua meta era "gastar meu último dólar no dia em que morrer".

Nem o Sr. Clark nem a Sra. Rule têm essa meta. A Sra. Rule planeja deixar fundos [trusts] educacionais para todos os netos. Ela também quer aproveitar a vida agora e depois que se aposentar. Quer estar financeiramente segura. Sua meta financeira é acumular US$5 milhões. A Sra. Rule sabe quanto deve separar todos os anos para atingir seus objetivos.

Mas ela é feliz? Essa é uma pergunta feita com frequência sobre milionários frugais. Sim, ela é feliz. Ela tem segurança financeira. A Sra. Rule gosta de fazer parte de uma família unida. A família significa tudo para ela. Sua vida e suas metas são simples. A Sra. Rule não precisa de um auditor independente para fazer seu planejamento de metas, embora ela busque seus conselhos sobre questões relacionadas à casa e aos negócios. Mas Robert e Judy, nosso casal de alta renda/baixo patrimônio líquido, precisam rapidamente de alguém forte e inteligente para orientá-los. Eles precisam de um contador muito experiente em mudar o rumo da vida dos clientes, alguém que os ajude a mudar o ambiente doméstico mergulhado no caos e superconsumo para um de planejamento voltado para metas, orçamentos e controle. Eles serão felizes? Não sabemos, mas podemos lhe dizer o seguinte:

**Pessoas financeiramente independentes são mais felizes do que as do mesmo grupo de renda/idade que não têm segurança financeira.**

Pessoas com independência financeira parecem ser mais capazes de visualizar os benefícios futuros de definir suas metas. A Sra. Rule, por exemplo, imagina todos os netos formando-se na faculdade. Ela visualiza o sucesso deles após a formatura. Ela nunca se vê financeiramente dependente de terceiros, mesmo que fique incapacitada no futuro. Nesse aspecto, suas metas são congruentes com as da maioria dos milionários.

## Pergunta 4: Você Passa Muito Tempo Planejando Seu Futuro Financeiro?

Para cada 100 milionários que responderam "não", houve 192 que responderam "sim". Mais uma vez, muitos que responderam "não" são tipos de riqueza acumulada relativamente baixa, os que herdaram quase ou a maior parte de sua riqueza ou idosos/aposentados ricos.

Pessoas como a Sra. Rule acertam ao se rotular de planejadores. Na verdade, as respostas a essa pergunta estão altamente relacionadas com o número de horas que os entrevistados alocam para planejar seu futuro financeiro. Em média, milionários passam significativamente mais horas por mês estudando e planejando suas decisões de investimentos futuros, assim como administrando os investimentos atuais, do que os não milionários de alta renda. As horas alocadas para planejar e gerir finanças são detalhadas no Capítulo 3.

Milionários como a Sra. Rule não só passam mais horas planejando suas finanças do que não milionários, eles também parecem aproveitá-las melhor. Lembre-se de que a Sra. Rule não só está no negócio de leilões. Sua função inclui avaliar o valor do que sua empresa leiloa. Muitas vezes, a Sra. Rule investe nas mesmas áreas em que tem considerável experiência. Nesse aspecto, ela é como muitos milionários. Eles alocam seu tempo com inteligência para poder planejar seus negócios e investimentos pessoais ao mesmo tempo. Descobrimos que, muitas vezes, leiloeiros altamente produtivos também são excelentes investidores. Veja, por exemplo, um leiloeiro especializado em leilões de imóveis comerciais. Que área de investimento ele conhece bem? Imóveis comerciais. Ele é o próprio analista de investimentos. E se sua especialidade for leilão de móveis antigos e armas de fogo norte-americanas? Você deveria investir em títulos de empresas de alta tecnologia? Provavelmente não. Mas você seria sensato ao usar seu conhecimento para fazer seus investimentos. Se você conhece antiguidades muito bem, por que não aproveitar o que sabe?

Você não precisa ser um leiloeiro para se beneficiar de seu conhecimento. Um de nossos associados foi chefe de planejamento estratégico em uma grande corporação. Parte de sua função era estudar uma ampla variedade de tendências em uma grande variedade de categorias de negócios. Anos atrás, ele descobriu que a demanda por cartões de beisebol para colecionadores explodiria algum dia. Isso foi muito antes de o mercado refletir essa tendência. Ele investiu pesado quando o mercado estava "dormente", em suas palavras. E ele vendeu todos que tinha — incluindo todos os cartões de Mickey Mantle — no ápice do mercado. Outro conhecido, gerente de uma loja de departamentos, sempre analisou jornais de comércio para aprender a tornar sua loja mais produtiva. Mais tarde, ele aproveitou seus hábitos de leitura para investir em ações de valor na área de varejo.

Quanto tempo não milionários alocam ao planejamento e à gestão? Não o suficiente! Como já dissemos, muito menos que os milionários. Embora estes tenham muito mais experiência em tomar decisões de investimento, eles alocam significativamente mais horas do que não milionários ao esforço de se tornar investidores ainda melhores. Essa é uma das principais razões pelas quais milionários continuam ricos.

Donos de empresas como a Sra. Rule certamente têm mais liberdade do que pessoas que não trabalham para si próprios. Ela pode e alavanca seu conhecimento do negócio com hábitos de investimento pessoal. Ela pode escolher uma área de negócios e aquela que quer estudar. Muitas vezes, empregados não dispõem dessa vantagem. Mas mesmo muitos entre os que têm conhecimento significativo sobre excelentes oportunidades de investimento não o aproveitam. Veja os seguintes exemplos:

- Um profissional de vendas altamente produtivo (nós o chamaremos de Sr. Willis) teve o Wal-Mart como cliente por mais de dez anos. Durante todo esse tempo, o Wal-Mart cresceu em tamanho e valor. Quantas ações do Wal-Mart o Sr. Willis, o profissional de vendas com salários de seis dígitos, comprou? Nenhuma. Isso, nenhuma, embora ele tivesse considerável conhecimento em primeira mão do sucesso de seu cliente e uma renda anual de seis dígitos. Mas ele comprou um carro estrangeiro de luxo a cada dois anos nesse período.

- Um gerente de marketing com salário elevado, o Sr. Petersen, estava empregado na área de alta tecnologia. Mas ele nunca investiu um dólar na Microsoft ou em qualquer outra firma em crescimento. Nunca, apesar de conhecer bem muitas empresas nesse ramo.
- O dono de um negócio de prestação de serviços de impressão tinha como cliente uma das principais firmas produtoras de bebidas nos Estados Unidos. O cliente comprava milhões de dólares em impressos dele todos os anos. Mas quanto dinheiro ele investiu nas ofertas de ações do cliente? Zero.

Nos três casos, a pessoa tinha uma renda superior à da Sra. Rule. Na verdade, o Sr. Petersen, o gerente de marketing, não investiu nada em ações. Ele não investe nenhuma parte de sua renda. Mas ele mora em uma casa de US$400 mil cercada por vizinhos do ramo de alta tecnologia que têm chapéus enormes e hipotecas maiores ainda, mas nenhum boi. Muitas pessoas com alta renda/baixo patrimônio líquido vivem de seus salários, temendo uma repentina virada na economia.

## **NOSSO AMIGO SAR**

O que motiva Theodore "Teddy" J. Friend? Por que ele trabalha tanto? Por que ele é motivado a ganhar tanto dinheiro? Por que ele gasta tanto? Teddy lhe dirá que é porque é um sujeito competitivo. Mas quase todos os bons profissionais de venda também são. Sua competitividade não é o principal motivo para seu comportamento.

Durante a infância, a família de Teddy era uma das mais pobres da comunidade operária. A pequena casa em que moravam fora construída de tábuas usadas e materiais semelhantes descartados. Até Teddy entrar no ensino médio, o pai cortava seu cabelo, uma forma de economizar dinheiro, embora, segundo Teddy, a maioria das pessoas podia dizer que sua "cabeça recebera o trato de um amador".

A escola pública que frequentava atraía alunos de várias origens socioeconômicas. Muitos eram de famílias abastadas. "Crianças ricas" existiam em número suficiente para encher o estacionamento da escola com belos carros. Esses carros sempre surpreenderam o Sr. Friend. Durante o ensino médio, sua família teve um carro. Era um velho Ford usado que o pai havia comprado já com dez anos de uso.

Durante os anos do ensino médio, o Sr. Friend prometeu a si mesmo que algum dia ficaria em uma situação bem melhor que a dos pais. "Melhor situação" em sua mente significava ter uma bela casa em um bairro de classe alta, roupas finas para toda a família, carros sofisticados, associação em clubes e artigos comprados nas melhores lojas. O Sr. Friend se deu conta de que a "melhor situação" poderia ser atingida encontrando um cargo com um bom salário e trabalhando duro.

O Sr. Friend nunca equiparou "melhor situação" com acúmulo de riqueza. Mais uma vez, "melhor situação" significava mostrar a renda elevada por meio da exibição de artigos de alto status. Teddy nunca pensou muito sobre os benefícios de formar um portfólio de investimentos. Para ele, uma renda elevada era o caminho para superar a sensação de inferioridade social. Uma renda elevada era produto de trabalho duro. "Renda em forma de ganhos de capital" eram palavras desconhecidas para ele.

Os pais do Sr. Friend eram disfuncionais quando se tratava de separar dinheiro para dias difíceis. Seu plano financeiro era muito simples: eles gastavam quando tinham dinheiro. Paravam de gastar quando não tinham. Se precisavam de algo, como uma máquina de lavar roupas ou um telhado novo, economizavam para obtê-lo. Mas eles também compravam muitas coisas com empréstimos pagos em prestações. Eles nunca possuíram ações ou títulos. Os pais de Teddy nunca separaram uma quantia com fins de investimento. Eles não entendiam nem confiavam no mercado de ações. A única riqueza financeira real do casal era uma pequena pensão e o valor de sua modesta casa.

Hoje, o filho quer compensar a "antiga origem de operário" e sua percebida deficiência educacional. O Sr. Friend nunca terminou a faculdade. Mesmo agora ele se sente compelido a superar todos os colegas graduados com quem compete. Ele diz que gosta de se vestir melhor, dirigir melhor, morar melhor e, em geral, levar um estilo de vida mais elevado do que todos aqueles "garotos da faculdade" que atuam em seu território.

O Sr. Friend é o suprassumo do consumidor. Ele tem duas lanchas, um jet ski e seis carros (dois adquiridos por leasing; os outros foram comprados a crédito). O interessante é que apenas três pessoas em sua casa dirigem. Ele é membro de dois clubes de campo e usa um relógio que custa mais de US$5 mil. Ele compra suas roupas nas melhores lojas. O Sr. Friend também "possui" um apartamento de férias em condomínio.

No ano passado, a renda do Sr. Friend foi de cerca de US$221 mil. Considerando sua idade, 48, qual seria seu patrimônio líquido esperado? Segundo nossa equação de riqueza, deveria ser de US$1.060.800 (renda esperada = 1/10 da idade × renda anual total). Qual é seu patrimônio líquido real? Menos do que 1/4 da quantia esperada.

Como é possível que o Sr. Friend tenha um patrimônio líquido real de menos do que 1/4 do valor esperado? A resposta está em sua maneira de pensar. Acúmulo de riqueza não o motiva. É interessante notar que ele acredita firmemente que, se fosse realmente rico, não seria um ótimo gerador de renda. Muitas vezes, ele afirmou que as pessoas que vêm de origens abastadas têm pouca motivação para se destacar no local de trabalho.

O Sr. Friend achou um método para sustentar e ainda melhorar sua motivação para ter um desempenho de alto nível. Ele constatou que o medo é um grande motivador. Assim, ele compra cada vez mais a crédito. Ao aumentar a quantia devida, ele correspondentemente aumenta o receio da inadimplência. Por outro lado, o aumento de seu grau de endividamento o estimula a trabalhar ainda mais e de forma mais agressiva. Para ele, uma casa grande lhe lembra a hipoteca elevada e a necessidade de um desempenho melhor.

O Sr. Friend não é um grande gastador em todas as categorias de produtos e serviços. Pergunte-lhe quanto dinheiro ele aloca para consultoria financeira. Nesse aspecto, ele é muito sensível a preços. Por exemplo, a escolha de um contador se baseou unicamente nas taxas cobradas, não na qualidade. O Sr. Friend sempre acreditou que a qualidade dos serviços prestados pelos contadores é basicamente a mesma; só suas taxas são diferentes. Por isso, ele escolheu um contador que cobra pouco. Em forte contraste, a maioria dos ricos acha que você recebe pelo que paga no campo das finanças.

O Sr. Friend gasta um tempo considerável trabalhando. Mesmo assim, ele sempre se preocupa em perder sua vantagem competitiva. Ele acha que a necessidade de mostrar melhor desempenho que os garotos ricos, os que têm diploma universitário, desaparecerá algum dia. Constantemente o Sr. Friend se lembra de sua origem humilde e da falta do importantíssimo diploma da faculdade. Constantemente se pune psicologicamente. Aos seus olhos, sua formação é inferior à dos confiantes graduados com quem compete. Muitas vezes, ele se pergunta como eles podem estar tão satisfeitos, considerando seu desempenho menos do que excepcional no local de trabalho.

Na verdade, o Sr. Friend nunca aproveita a vida. Ele tem muitos objetos de valor, no entanto, trabalha tanto e por tantas horas durante os dias úteis, que não tem tempo de usufruí-los. Ele também não tem tempo para a família. Ele sai de casa antes do amanhecer e raramente volta a tempo para o jantar.

Você gostaria de ser como o Sr. Friend? Seu estilo de vida é atraente para muitas pessoas. Mas, se elas realmente entendessem os pensamentos dele, o avaliariam de outra forma. O Sr. Friend é obcecado por posses. Ele trabalha para obter coisas. Sua motivação e seus pensamentos focam os símbolos do sucesso econômico. Constantemente ele precisa convencer os outros de seu sucesso. Infeliz, ele nunca convenceu a si mesmo. Ou seja, ele trabalha, ganha e se sacrifica para impressionar os outros.

Esses fatores baseiam os processos de pensamento de muitos subacumuladores de riqueza. Com frequência, os SARs permitem que "pessoas importantes para eles" determinem seu estilo de vida financeira. É interessante notar que "essas pessoas" ou grupos de referência são mais imaginários que reais. Você está motivado por "pessoas importantes"? Talvez você deva considerar uma abordagem diferente para a vida. Talvez você deva se reorientar.

Será que todas as pessoas de alta renda que tiveram origem humilde estão destinadas a se tornar SARs? Todas elas seguirão o caminho do Sr. Friend? Absolutamente não. Há um motivo fundamental além das deficiências sociais e educacionais percebidas do Sr. Friend que explicam por que ele se tornou um SAR: seus pais o ensinaram a ser um SAR. Apesar da renda modesta, seus pais não eram frugais. Eles gastavam quase toda a renda. Eles eram profissionais em gastar recursos. Qualquer aumento no salário era imediatamente destinado ao consumo. Mesmo as restituições do imposto de renda previstas eram alocadas para algum gasto muito antes do recebimento do cheque. Seu comportamento de consumo exerceu um impacto no filho. Eles sempre lhe enviavam a mensagem:

**A gente ganha para gastar.**
**Quando você precisa gastar mais, precisa ganhar mais.**

## Vida entre Amigos

Como os pais do Sr. Friend gastavam seu dinheiro? Ele nos disse que, durante todo o seu casamento, eles comiam muito, fumavam muito, bebiam muito e compravam muito. Sua casa sempre estava lotada de comida. Eles faziam pilhas de petiscos, carnes de primeira, frios, sorvetes e outras sobremesas. Até o café da manhã era um banquete. Bacon, linguiça, batatas fritas, muffins e rosquinhas eram o básico pela manhã. Bifes e assados eram os preferidos no jantar. Os Friends nunca pulavam uma refeição. Vizinhos e parentes eram convidados frequentes no "Restaurante dos Friends", como falavam de sua casa. Os pais do Sr. Friend fumavam três maços de cigarros por dia. Durante uma semana normal, eles consumiam duas embalagens de cerveja. Nos feriados, o consumo de comida, tabaco e álcool aumentava muito.

Comprar e consumir eram os hobbies preferidos dos Friends. Com frequência, eles compravam por diversão, não necessidade. Na maioria dos sábados, eles iam às compras pela manhã até a tarde. Primeiro compravam comida, depois passavam inúmeras horas comprando em lojas de descontos. O Sr. Friend dizia que "a maioria das coisas que compravam era besteira".

Sua mãe era uma compradora especialmente agressiva nos outlets. Ela tinha uma forte inclinação para comprar grandes quantidades de tapetes, cinzeiros, balas de leite maltado, pipoca caramelizada, toalhas de todas as cores e estilos, calçados casuais, tigelas de madeira e utensílios de cozinha. Muitos desses artigos ficavam empilhados, às vezes por anos, antes de serem usados. O pai também comprava para se divertir. Ele passava horas todos os sábados comprando ferramentas e ferragens. Na maioria dos casos, esses itens raramente eram usados, quando muito.

Está claro que os pais do Sr. Friend eram SARs. Ele foi bem treinado. Mas hoje ele gera uma renda muito maior do que os pais jamais geraram. Por que ele ainda é um SAR? Essa renda, em si, é resultado da orientação dos pais. Muitas vezes seu pai lhe disse para procurar um emprego com alto potencial de ganhos. Isso permitiria ao Sr. Friend comprar as coisas mais finas da vida. A mensagem do pai foi clara: para comprar uma ótima casa, automóveis de luxo e roupas caras, era preciso ganhar um alto salário. O Sr. Friend constatou que várias áreas da profissão de vendas ofereciam excelentes oportunidades de ganho. Para gastar muito, ele teria que ganhar muito. Nunca se mencionou o valor de separar dinheiro para investir. A renda era destinada para gastar. O crédito era bastante usado para compras importantes.

O Sr. Friend e seus pais nunca valorizaram os benefícios de acumular riqueza por meio de investimentos. O Sr. Friend nos disse repetidas vezes que "não adianta". Ele simplesmente não tem dinheiro para investir! Como alguém com uma renda média seis vezes maior do que a de uma família norte-americana média não tem dinheiro para investir? O Sr. Friend gasta mais anualmente com a escola particular dos filhos e mensalidades da faculdade que a renda domiciliar média anual. Ele tem uma coleção de automóveis que vale mais de US$130 mil. Ele paga mais de US$12 mil por ano de impostos prediais. Seu pagamento anual de hipotecas é superior a US$30 mil. Vários de seus ternos custam mais de US$1.200.

Mas sua insensibilidade aos benefícios dos investimentos supera sua necessidade de consumir. Seus pais não entendiam ou valorizavam dólares investidos. Ele também não. E seus pais passaram essa falta de visão para ele.

O Sr. Friend argumenta que seus pais eram pessoas modestas, sem dinheiro para investir. Vamos analisar esse ponto de vista. Seus pais fumavam três maços de cigarros por dia. Quantos maços eles consumiram durante sua vida adulta? Há 365 dias no ano. Então eles consumiam cerca de 1.095 maços por ano. Eles fumaram por cerca de 46 anos. Então, em 46 anos, eles fumaram 50.370 maços de cigarros. Quanto o casal gastou por eles? Aproximadamente US$33.190 — mais que o preço de compra de sua casa! Eles nunca consideraram quanto custava comprar cigarros. Eles encaravam essas compras como pequenas despesas. Mas pequenas despesas se tornam grandes despesas ao longo do tempo. Pequenas quantias investidas periodicamente também se tornam grandes investimentos com o passar do tempo.

E se os Friends tivessem investido o dinheiro do cigarro no mercado de ações (index fund [fundo de investimento que segue um determinado índice de referência]) durante a vida? Quanto mais ele valeria? Perto de US$100 mil. E se eles tivessem usado o dinheiro do cigarro para comprar cotas de uma fabricante de cigarros? E se eles tivessem comprado, reinvestido todos os dividendos e nunca tivessem vendido as ações da Philip Morris, em vez de fumar os produtos da Philip Morris durante 46 anos? *Ao final de 46 anos, o casal teria um portfólio da* *empresa de tabaco no valor de mais de US$2 milhões.* Mas o casal, como seu filho, nunca imaginou que "trocados" poderiam se transformar em riqueza significativa.

Só essa mudança no comportamento colocaria os Friends na categoria dos milionários. Eles também teriam sido membros do grupo PAR, considerando seus ganhos modestos. Talvez eles pudessem ter levado uma vida diferente se alguém os instruísse sobre a matemática da valorização da riqueza. Ninguém lhes falou sobre esse fenômeno. Portanto, não é surpresa que falharam em educar os filhos sobre os benefícios do investimento. Mas eles lhe disseram para não fumar. Seu pai disse: "Nunca ponha o primeiro cigarro na boca. Eu fiquei preso. Não há nada que eu possa fazer para parar." O filho seguiu esse conselho.

## LIVRANDO-SE DO HÁBITO DO SAR

Por quanto tempo o Sr. Friend poderá sustentar seu estilo de vida? E se ele parar de trabalhar hoje? Como ele poderia viver de acordo com o atual nível de riqueza? Somente por um ano! Não surpreende o fato de ele trabalhar tanto. Considerando as circunstâncias atuais, o Sr. Friend nunca se aposentará com conforto. Apesar de estar com quase 50 anos, ele ainda terá que fazer esse cálculo. Mas nem tudo está perdido. O Sr. Friend ainda pode se tornar um acumulador de riqueza.

Achamos que é útil dizer aos SARs a verdade nua e crua: *"Amigo, você vale menos do que a metade da quantia esperada daqueles de seu grupo de renda e idade."* Essa informação pode estimular SARs competitivos. Como reagirão quando ouvirem que estão classificados no quartil inferior em relação a todos com renda e idade semelhantes? Alguns não acreditam. Muitos querem mudar, mas não sabem como fazê-lo. Como pode alguém mudar quando tem mais de vinte anos de experiência como um SAR?

Primeiro, eles precisam realmente querer mudar. Segundo, é provável que precisem de ajuda profissional. O ideal é que encontrem um contador ou consultor que ofereça serviços de planejamento financeiro. Esse profissional deve ter considerável experiência e sucesso com a transformação de SARs. Isto é, ele deve ter um histórico sólido em ajudar os Srs. Friends do mundo a se tornarem mais como PARs.

Em casos extremos, um contador/planejador financeiro realmente assume o controle do comportamento de compras do cliente. Ele primeiro faz uma auditoria de seus hábitos de consumo nos últimos dois anos. Ele categoriza e tabula cada elemento. Em seguida, marca uma consulta com o cliente. Este é colocado em um programa de corte drástico, o que significa que todos os elementos de consumo são reduzidos a um mínimo de 15% por um ano ou dois. Cortes adicionais se seguem. Em algumas situações, o contador/planejador financeiro até fica com os talões de cheque, preenche todos e paga todas as contas. Essa medida drástica não é fácil para a maioria dos SARs, mas às vezes é a única forma de resolver o problema.

## MÁXIMA CATEGORIA DE CONSUMO

O milionário típico de nossas pesquisas tem uma renda anual total tributável de menos de 7% de sua riqueza. Isso significa que menos de 7% de sua riqueza está sujeita a alguma forma de imposto de renda.[2] Em nosso estudo mais recente de milionários, encontramos a porcentagem de 6,7%. Os milionários sabem que, quanto mais gastam, mais devem ganhar. Quanto mais ganham, mais precisam alocar para o imposto de renda. Assim, milionários e os que provavelmente ficarão ricos no futuro cumprem uma regra importante:

> **Para criar riqueza, minimize sua renda realizada (tributável) e maximize sua renda não realizada (riqueza/valorização de capital sem um fluxo de caixa).**

O imposto de renda é o único maior gasto anual para a maioria dos domicílios. Ele é imposto sobre a renda, não sobre a riqueza e não sobre a valorização de riqueza, se esta não ocorrer, isto é, se ela não gerar fluxo de caixa.

---

2 O valor da riqueza privada nos Estados Unidos é de mais de US$22 trilhões. Os milionários têm cerca de metade dessa quantia ou US$11 trilhões. A renda pessoal total para o mesmo período é calculada em cerca de US$2,6 trilhões. Os milionários são responsáveis por apenas perto de 30% da renda total ou US$78 trilhões. Isso significa que os milionários como um grupo realizam o equivalente a apenas 7,1% de sua riqueza total todos os anos (US$78 trilhões de renda: US$11 trilhões em riqueza = 7,1%).

Qual é o recado aqui? Mesmo muitos domicílios produtores de rendas elevadas têm um patrimônio insignificante. Um dos motivos é que muitas vezes eles maximizam as rendas realizadas para sustentar os altos níveis de vida. Essas pessoas deveriam perguntar a si mesmas: poderia eu viver com o equivalente a 6,7% de minha riqueza? Ser rico exige muita disciplina. Entrevistamos muitas pessoas que valem US$2 ou US$3 milhões que têm rendas domésticas anuais tributáveis de menos de US$80 mil.

Qual é a renda realizada do domicílio típico norte-americano todos os anos? Cerca de US$35 mil a US$40 mil ou perto do equivalente a 90% de seu patrimônio líquido. O resultado é que o domicílio típico norte-americano paga o equivalente a mais de 10% de sua riqueza em impostos todos os anos. E os milionários que entrevistamos? Na média, sua conta do imposto de renda anual é uma quantia equivalente a somente um pouco mais de 2% de sua riqueza. Esse é um dos motivos pelos quais permanecem financeiramente independentes.

## Estudo de Caso: Sharon e Barbara

Sharon é uma especialista na área médica com alto salário. Recentemente, ela nos perguntou: "Como tenho uma renda tão alta, mas acumulo tão pouca riqueza?"

No ano passado, a família de Sharon obteve uma renda total anual de cerca de US$220 mil (veja a Tabela 2-3), que a coloca no topo do 1% de todos os domicílios dos Estados Unidos. O domicílio de Sharon tem um patrimônio líquido perto de US$370 mil. Embora a renda de Sharon seja superior a 99% dos outros domicílios dos Estados Unidos, seu patrimônio líquido está muito abaixo do que deveria. Considerando sua idade, 51, e sua renda, US$220 mil, Sharon deveria valer, segundo a equação da riqueza (patrimônio líquido esperado = 1/10 da idade × renda), aproximadamente US$1.122.000.

Por que o nível de riqueza acumulada de Sharon está muito abaixo da norma? Porque sua renda realizada, ou tributável, é muito alta. No ano passado, ela pagou US$69.440 em impostos federais sobre sua renda de US$220 mil. Isso equivale a 18,8% de sua riqueza total. Yogi Berra poderia dizer: "Sharon, você não pode ser rica. Sua renda é muito alta."

## TABELA 2-3
### CONTRASTES ENTRE CONTRIBUINTES NORTE-AMERICANOS

| DESIGNAÇÃO DO DOMICÍLIO | RENDA ANUAL REALIZADA ANTES DOS IMPOSTOS POR DOMICÍLIO | PATRIMÔNIO LÍQUIDO (ATIVOS MENOS OBRIGAÇÕES) POR DOMICÍLIO | RENDA REALIZADA (TRIBUTÁVEL) COMO % DE PATRIMÔNIO LÍQUIDO | IMPOSTO DE RENDA FEDERAL | IMPOSTO COMO % DE RENDA | IMPOSTO COMO % DE PATRIMÔNIO LÍQUIDO | CATEGORIA DE ACÚMULO DE RIQUEZA |
|---|---|---|---|---|---|---|---|
| Domicílio Típico de Renda Elevada | US$220 mil | US$1.122.000 | 19,6 | US$69.440 | 31,6 | 6,2 | Médios Acumuladores de Riqueza (MARs) |
| Sharon | US$220 mil | US$370 mil | 59,5 | US$69.440 | 31,6 | 18,8 | Subcumuladores de Riqueza (SARs) |
| Barbara | US$220 mil | US$3.550.000 | 6,2 | US$69.440 | 31,6 | 2,0 | Prodigiosos Acumuladores de Riqueza (PARs) |
| Ross Perot | US$230 milhões | US$2,4 bilhões | 9,6 | US$19,5 milhões | 8,5 | 0,8 | Prodigiosos Acumuladores de Riqueza (PARs) |
| Domicílios Norte-Americanos Típicos | US$32.823 (Média) | US$36.623 (Média) | 89,6 (Média) | US$4.248 (Média) | 12,9 (Média) | 11,6 (Média) | Subcumuladores de Riqueza (SARs) |

Acreditamos que a pessoa comum na categoria de renda/idade de Sharon paga o equivalente a apenas 6,2% de sua riqueza em impostos anuais federais ou US$69.440 divididos por US$1.122.000. Assim, o equivalente ao imposto de Sharon, 18,8% de sua riqueza, é três vezes maior do que o equivalente para a pessoa comum nessa mesma categoria.

Para ver isso de outra forma, Sharon tem uma renda anual realizada equivalente a 59,5% de seu patrimônio líquido total de US$370 mil. Como alguém pode esperar ficar realmente rico quando cerca de 60% de sua riqueza estão sujeitos à cobrança de impostos todos os anos? A pessoa comum na categoria renda/idade de Sharon realiza o equivalente a apenas 19,6% de seu patrimônio líquido na renda anual. Assim, somente cerca de US$1 em US$5 de seu patrimônio líquido está sujeito ao pagamento de impostos.

E quanto às pessoas que têm níveis de riqueza acima da média? Quanto do equivalente ao seu patrimônio líquido é tributado? Barbara é um membro típico da categoria PAR. Sua renda anual realizada é aproximadamente a mesma de Sharon — US$220 mil. Mas o patrimônio líquido de Barbara é de cerca de US$3.550.000, portanto, o equivalente a somente 6,2% de sua riqueza está sujeito a impostos federais. Que porcentagem da riqueza de Barbara é paga em impostos federais? Cerca de 2%. Em forte contraste, Sharon pagou o equivalente a 18,8% de sua riqueza em impostos federais, ou mais de 9 vezes a porcentagem de Barbara.

O milionário norte-americano típico realiza significativamente menos do que 10% de seu patrimônio líquido da renda anual. Apesar de ter riqueza considerável e aumentos de renda significativos (de forma não realizada), o norte-americano milionário típico pode pessoalmente ter pouco dinheiro. Mais de 20% da renda anual realizada de Barbara é investida em ativos financeiros que valorizam sem gerar renda realizada. Sharon, por outro lado, investe menos de 3% de sua renda realizada. A maioria de seus ativos financeiros é líquida.

A situação financeira de Sharon é muito arriscada. Ela é a principal provedora da casa, que tem pouca renda de investimento. Se ela for demitida, o que acontecerá? Há muitos cargos hoje que pagam US$200 mil ou mais por ano. Barbara, novamente em comparação com Sharon, tem um negócio com mais de 1.600 clientes — são mais de 1.600 fontes de receita. Essa posição é menos arriscada que a de Sharon. Ela não poderia sobreviver por seis meses se perdesse sua renda, mas Barbara viveria facilmente por vinte anos ou mais. Na verdade, ela poderia se aposentar agora só com a renda de seus ativos financeiros.

Barbara, a prodigiosa acumuladora de riqueza, é só mais um dos 3,5 milhões de milionários dos Estados Unidos atuais. Mais que 90% têm um patrimônio líquido entre US$1 milhão e US$10 milhões. Como essas pessoas ricas se comparam aos super-ricos? Os indícios são de que, quanto maior o patrimônio líquido de uma pessoa, em melhor situação ela está para minimizar sua renda realizada. O fato é que os super-ricos chegaram a essa posição sendo mestres em minimizar sua renda realizada.

Ross Perot é o exemplo perfeito de como o super-rico continua rico e ainda aumenta seus níveis de riqueza anos após ano. Recentemente, a *Forbes* calculou que o patrimônio líquido do Sr. Perot era de US$2,4 bilhões (veja Randall Lane, "What's Ross Perot Really Worth", *Forbes*, 19 de outubro de 1992, p. 72). Os Citizens for Tax Justice [Os Cidadãos por Justiça Tributária], um grupo de reforma tributária com sede em Washington D.C., calculou que a renda realizada anual de Perot em 1995 era de cerca de US$230 milhões. Assim, ele realizou o equivalente a 9,6% de sua riqueza, mas pagou apenas US$19,5 milhões em impostos ou 8,5% de sua renda (veja "How Perot Caps His Rising Taxes at Only 8.5%", *Money*, janeiro de 1994, p. 18). Compare esse número com os 31,6% da renda paga em impostos por Barbara, Sharon e muitos outros em sua categoria de renda (veja a Tabela 2-3).

Como o Sr. Perot acaba pagando uma porcentagem tão baixa de impostos sobre sua renda? Segundo a reportagem recente de um jornal:

> *Perot... minimiza seus impostos investindo pesado em municípios livres de impostos, imóveis com isenção de impostos e ações com ganhos não realizados* (Tom Walker, "A taxa de imposto de Perot é mais baixa que a da maioria, diz a revista", *Atlanta Journal-Constitution*, 30 de dezembro de 1993, p. 1).

É interessante notar que a taxa de impostos de Perot como porcentagem de sua renda — isto é, 8,5% — é mais baixa que a do domicílio do norte-americano médio. O domicílio médio nos EUA paga US$4.248 em tributos federais todos os anos ou o equivalente a 12,9% de sua receita anual realizada de US$32.823. Perot é super-rico em termos de renda acumulada, mas suas obrigações fiscais marginais são menores que a do contribuinte comum.

Ainda mais interessante que a porcentagem de renda paga em impostos é a porcentagem da riqueza paga em impostos. A família comum norte-americana tem um patrimônio líquido, incluindo o valor da casa, de US$36.623. Eles pagam o equivalente a 11,6% de seu valor líquido em imposto de renda. E o Sr. Perot, o bilionário? Em um ano, calcula-se que ele pagou o equivalente a só 0,8% de sua riqueza em impostos. Em termos de imposto de renda pago como porcentagem da riqueza, a família comum pagou 14,5 vezes mais.

A maioria dos milionários mede seu sucesso pelo valor do patrimônio líquido, não pela renda realizada. Para propósitos de construção de riqueza, a renda não importa tanto. Se você se encontra em um patamar de faixa de renda elevada, digamos, US$100 mil ou US$200 mil ou mais, o quanto você ganha a mais é menos importante do que o que faz com o que já tem.

### TRABALHANDO PARA O FISCAL

Suponha por alguns momentos que você é o Sr. Bob Stern, um estudioso que trabalha na Receita Federal. Uma manhã, seu gerente, o Sr. John Young, chama-o à sala dele. Ele lhe passa uma tarefa: aumentar seu conhecimento sobre o relacionamento entre renda e riqueza.

> **Sr. Young:** Bob, leio relatórios sobre o crescimento da população de milionários.
>
> **Sr. Stern:** Sim. Tenho uma pilha de artigos e recortes sobre o mesmo tema na minha mesa.
>
> **Sr. Young:** Bem, esse é o problema. A quantidade de pessoas ricas aumenta rapidamente. Mas a receita de nossos impostos de renda de várias dessas pessoas não acompanha o mesmo ritmo.
>
> **Sr. Stern:** Li em algum lugar que os 3,5% domicílios mais ricos neste país são responsáveis por mais que a metade da riqueza pessoal. Mas essas mesmas pessoas respondem por menos que 30% da renda.
>
> **Sr. Young:** Eu gostaria que o Congresso acordasse. Este país precisa de impostos sobre a riqueza. Até em tempos bíblicos os ricos tinham que

pagar 10% de tributos sobre sua riqueza todos os anos. É isso o que chamo de a verdadeira reforma tributária.

**Sr. Stern:** Eu sei o que quer dizer. Mas cedo ou tarde, vamos pegá-los. Lembre-se, são inevitáveis — a morte e os impostos.

**Sr. Young:** A área de impostos sobre propriedades não é sua especialidade, Bob. Você é um pouco ingênuo nessa questão. Você acha que acabaremos dando uma grande mordida em todos os milionários deste país tributando suas propriedades.

**Sr. Stern:** A Morte está do nosso lado.

**Sr. Young:** Não tão depressa, Bob. Pense em todos os milionários deste país. A maioria deles tem algum tipo de negócio e uma grande parte tem ações. O que essa gente faz com seu dinheiro? Sentam em cima dele ou o aplicam nos negócios? Eles mantêm todas as ações que continuam a se valorizar.

**Sr. Stern:** Mas e quanto à Morte?

**Sr. Young:** Veja por esse lado, Bob. Temos analisado as restituições de propriedades no nível de US$1 milhão, ou mais. No ano passado houve apenas 25 mil. Mas, Bob, ao mesmo tempo havia 3,5 milhões de milionários vivos e bem. Isso significa que 0,7% foram levados pela Morte. Esse número deveria ser duas vezes maior. Mas você sabe o que muitos milionários fazem? Antes que a Morte apareça, eles se transformam. É como mágica.

**Sr. Stern:** Como eles fazem? Eles não podem simplesmente desaparecer. Eles vão para o estrangeiro antes de a Morte aparecer?

**Sr. Young:** O estrangeiro não é um fator significativo. Mas eu não me surpreenderia se descobríssemos que metade dos milionários se transforma em não milionário AM.

**Sr. Stern:** O que quer dizer com AM?

**Sr. Young:** É um termo que usamos aqui dentro. AM significa "Antes da Morte", ao contrário de DM ou "Depois da Morte". Veja este estudo de caso. Uma mulher, Lucy L., tinha US$7 milhões um ano antes de morrer. Ela vivia com o dinheiro da pensão. Nunca na vida vendeu uma ação sequer de seu portfólio. Sua fortuna dobrou nos seis anos entre seu septuagésimo e septuagésimo sexto aniversário. Mas o que tiramos disso? Em termos de imposto de renda, praticamente zero. Ela basicamente não realizou renda com seu portfólio. Detesto renda não realizada.

**Sr. Stern:** O senhor está certo. É um inimigo esperto. Mas a Morte — ela a pegou, certo? A Morte e os impostos.

**Sr. Young:** Errado, Bob. Ela morreu no ano passado. E sabe qual era seu patrimônio líquido quando a Morte finalmente apareceu? Menos de US$200 mil. Nada de impostos de propriedade. Outro ex-milionário se vai sem deixar uma propriedade tributável. Alguns dias eu gostaria que houvesse outro ramo de atividade. O inimigo está vencendo.

**Sr. Stern:** Mas para onde foi todo o dinheiro dela?

**Sr. Young:** Ela o deu à igreja, a duas faculdades, e cerca de dez instituições de caridade. Ela também deu US$10 mil para cada um dos filhos, netos e sobrinhos. Ela está cheia de parentes no país, como muitas das pessoas do interior.

**Sr. Stern:** E com quanto acabamos ficando?

**Sr. Young:** Você não está ouvindo, Bob. Nós, o governo, ficamos com zero! Pode acreditar? Seu próprio governo. Simplesmente não há justiça nos Estados Unidos. Precisamos de um imposto sobre a riqueza.

**Sr. Stern:** Bem, parece que ela foi uma pessoa muito legal em dar tanto dinheiro para a igreja, faculdades e para a caridade.

**Sr. Young:** Bob, que vergonha! Ela e sua gangue são os inimigos. Os Estados Unidos precisam de sua riqueza para manter o governo funcionando. Precisamos de seu dinheiro para pagar a dívida nacional. Precisamos financiar todos os nossos programas sociais.

**Sr. Stern:** Talvez ela ache que a igreja, as faculdades e instituições de caridade também têm necessidades.

**Sr. Young:** Bob, você é muito ingênuo. Essa mulher é uma amadora. Que tipo de experiência ela tem em distribuir sua riqueza? Nós somos seu governo. Somos especialistas em redistribuição de renda. Deveríamos decidir onde e como a riqueza é distribuída. Nós somos os profissionais. Temos que começar a tributar a riqueza antes que todos os milionários se transformem em não milionários.

**Sr. Stern:** E quanto a todas aquelas pessoas famosas sobre quem lemos nos jornais? As que têm rendas muito elevadas?

**Sr. Young:** Deus as abençoe, Bob. Elas são nossos melhores clientes. Adoro pessoas que ganham muito dinheiro. Renda realizada é a nossa salvação. Quero que você as estude. Mas também quero que descubra como essas outras pessoas existem sem realizar muita receita. Algumas delas devem viver como monges. O que há de errado com essas pessoas? Por que elas não vendem umas ações no valor de alguns milhões de dólares e compram uma mansão?

**Sr. Stern:** É por isso que há todas aquelas fotos de celebridades que ganham muito bem nas paredes de uma sala em sua casa?

**Sr. Young:** Acertou em cheio. Adoro essas pessoas. Elas realmente estão até o pescoço em termos de "gastos". E para gastar elas têm que ter uma renda realizada. Encare desse jeito. Quando um jogador de futebol compra um barco de US$2 milhões, nós nos tornamos seu sócio. Ele precisará realizar US$4 milhões para pagar os US$2 milhões pelo barco. Nós somos seus sócios.

**Sr. Stern:** Jogadores de futebol? Eles são bons modelos para nossa juventude?

**Sr. Young:** Claro! Eles são gastadores de alta renda. Eles dizem aos nossos jovens para ganhar e gastar. É sobre renda realizada que a nossa juventude precisa aprender. Esses gastadores são verdadeiros patriotas. É por isso que mantenho a definição de patriota do *Webster's* na minha parede. Por que não a lê para mim, Bob?

**Sr. Stern:** Patriota: o que ama seu país e zelosamente apoia sua autoridade e seus interesses.

**Sr. Young:** Sim, Bob — zelosamente apoia sua autoridade e seus interesses. Sabe, os verdadeiros patriotas são pessoas que ganham muito dinheiro — US$100 mil, US$200 mil e US$1 milhão ou mais por ano — e o gastam. O Congresso deveria cunhar uma nova medalha para esse tipo de patriotismo, Bob. Ela seria chamada de Medalha do Congresso da Tributação e Consumo. E, enquanto esses patriotas continuam a treinar seus filhos para ganhar a medalha, estaremos em boa situação. Você acha que deveremos começar a enviar cartões de festas para todas as empresas que promovem carros de luxo, iates, casas de milhões de dólares e roupas e acessórios caros? Essas pessoas são realmente patriotas à sua maneira. Elas estimulam o gasto. Elas estão nos mantendo nos negócios. Bem, Bob, está ficando tarde. Eu lhe designei a tarefa. Quero saber mais sobre vencedores de medalhas. Mas também quero que estude o que fazem os que não gastam seu dinheiro.

Que evidência existe de que o governo conhece a fórmula para se tornar financeiramente independente nos Estados Unidos? É só ler alguns artigos que seus funcionários escreveram. Muitos economistas experientes e outros estudiosos que trabalham para o governo dos EUA frequentemente realizam estudos sobre os ricos (ou, como os chamam, os "detentores de grandes fortunas"). Estamos especialmente interessados nos artigos publicados no *Estatísticas de Receita* da Receita Federal, um relatório trimestral. É o paraíso dos estudiosos em pesquisas, oferecendo montanhas de estatísticas de renda. Mas renda não é o único foco do governo. Ele também estuda os altos detentores de riqueza. Somos invejosos. Temos que fazer nossas próprias pesquisas sobre os ricos. Essa é nossa principal fonte para compreender a fórmula de "Como Ficar Rico".

C. Eugene Steuerle é diretor-assistente da Agência de Análise de Tributos do Departamento do Tesouro dos EUA. Ele também é um estudioso e pesquisador talentoso. Ele faz a mesma pergunta que fazemos: qual é "a relação entre renda realizada e riqueza?" (SOI Bulletin, Departamento do Tesouro, Receita Federal, vol. 2, nº 4, março de 1985). O que ele descobriu? Que as pessoas acumulam riqueza significativa minimizando sua renda realizada/tributável e maximizando sua renda não realizada/não tributável.

No estudo que o Sr. Steuerle conduziu, ele comparou as declarações do imposto de renda que os altos detentores de riqueza enviaram enquanto estavam vivos com as declarações entreges pelos executores após sua morte. Ele estudou uma amostra nacional de declarações de impostos imobiliários. Em seguida, comparou cada uma com as respectivas declarações dos impostos de renda dos anos anteriores. Por que toda essa comparação? O Sr. Steurle queria analisar a correlação entre rendas realizadas como documentadas nas declarações do imposto de renda e o patrimônio real líquido de cada sujeito da amostra. De interesse especial foi a relação entre a renda realizada gerada por investimentos e seu valor de mercado atual.

Por que um estudioso que trabalha para o Tesouro dos EUA gasta tanto tempo realizando esse tipo de estudo? Achamos que a equipe da Receita Federal é inteligente. Eles estudam seu mercado-alvo. E eles desejam essa riqueza. Eles querem saber como tantas pessoas ricas geram tão poucos dólares de renda realizada. Visto que donos de empresas cujas ações estão nas mãos de poucas pessoas [closely held] são especialmente adeptos dessa estratégia, o Sr. Steurle selecionou para estudo os patrimônios em que o valor dessas empresas excedia 65% do patrimônio.

Estas foram algumas das descobertas do estudo do Sr. Steurle:

- A renda realizada dos ativos dessas empresas foi somente 1,15% do valor dos ativos. Note que mesmo essa pequena porcentagem tende a subir, visto que há vantagens tributárias imobiliárias para herdeiros e executores que apresentam avaliações conservadoras.

- A renda total realizada de todos os ativos e todos os salários, remunerações e renda combinados foi de somente 3,66% do valor de todos os ativos.

O que esses resultados contam sobre os ricos? Eles sugerem que o proprietário de um negócio que vale, por exemplo, US$2 milhões na média tem uma renda realizada anual de apenas US$73.200, ou 3,66% de US$2 milhões. Pode-se viver hoje com US$73.200 e ainda investir um mínimo de 15% todos os anos? Não, não é fácil. Mas também não é fácil ser financeiramente dependente.

## INDEPENDÊNCIA FINANCEIRA

Certa vez, fizemos a um gerente corporativo de alta renda/baixo patrimônio líquido (nós o chamaremos de Sr. Rodney) uma simples pergunta:

*Por que você nunca participou de um plano de compra de ações corporativas com benefícios tributários?*

O empregador desse gerente lhe ofereceu um plano de compra de ações com benefícios. Todos os anos, cada gerente podia comprar o equivalente a 6% de sua renda em ações da empresa, que reduziriam sua renda realizada tributável. Além disso, a empresa igualaria sua compra das ações da companhia até uma certa porcentagem de sua renda.

O Sr. Rodney informou que, infelizmente, ele não tinha condições de participar. Parecia que toda sua renda ia para o pagamento mensal da hipoteca no valor de US$4.200, dois veículos arrendados, taxas de clubes, uma casa de férias que precisava de reformas e impostos.

Ironicamente, o Sr. Rodney quer "ficar financeiramente independente algum dia". Mas, como quase todos os SARs, ele não é realista nesse aspecto. Ele vendeu sua independência financeira. E se ele tivesse aproveitado todos os benefícios da isenção de impostos desde que foi empregado? Hoje ele seria um milionário. Em vez disso, ele se encontra em um ciclo perpétuo de ganhos-e-consumo.

Entrevistamos inúmeras pessoas de alta renda/baixo patrimônio. Às vezes é deprimente, principalmente quando os participantes são idosos. Que tal ser um cardiologista de 67 anos que:

### Não tem um plano de aposentadoria... nunca tive um

apesar de ganhar milhões durante a vida toda? O valor de seu patrimônio líquido é inferior a US$300mil. Não é surpresa que ele começou a nos fazer perguntas como:

### Poderei me aposentar algum dia?

Ainda mais reveladoras são as entrevistas realizadas com as viúvas dos SARs. Em muitos casos, a viúva foi dona de casa durante toda a vida de casada. Muitas vezes, seu companheiro, de alta renda/baixo patrimônio, tinha um seguro de baixo valor ou nenhum.

> *Meu marido sempre disse para eu não me preocupar com dinheiro... "Eu sempre estarei aqui", ele disse. Você pode me ajudar? O que devo fazer?*

Essa não é uma situação divertida. Como pessoas instruídas e de ganhos elevados podem ser tão ingênuas sobre dinheiro? Porque ser uma pessoa instruída com alto salário não significa automaticamente ter independência financeira. Isso exige planejamento e sacrifício.

E se sua meta é ser financeiramente independente? Seu plano deveria ser sacrificar o elevado consumo de hoje pela independência financeira de amanhã. Cada dólar que ganhar para gastar é descontado primeiro pelo sujeito do imposto. Ganhar US$100 mil pode ser necessário para comprar um barco de US$68 mil, por exemplo. Milionários costumam pensar desse jeito. É por isso que somente uma minoria tem barcos. Você planeja viver em um barco depois de se aposentar? Ou prefere viver com um plano de aposentadoria de US$3 milhões? Será que pode fazer ambos?

## BAIRROS DE STATUS ELEVADO

Se você leu a última seção relativa a esse estudo sobre os ricos com atenção, uma pergunta pode ter surgido em sua mente. Os resultados dos levantamentos que realizamos são diferentes dos gerados a partir das declarações do imposto de renda e de impostos imobiliários? Você se lembrará de que, na média, os milionários em nosso último estudo tinham uma renda de cerca de 6,7% do total de seu patrimônio líquido. Os resultados do imposto sobre a renda e propriedade, porém, indicaram que donos de grandes riquezas realizaram só 3,66% de sua riqueza. Como explicar essa diferença? E o que ela significa?

Empregamos um método de amostragem diferente daquele usado pela Receita Federal dos EUA nesse estudo sobre imposto de renda e sobre a propriedade. Nosso levantamento se baseou em amostras de famílias que residem em vizinhanças de alto padrão, enquanto as amostras do estudo vinham de todas as declarações de renda e de propriedade. Como cerca de metade dos milionários dos Estados Unidos hoje não vivem em vizinhanças sofisticadas, também pesquisamos fazendeiros ricos, leiloeiros e outras pessoas de posses que vivem em bairros de status comum. Por que milionários de áreas de status elevado realizam significativamente mais de sua riqueza (6,7%) do que os detentores de muitas posses selecionados de uma amostra nacional de todos os afluentes falecidos (3,66%)? Porque os milionários de bairros de alto padrão têm que realizar mais renda para viver nessas áreas. Quais são as implicações de nossas descobertas? *É mais fácil acumular riqueza se você não vive em um bairro de status elevado.* Mas mesmo esses milionários que vivem em regiões de status elevado realizam só 6,7% de sua riqueza a cada ano. Pense em seus vizinhos não ricos que, na média, precisam constantemente realizar mais que 40% de sua riqueza só pela alegria de morar em um bairro sofisticado.

Talvez você não seja tão rico quanto deveria porque trocou grande parte de sua renda atual e futura só pelo privilégio de morar em uma casa em um bairro de alto padrão. Então, mesmo que você ganhe US$100 mil por ano, não ficará rico. O que você provavelmente não sabe é que seu vizinho na casa de US$300 mil ao lado da sua comprou-a só *depois* de ficar rico. Você comprou a sua *prevendo* ficar rico. Esse dia pode nunca chegar.

Todos os anos você é obrigado a maximizar a renda obtida para poder pagar as contas. Você não tem condições de investir nenhum dinheiro. Basicamente, você está em um beco sem saída. Suas altas despesas domésticas exigem total comprometimento de sua renda. Você nunca se tornará financeiramente independente sem realizar investimentos que se valorizem sem gerar renda. Então, o que vai ser? Escolherá uma vida inteira de impostos elevados e alto padrão de vida ou mudará de endereço? Permita-nos ajudá-lo a tomar uma decisão. Veja outra de nossas normas.

## Se você não for rico, mas algum dia quer ser, nunca compre uma casa cuja hipoteca seja duas vezes maior que a renda total anual obtida por sua família.

Morar em bairros menos dispendiosos pode lhe possibilitar gastar menos e investir mais de sua renda. Você pagará menos por sua casa e correspondentemente menos impostos prediais. É provável que seus vizinhos dirijam carros mais baratos. Será mais fácil acompanhar ou até ficar adiante dos Jones e ainda acumular riqueza.

A escolha é sua. Talvez ela seja melhor que a de um jovem corretor de valores, Bob, que recentemente orientamos. Nós lhe demos o mesmo conselho sobre a proporção ideal entre o preço de uma casa e a renda. Esse corretor de 37 anos tinha uma renda total realizada de US$84 mil. Ele queria nosso conselho sobre comprar uma casa no valor de US$310 mil. Ele planejava dar uma entrada de US$60 mil. Ele também planejava ficar rico. Sentimos que carregar uma hipoteca de US$250 mil seria um impedimento para sua meta.

Sugerimos que ele comprasse algo mais barato, como uma casa de US$200 mil e uma hipoteca de US$140 mil. Isso estaria dentro dos parâmetros da regra. Bob rejeitou o conselho. Ele não queria morar em um bairro cheio de "caminhoneiros e operários da construção". Afinal, ele é um consultor financeiro com um diploma universitário.

Mas o que Bob não se deu conta foi que muitos operários de construção e suas esposas têm uma renda combinada de mais de US$84 mil. Claro, seu corretor hipotecário lhe disse que ele estava qualificado para uma hipoteca de US$250 mil, mas isso é pedir que uma raposa calcule quantas galinhas há em seu galinheiro.

Capítulo 3

# Tempo, Energia e Dinheiro

Eles alocam seu tempo, sua energia e seu dinheiro com eficiência, de um jeito que constrói riqueza.

A EFICIÊNCIA É UM DOS COMPONENTES MAIS IMPORTANTES DO ACÚMUlo de riqueza. É simples: pessoas que ficam ricas alocam seu tempo, sua energia e seu dinheiro de formas consistentes com o aumento de seu patrimônio líquido. Embora prodigiosos acumuladores e subacumuladores de riqueza declarem ter metas semelhantes sobre obter riqueza, esses grupos seguem uma orientação totalmente diferente quando se trata de quanto tempo realmente gastam nas atividades para obtê-la.

## PARs alocam cerca de duas vezes mais horas por mês no planejamento de seus investimentos financeiros do que os SARs.

Existe uma forte correlação positiva entre planejamento de investimento e acúmulo de riqueza. Os SARs gastam menos tempo buscando orientação de especialistas em investimento, procurando bons contadores, advogados e consultores de investimento e participando de seminários de planejamento de investimento. Os PARs, na média, passam menos tempo preocupando-se com seu bem-estar econômico. Constatamos que subacumuladores estão muito mais preocupados do que os prodigiosos com as perspectivas de:

- Não ficarem ricos o bastante para se aposentarem com conforto.
- Nunca acumular riqueza significativa.

Suas preocupações são realistas? Sim. SARs gastam mais tempo se preocupando com essas questões do que agindo de modo proativo para mudar tendências de consumo excessivo e investimento abaixo do necessário.

Que tipo de pessoa recentemente indicou estar com medo e preocupado com essas duas questões?

1. Experimentar uma significativa redução em seu padrão de vida.
2. Não ter uma renda alta o suficiente para satisfazer os hábitos de compra da família.

Quem é essa pessoa? Talvez ela seja um carteiro com dois filhos na faculdade. Ou talvez uma mãe solo de baixa renda que cria três filhos. Você consegue imaginar um gerente corporativo de meia-idade que acaba de descobrir que seu cargo será extinto? Por certo, essas são alternativas lógicas. É muito provável que pessoas nessas categorias receiem diminuir o padrão de vida e não ter renda para satisfazer os hábitos de compras da família. Mas nenhuma dessas pessoas é a que estamos prestes a descrever.

O entrevistado que realmente expressa esses temores e preocupações é um cirurgião por volta de 50 anos que chamaremos de Dr. South (veja a Tabela 3-1). Ele é casado e tem quatro filhos. Por que deveria se preocupar com seu padrão de vida e sua renda? Será que a sorte está lhe faltando, talvez impedindo-o de continuar a praticar a medicina devido a uma doença? Não. Na verdade, ele é um ótimo médico que ganhou mais de US$700 mil no ano anterior à nossa entrevista! Mas, apesar da renda elevada, seu patrimônio líquido em termos reais está caindo. Ele tem motivos para estar receoso e preocupado.

## TABELA 3-1
## APREENSÕES, RECEIOS E PREOCUPAÇÕES: DR. NORTH VERSUS DR. SOUTH

| | Tipo de Acumulador de Riqueza: | PAR<br>Dr. North | SAR<br>Dr. South |
|---|---|---|---|
| I. | **SEU BEM-ESTAR ECONÔMICO** | | |
| | Não ser rico o bastante para se aposentar com conforto. | Baixo | Moderado |
| | Não ter renda alta o bastante para satisfazer os hábitos de compra da família. | Baixo | Moderado |
| | Ter que se aposentar | Baixo | Baixo |
| | Ter o cargo/posição profissional eliminado. | Nenhum | Nenhum |
| | Experimentar uma redução significativa no padrão de vida. | Baixo | Alto |
| | Nunca acumular riqueza suficiente. | Baixo | Moderado |
| | Levar a empresa à falência. | Moderado | Baixo |
| | Não poder proteger a família financeiramente em caso de morte prematura. | Alto | Baixo |
| II. | **SEUS FILHOS** | | |
| | Ter que proporcionar sustento financeiro aos filhos adultos. | Baixo | Moderado |
| | Ter filhos adultos que gastam mais do que ganham. | Baixo | Moderado |
| | Ter filhos malsucedidos. | Moderado | Baixo |
| | Descobrir que os filhos adultos voltaram a morar em casa. | Baixo | Moderado |
| | Descobrir que os filhos casaram-se com alguém inadequado. | Moderado | Moderado |
| | Ter filhos adultos que acham que sua riqueza é a renda deles. | Baixo | Moderado |
| III. | **SEU BEM-ESTAR FÍSICO** | | |
| | Ter câncer e/ou problemas cardíacos. | Moderado | Baixo |
| | Ter problemas de visão ou audição. | Moderado | Nenhum |
| | Ser assaltado, estuprado, roubado ou ter a casa invadida. | Baixo | Moderado |
| | Contrair AIDS. | Nenhum | Baixo |
| IV. | **SEU GOVERNO** | | |
| | Aumento dos gastos do governo/déficit federal. | Baixo | Alto |
| | Aumento de regulação das empresas/setores de atividade pelo governo. | Baixo | Alto |
| | Pagar impostos federais cada vez mais altos. | Baixo | Alto |
| | Um elevado índice de inflação. | Nenhum | Moderado |
| | Fazer sua família pagar impostos prediais elevados. | Baixo | Baixo |
| V. | **SUA TRANQUILIDADE DOMÉSTICA** | | |
| | Ter os filhos disputando sua riqueza. | Baixo | Moderado |
| | Ter a família brigando por suas propriedades. | Baixo | Moderado |
| | Ser acusado de favorecer financeiramente um filho em detrimento de outro(s). | Baixo | Moderado |
| VI. | **SEU CONSULTOR FINANCEIRO** | | |
| | Ser enganado por seu consultor financeiro. | Baixo | Moderado |
| | Não receber bons conselhos de investimento. | Nenhum | Moderado |
| VII. | **SEUS PAIS, FILHOS E NETOS** | | |
| | Ter os filhos expostos a drogas. | Nenhum | Baixo |
| | Ter os pais/sogros mudando para sua casa. | Moderado | Baixo |
| | Ter pouco tempo para dedicar aos filhos/netos. | Baixo | Baixo |

O Dr. North é muito semelhante ao Dr. South em termos de idade, renda e formação de família. Mas o Dr. North é um PAR. Seu perfil será detalhado mais adiante. O Dr. North tem menos preocupações que o Dr. South. Ele não receia ter que diminuir o padrão de vida. Ao contrário do Dr. South, ele não está preocupado com a possibilidade de sua renda não ser alta o bastante para satisfazer os hábitos de compras da família. Isso é especialmente interessante quando consideramos que o Dr. South e o Dr. North têm rendas semelhantes. Os estudos de caso que seguem apresentarão esses médicos e a família deles. Você será informado sobre como cada um usa seu tempo, sua energia e seu dinheiro. Mas, antes de descrevê-los em detalhes, discutiremos a renda e os hábitos de acumulação dos médicos em geral.

## MÉDICOS, PARS E SARS

Em média, médicos ganham mais que quatro vezes a renda de uma família norte-americana: US$140 mil versus US$33 mil. Mas o Dr. South e o Dr. North estão longe de serem médicos comuns. Eles são especialistas talentosos e altamente treinados. Na verdade, a renda anual média de alguém de sua especialidade é superior a US$300 mil. Mas, outra vez, eles são extraordinários mesmo entre seus colegas. No ano passado, cada um ganhou mais de US$700 mil.

Apesar de sua renda, o Dr. South tem um nível de riqueza acumulada relativamente pequeno. Ele gasta muito, investe pouco. Nossa pesquisa mostrou que médicos, em geral, não costumam ser acumuladores de riqueza. Na verdade, entre todas as profissões importantes que produzem rendas altas, os médicos têm uma propensão significativamente baixa de acumular bens substanciais. Para cada médico na categoria PAR, há dois na categoria SAR.

Por que os médicos ficam para trás na escada de riqueza? Há várias razões. A principal é a correlação entre riqueza e educação. Essa relação surpreenderá algumas pessoas. Para todos os que têm uma renda elevada (os que recebem pelo menos US$100 mil por ano), a relação entre educação e acúmulo de riqueza é *negativa*. PARs de renda elevada têm probabilidade muito *menor* que os SARs de se formar em uma faculdade em geral ou em direito ou medicina. Milionários normalmente indicam em nossa pesquisa ser "dono de empresa" com "ensino superior incompleto", "quatro anos de faculdade" ou "sem ensino superior".

*Advertência: Os pais não devem sugerir que seus filhos deixem a faculdade e comecem um negócio.* A maioria das empresas fracassa nos primeiros anos de fundação. Apenas uma pequena maioria de donos de empresas consegue uma renda de seis dígitos. Mas os que o fazem, acumulam mais riqueza que outros no mesmo grupo de renda.

As pessoas com "ensino superior incompleto", "quatro anos de faculdade" ou "sem ensino superior" com rendas elevadas muitas vezes tiveram a vantagem de sair na frente em relação a muitas pessoas com boa educação. Médicos e outros profissionais instruídos começam tarde na corrida dos salários. É difícil acumular riqueza quando se está na faculdade. Quanto mais tempo se passa lá, mais se adia a produção de renda e a construção de riqueza.

A maioria dos especialistas em riqueza concorda que, quanto mais cedo se começa a investir a renda, maior é a probabilidade de acumular fortuna. O Sr. Denzi, por exemplo, é um dono de empresa com 2 anos de ensino técnico em processamento de dados. Ele começou a trabalhar e juntar riqueza aos 22 anos. Hoje, 30 anos depois, ele extraiu grande benefício do aumento meteórico no valor de seu plano de aposentadoria.

A situação do Dr. Dokes contrasta fortemente com a do Sr. Denzi, que se formou no ensino médio no mesmo ano. O Dr. Dokes abriu sua clínica médica particular mais de doze anos depois que o colega de classe, o Sr. Denzi, abriu a empresa. Durante esse período de doze anos, o Dr. Dokes passou o tempo estudando e gastando suas economias, o dinheiro dos pais e o dinheiro que pediu emprestado para os estudos e gastos do dia a dia. No mesmo período, o Sr. Denzi, que achava que "faculdade não era para ele", focou seus recursos em construir a empresa e atingir independência financeira.

Quem está na categoria dos SARs hoje? É o dono de empresa "que não serve para a faculdade", o Sr. Denzi, ou o aluno de elevado grau acadêmico de sua escola, o Dr. Dokes? A resposta é óbvia. O Sr. Denzi é o prototípico PAR, enquanto o Dr. Dokes é um SAR. O interessante é que ambos ganharam praticamente a mesma renda no ano anterior (perto de US$160 mil). Mas o Sr. Denzi tem um patrimônio de cinco a seis vezes maior do que o colega de escola. E não tem dívidas.

O Sr. Denzi pode ensinar a todos como acumular riqueza. *Comece a ganhar e investir no início da vida adulta. Isso permitirá que supere os níveis de acúmulo de riqueza até dos talentosos colegas de colégio.*

Lembre-se, a riqueza é cega. Ela não se importa se seu dono é instruído. Assim, os autores têm uma desculpa. Como explicar por que dois especialistas em riqueza não são ricos? Em parte, porque passaram um total combinado de quase vinte anos na busca de uma instrução superior!

Outro motivo pelo qual pessoas muito instruídas tendem a ficar para trás na escala da riqueza tem a ver com o status que a sociedade lhes designou. Espera-se que médicos, assim como outros com diplomas avançados, desempenhem seus papéis. O Sr. Denzi é um pequeno empresário. Apesar de ser rico, a sociedade não espera dele que viva em um bairro exclusivo. Ele não ficaria deslocado morando em uma casa modesta ou dirigindo um simples sedã. Suas despesas domésticas são muito menores do que as do Dr. Dokes.

Muitas pessoas nos dizem que é possível julgar um livro pela capa, ou seja, que é esperado que médicos especialistas, advogados, contadores etc. morem em casas caras. Também se espera que eles se vistam e dirijam de forma congruente com sua capacidade de realizar suas funções profissionais. Como você julga o profissional de quem é cliente? Muitas pessoas os julgam pelo que veem. Pontos adicionais são dados aos que usam roupas caras, dirigem carros de luxo e moram em bairros exclusivos. Elas supõem que é provável que um profissional seja medíocre, até incompetente, se morar em uma casa modesta e dirigir um Ford Crown Victoria de três anos. Pouquíssimas pessoas julgam a qualidade dos profissionais que procuram pelo critério do patrimônio líquido. Muitos profissionais nos disseram que precisam parecer bem-sucedidos para convencer seus clientes de que realmente o são.

Claro que há exceções. Mas pessoas que passaram muitos anos em uma faculdade, uma escola técnica ou em cursos de pós-graduação têm maior probabilidade de ter maiores níveis de despesas domésticas do que pessoas menos instruídas. Como regra, médicos têm níveis extremamente elevados de despesas domésticas. A preocupação de muitas dessas famílias é consumir, não investir.

Médicos muitas vezes acham que há desvantagens em morar em vizinhanças de alto padrão. Pessoas que moram em áreas caras muitas vezes são bombardeadas com chamadas "inesperadas" de especialistas em investimentos. Vários deles supõem que pessoas em áreas luxuosas têm dinheiro para investir. Na verdade, muitas pessoas que vivem no luxo têm pouco dinheiro de sobra depois de financiar um estilo de vida de alto consumo.

Alguns profissionais de venda ingênuos compram listas que atendem a dois critérios. Primeiro, os possíveis clientes devem ser médicos. Segundo, devem morar em bairros de alto padrão. Não é surpresa que médicos sejam os alvos preferidos de alguns vendedores de ideias de investimentos mais agressivos dos Estados Unidos. Com frequência, médicos que recebem essas chamadas supõem que os vendedores são "tão profissionais quanto médicos". Muitos nos disseram que tiveram experiências péssimas com investimentos com esse tipo de profissional. Na verdade, muitos foram prejudicados de tal maneira, que nunca mais investiram no mercado de ações. Essa é uma infelicidade, considerando o crescimento geral no valor real do mercado de ações. E, ao rejeitá-lo, eles calcularam que isso lhes deixaria com mais dinheiro para gastar. Essa atitude não é tão rara quanto se pensa:

> *Um cirurgião plástico acrescentou que teve três barcos e cinco carros, mas não conseguiu montar um plano de aposentadoria. Investimentos financeiros? Também não os tinha. Falando sobre os colegas, ele disse: "Não conheço um sujeito sequer que não tenha sido totalmente arrasado pelos mercados financeiros. Como resultado, eles não têm nada. Pelo menos eu vou gostar de gastar meu dinheiro."*
>
> *Mais tarde, esse médico resumiu sua filosofia financeira: "Dinheiro", ele disse com um aceno de mão, "é o recurso mais facilmente renovável"* (Thomas J. Stanley, "Why You're Not As Wealthy As You Should Be", *Medical Economics*, julho de 1992).

Que outros fatores explicam por que tantos médicos são membros do grupo SAR? Nossa pesquisa mostra que eles geralmente são altruístas. Em média, eles contribuem mais com uma alta porcentagem de sua renda para causas nobres do que outros produtores de receitas elevadas. Além disso, a probabilidade de eles receberem uma herança dos pais é bem menor. Seus irmãos menos instruídos têm maior probabilidade de herdar dinheiro. Em alguns casos, seus pais idosos lhes pedem que "ajudem os irmãos menos afortunados depois que eles não puderem mais ajudá-los com as contas". (Essas descobertas são detalhadas no Capítulo 6.)

Com frequência, os médicos alocam grandes períodos de tempo para atender pacientes. Eles raramente trabalham menos que dez horas por dia, dessa forma gastando a maior parte de seu tempo, sua energia e seu intelecto com pacientes. Ao fazer isso, tendem a negligenciar seu bem-estar econômico. Alguns calculam que trabalhar duro significa uma renda elevada e que, assim, não há necessidade de criar um orçamento doméstico. Alguns perguntam por que deveriam perder tempo planejando um orçamento doméstico e investimentos quando há tanto dinheiro para ganhar. Muitos SARs com renda elevada se sentem assim.

Os PARSs sentem exatamente o oposto. Para eles, dinheiro é um recurso que nunca deve ser desperdiçado. Eles sabem que planejamento, orçamento e frugalidade são partes essenciais da construção da riqueza, mesmo para quem tem renda muito elevada. E até estes devem viver abaixo de seus meios se pretendem atingir a independência financeira. E se você não tem independência financeira, gastará tempo e energia incríveis preocupando-se com seu futuro socioeconômico.

## **PLANEJANDO E CONTROLANDO**

Planejar e controlar o consumo são fatores essenciais para a base do acúmulo de riqueza. Assim, espera-se que PARs como o Dr. North usem algum tempo para planejar seus orçamentos. E eles o fazem. Por outro lado, o Dr. South não tem nenhum controle sobre o consumo da família, além do limite imposto por sua renda. Perguntamos ao Dr. South e ao Dr. North sobre seus sistemas de planejamento e controle.

> *Pergunta: Sua família age com base em um orçamento anual relativamente bem planejado?*
>
> *Dr. South:* Não.
>
> *Dr. North:* Sim... com certeza!

Administrar uma família sem um orçamento é o mesmo que administrar uma empresa sem um plano, metas e direção. Os Norths têm um orçamento que exige que invistam pelo menos 1/3 de sua renda antes dos impostos todos os anos. Na verdade, no ano em que entrevistamos o Dr. North, ele a mulher investiram cerca de 40% de sua renda tributável anual. Como conseguiram fazer isso? Resumindo, ele consomem o mesmo nível que a família comum que ganha cerca de 1/3 de seu salário.

E quanto aos Souths? Eles consomem o mesmo que as famílias comuns que ganham quase duas vezes *mais* que eles. Na verdade, seu uso excessivo de crédito se equipara mais ao de domicílios que ganham vários milhões de dólares todos os anos. Ou seja, os Souths gastam toda ou mais que sua renda todos os anos. Essa renda é seu único limite.

Fizemos algumas perguntas aos dois médicos:

1. Você sabe quanto sua família gasta com comida, roupas e moradia?
2. Você dedica muito tempo planejando seu futuro financeiro?
3. Você é frugal?

Você provavelmente previu o resultado. O Dr. South respondeu com três "não", e o Dr. North, na forma típica dos PARs, com três "sim". Pense na orientação frugal do Dr. North. Por exemplo, ele declarou com ênfase que nunca comprou ternos que não tivessem desconto ou preço especial. Isso não sugere que ele se veste mal. Tampouco ele usa ternos baratos. Em vez disso, ele compra roupas de qualidade, mas não pelo preço total e nunca por impulso. Seu comportamento foi parte do processo de socialização quando jovem:

*Quando eu frequentava a faculdade, minha mulher lecionava. Tínhamos uma renda pequena... Mesmo então sempre seguimos uma regra... poupar — mesmo então poupávamos. Não se pode investir sem uma coisa... A primeira coisa a fazer é poupar.*

*Mesmo quando eu tinha 11 anos, poupei meus primeiros US$50 trabalhando em uma mercearia. É como hoje... só que agora a quantidade de zeros muda... Mais zeros, mas a regra e a disciplina são as mesmas.*

*É preciso aproveitar vantagens de investimentos... É preciso ter algo para aproveitar excelentes oportunidades... Isso faz parte de minha criação.*

O Dr. South informou seguir exatamente a direção oposta. Quanto ele e sua família gastaram em roupas no ano antes de nossa entrevista? Cerca de US$30 mil (veja a Tabela 3-2). Assim, os Souths gastam quase tanto em roupas todos os anos quanto a família média norte-americana ganha no total — ou seja, US$33 mil.

**TABELA 3-2**
**HÁBITOS DE CONSUMO: OS NORTHS VERSUS OS SOUTHS**

| CATEGORIA DE CONSUMO | QUANTIA GASTAS POR ANO | |
|---|---|---|
| | Norths | Souths |
| Tipo de Acumulador de Riqueza: | PAR | SAR |
| Roupas | US$8.700 | US$30.000 |
| Automóveis | US$12.000 | US$7.200 |
| Pagamento de Hipoteca | US$14.600 | US$107.000 |
| Taxas/Encargos/Despesas de Clubes | US$8.000 | US$4.900 |

## O TIME DA CASA

A maioria dos domicílios de alta renda consiste em um casal tradicional e filhos. Os Souths e os Norths são tradicionais. Determinamos há muito que os hábitos da esposa e do marido são responsáveis por variações no acúmulo de riqueza. A orientação do cônjuge em relação à economia, ao consumo e investimento é um fator importante para compreender a posição da família na escala de riqueza.

Quem é o sovina em sua casa? No caso do Sr. North, ele e a mulher se encaixam no perfil. Ambos vivem bem abaixo de seus meios. Ambos contribuem para o planejamento do ponderado orçamento anual. Nenhum se opõe a comprar carros usados. Ambos sabem quanto a família gasta todos os anos em uma série de produtos e serviços. Nenhum deles se opôs a enviar os filhos à escola pública. Ambos dão prioridade máxima a atingir a independência financeira. No entanto, essas metas nunca representaram prejudicar os três filhos. Os pais financiaram a educação superior deles, incluindo taxas e mensalidades. Eles também lhes proporcionaram recursos para comprar uma casa e gastos relacionados. Os Norths pagaram essas despesas com investimentos que separaram para os filhos. Por outro lado, os Souths não são investidores. Quase todas essas alocações na casa dos Souths vieram da renda atual.

E se sua família gerar uma renda moderadamente alta e você e seu cônjuge forem frugais? Vocês têm a base para se manter e atingir o status de PARs. Por outro lado, é muito difícil um casal acumular riqueza se um é gastador. É improvável que uma família dividida em sua orientação financeira acumule uma riqueza significativa.

Ainda piores são os casos em que o casal é gastador. Essa é a situação doméstica na qual os Souths se encontram hoje. É interessante saber que o Dr. South nos disse que ele é o "sovina" na casa. De fato, ele critica os hábitos de compras e consumo da esposa. Mas gastar toda ou quase toda sua renda anual exige esforço de equipe. Ambos são hiperconsumidores. Ambos contribuem para sua posição mais baixa que a esperada na escala da riqueza.

Vamos avaliar o desempenho de criação de riqueza do Dr. South. Ele é responsável pela renda da família. E é indiscutível que ele é ótimo nesse aspecto. Seu desempenho o coloca no percentil de 99,5 de todos os produtores de renda nos Estados Unidos. Mas ele também é responsável, em parte, por tomar outras decisões para a família. Ele compra os carros e paga a consultoria financeira. Ele também toma as decisões de investimento. Mas nem ele nem a mulher faz um orçamento para a família.

A Sra. South é responsável pela compra de roupas para a família. Em um ano, ela gastou cerca de US$30 mil em roupas para todos. Ela também contribuiu de forma significativa para a decisão de gastar mais de US$40 mil para se associar a um clube de campo e despesas relacionadas. Ambos decidiram gastar US$107 mil por ano com a hipoteca da casa. A maioria dos SARs lhe dirá que a hipoteca elevada ajuda a reduzir a renda tributável. Claro, se os Souths continuarem a poupar dinheiro dessa forma, talvez nunca possam se aposentar.

Pessoas que compram casas e carros caros frequentemente são criticadas por seu estilo de vida extravagante. Mas casas, ao menos na maioria das vezes, mantêm o valor, mesmo que apenas nominal. Mesmo automóveis mantêm algum valor poucos anos depois de comprados. Alocações elevadas para casas e carros enfraquecem a criação de riqueza, mas, novamente, ao menos é possível trocá-los por outros de maior ou menor valor. Há réus piores.

Quanto vale hoje a compra de US$30 mil em roupas que os Souths fizeram no ano passado? Quanto valerão amanhã as férias de US$7 mil que tiraram recentemente? Quanto valor resta dos mais de US$40 mil gastos no ano passado com despesas relativas ao clube de campo? Adicione a eles gastos com restaurantes gourmet, serviços de empregados, professores particulares, serviços de paisagismo, consultoria de decoração de interiores, seguro etc.

Os hábitos de consumo dos Souths estão relacionados ao fato de que não têm controle centralizado sobre seus gastos. Grande parte desse consumo é uma função de ação independente nesse drama familiar. Isso não ocorre na casa dos Norths. O Dr. North e a mulher desempenham papéis ativos no orçamento e nos gastos. Eles planejam juntos e se consultam sobre gastos. Detalharemos seu sistema, mas primeiro examinaremos a situação dos Souths.

A Sra. South é responsável por comprar uma ampla variedade de produtos e serviços para a casa. Ela não consultou ninguém antes de gastar US$30 mil em roupas no ano anterior. Ela faz o que quer, e o marido faz o mesmo. Ela tem seu conjunto de cartões de crédito, e ele tem o dele.

A Sra. South é uma cliente especialmente ardorosa de lojas de departamento luxuosas. Entre elas estão a Neiman Marcus, Saks Fifth Avenue e Lord & Taylor. Ela tem cartões de crédito de cada uma dessas lojas. Além disso, ela e o marido têm um MasterCard (gold) e um Visa (preferencial). O Dr. South também tem um American Express platinum.

Qual é o problema? Muitas vezes, o Dr. South ou sua esposa não têm ideia do que o parceiro está comprando ou quanto está gastando. Isso se aplica principalmente a bens não duráveis ou intangíveis, como roupas, presentes e entretenimento. Ambos são suscetíveis a ofertas de qualquer pessoa, de vendedores de lojas a consultores financeiros, de vendedores de automóveis a gerentes de crédito em bancos. Se você fosse uma dessas pessoas, para quem ligaria? Quem você manteria atualizado sobre novos produtos e serviços? Quem avisaria sobre uma exposição especial de moda ou carros modernos?

Por que a Sra. South gasta tanto dinheiro? De uma maneira típica dos SARs, seu marido a encorajou a isso. Ele foi o produto de pais indulgentes geradores de rendas elevadas. Ele, por sua vez, deu à mulher praticamente um talão de cheques em branco no que se refere a compras. E, claro, os Souths se associam a outros hiperconsumidores. Mas há algo que os dois não sabem. Eles são únicos. Eles não são os consumidores típicos. Ninguém lhes disse que a maioria das pessoas em sua faixa de renda, incluindo os Norths, nunca gasta dinheiro como os Souths fazem. Infelizmente, os Souths nunca aprenderam sobre os prodigiosos acumuladores de riqueza.

Os Norths são muito diferentes dos Souths no comportamento de gastos. O Dr. e a Sra. North vêm de uma origem de frugalidade e economia. Durante todo o casamento, eles se comunicam sobre a alocação de recursos. Seu sistema de orçamento é básico para seu estilo de vida de consumo controlado. Ao contrário dos Souths, os Norths não têm cartões de crédito de lojas sofisticadas. Isso mesmo. A família North, cujo patrimônio líquido é dezoito vezes superior ao dos Souths (US$7,5 milhões versus US$400 mil), não tem cartões da Neiman Marcus, da Saks Fifth Avenue ou da Lord & Taylor. Eles são apenas compradores de "ocasiões especiais" nessas lojas. Quase todas as compras da casa são feitas em um cartão "central", um Visa (preferencial). As compras de ambos são anotadas em um único extrato todos os meses. Cada mês eles definem quanto resta a ser alocado para cada categoria de consumo, e no final do ano eles consultam esses extratos para calcular os gastos totais em cada categoria. Usar esses extratos facilita o planejamento do orçamento e as alocações para o ano seguinte. Mais importante, o planejamento, o orçamento e o consumo são eventos coordenados. Ao contrário dos Souths, os Norths têm uma conta conjunta para facilitar o orçamento de itens não pagos com seu cartão de crédito.

E se você quer fazer um orçamento, mas não gosta desse processo? Recentemente entrevistamos um contador que oferece serviços de planejamento de orçamento doméstico e de consumo. O Sr. Arthur Gifford tem várias centenas de clientes, quase todos pessoas que trabalham para si próprias ou donos de empresa.

Perguntamos ao Sr. Gifford quem usa seu sistema de planejamento de orçamento e consumo. Sua resposta foi previsível à luz dos estudos de caso dos Souths e Norths:

*Somente os clientes com fortuna considerável querem saber exatamente quanto a família gasta em todas as categorias.*

O Sr. Gifford está certo. Mas geralmente não são os PARs sensíveis a preços quando se trata de adquirir serviços? Nem sempre. *Eles se im-*

*portam muito menos com preços ao adquirir serviços que os ajudarão a controlar o comportamento de consumo da família.*

Você sabe exatamente quanto sua família gastou no ano passado em todas as categorias de produtos e serviços? Sem essa informação, é difícil controlar seus gastos. Se não conseguir controlá-los, é improvável que acumule prodigiosas somas de riqueza. Um bom começo é manter um registro preciso de todos os gastos da família a cada mês. Ou peça a seu contador para ajudar a criar um sistema para tabular e categorizar essas despesas. Depois, crie um orçamento com ele. A meta é investir pelo menos 15% de sua renda anual antes dos impostos. A propósito, esse "método de 15%" é a estratégia simples do Sr. Gifford para ficar rico.

## MÉTODOS PARA A COMPRA DE CARROS

Os Souths superam os Norths em várias categorias de consumo. No ano anterior à nossa entrevista, ele alocaram seis vezes mais dinheiro em automóveis que os Norths (US$72.200 versus US$12 mil). O Dr. South também comprou um Porsche de US$65 mil no ano de nossa entrevista. Ele é, de fato, um verdadeiro conhecedor de automóveis de luxo. Ele gasta pouco tempo preparando um orçamento para a casa e ainda menos planejando seu futuro financeiro. Mas ele segue uma orientação muito diferente quando se trata de comprar carros.

> **Há uma relação inversa entre o tempo gasto comprando itens de luxo, como carros e roupas, e o tempo gasto planejando seu futuro financeiro.**

SARs geradores de rendas elevadas como o Dr. South gastam grande parte de seu dinheiro em roupas e carros caros. Mas é preciso mais que dinheiro para adquirir e manter grandes quantidades de bens de luxo. Essas compras precisam ser planejadas. Leva tempo comprar e cuidar de grandes quantidades de artigos caros de status elevado. Tempo, energia e dinheiro são recursos finitos, mesmo entre geradores de alta renda. Nossa pesquisa indica que mesmo esses produtores de altos salários não podem ter e fazer duas coisas ao mesmo tempo. O Dr. North e PARs em geral, por outro lado, alocam o tempo livre em atividades que devem aumentar sua riqueza (veja a Tabela 3-6, mais adiante). Essas atividades incluem estudar e planejar suas estratégias de investimento e gestão dos investimentos atuais. Estudaremos essa questão em mais detalhes ainda neste capítulo.

Em contrapartida, SARs como o Dr. South trabalham duro para manter e melhorar o elevado padrão de vida. Muitas vezes, esses SARs de renda elevada, incluindo o Dr. South, gastam mais que suas rendas de seis dígitos. Então, como eles equilibram a necessidade de manter um alto padrão de vida com uma renda finita? Muitos procuram pechinchas agressivamente.

## O Método South

Examine as atividades que o Dr. South realiza antes de comprar um carro. Talvez você tenha a impressão de que ele é sovina. A maioria dos SARs como ele defendem o comportamento de hiperconsumo dizendo aos críticos que compram tudo perto do preço de custo, ao preço de custo, abaixo do custo etc. É verdade que o Dr. South pechincha agressivamente, mas ele acabou de pagar mais de US$65 mil por um carro esportivo exótico. Isso é mesmo uma barganha? Ele fez essa compra por "quase o preço de custo". Mas quais são os custos desse negócio em termos de tempo e esforço? A maioria dos geradores de rendas elevadas, sejam PARs ou SARs, trabalha mais de quarenta horas por semana. Normalmente, o tempo que resta toda semana é alocado de modos congruentes com suas metas.

Com frequência, SARs com alta renda passam horas incontáveis estudando o mercado — mas não o de ações. Eles sabem lhe dizer os nomes das principais concessionárias de carros, mas não dos principais consultores financeiros. Eles lhe dirão como comprar e gastar. Mas não dirão como investir. Eles conhecem estilos, preços e disponibilidade em várias lojas de automóveis, mas sabem pouco ou nada sobre os diversos valores das ofertas de ações.

Como exemplo, compare as compras de carros mais recentes do Dr. South com a de milionários típicos. Na média, o milionário norte-americano emprega de quatro a cinco técnicas de pechincha ao comprar um carro. O Dr. South age de modo diferente. Ele usa pelo menos nove táticas e estratégias ao negociar com os vendedores.

Pense no nível de conhecimento para a compra de carros que o Dr. South adquiriu recentemente que nunca pagarão ganhos de capital ou dividendos e tampouco melhorarão a produtividade de sua atividade. Hoje ele conhece todas as concessionárias Porsche em um raio de 600km de sua casa. Ele também lhe dirá de imediato o preço de quase todos os modelos Porsche de cada concessionária, o custo de opcionais e acessórios e as características de desempenho da maioria dos modelos. É necessário muito tempo e esforço para reunir essas informações.

O Dr. South tem um estilo interessante quando compra um carro. Primeiro, ele decide que marca e modelo quer e os acessórios correspondentes. Então ele vai atrás de informações e negociações. Não é incomum que ele visite as lojas durante meses "atrás do melhor negócio de todos". No processo, ele geralmente descobre o custo do veículo para a concessionária. Isso é feito antes de iniciar sérias negociações com o vendedor. Em seguida, ele telefona para todas as concessionárias (sua longa lista) e as convida a concorrer no negócio. Ele não tem problemas para comprar um Porsche de uma loja com preços baixos fora da cidade. As concessionárias que se dizem voltadas para o preço são então colocadas na lista curta do Dr. South. As outras são deixadas de lado.

As concessionárias nessa lista curta são contatadas outra vez. Nesse estágio do processo, o Dr. South as interroga sobre sua disposição de vender abaixo do custo. Nesse momento, ele as faz lembrar os preços baixos oferecidos por outras concessionárias. Ele também pergunta sobre o programa de carros usados. Mas seu coração sempre bate mais forte por um modelo novo em folha.

No final do mês, o Dr. South volta a contatar as concessionárias com preços baixos. Ele faz isso porque acha que os vendedores têm "cotas de venda e faturas vencendo nos bancos" nessa época. Ele convida todas essas concessionárias a dar seu "preço mais baixo final". Em sua compra mais recente, durante o último dia do mês e depois de uma enxurrada de ligações, ele finalmente aceita o preço de uma concessionária fora da cidade.

O Dr. South poupa centavos e gasta milhões quando compra carros. Mas ele está convencido de que é um comprador prudente, afinal, ele gasta muito tempo e energia ao tentar comprar automóveis ao preço de custo do vendedor ou perto disso. Mas talvez o custo da concessionária fosse um preço alto demais para pagar. É difícil acumular riqueza se você gasta muito de seu tempo, energia e dinheiro por esse tal preço de custo do vendedor em um carro extremamente caro.

Pense nisso: a maioria dos milionários que entrevistamos nunca chegou nem perto de gastar US$65 mil em um carro em toda a vida. Na verdade, como mostraremos no Capítulo 4, mais da metade dos milionários que entrevistamos nunca pagaram mais de US$30 mil por um veículo. Lembre-se, porém, de que o Dr. South não é um milionário. Certamente, em termos de patrimônio líquido, os milionários estão em melhor situação para adquirir um carro de US$65 mil. Mas eles ignoram tais oportunidades. Como se diz com frequência: "É por isso que são milionários!"

Certamente, o consumo de automóveis muito caros enfraquece a probabilidade de alguém acumular uma riqueza significativa. Durante o ano em que o entrevistamos, o Dr. South gastou mais de US$70 mil no carro mais recente, impostos e seguro inclusos. No entanto, para o mesmo período, quanto ele alocou para seu plano de aposentadoria? Cerca de US$5.700. Em outras palavras, só perto de US$1 em cada US$125 de sua renda foi separado para a aposentadoria. O tempo gasto por ele para encontrar o melhor negócio também foi contraproducente. Calculamos que ele precisou de mais de sessenta horas para estudar, negociar e comprar o Porsche. Quanto tempo e esforço são necessários para depositar dinheiro em um plano de aposentadoria? Uma pequena fração de seu tempo e energia. É fácil para o Dr. South dizer que quer acumular riqueza, mas suas ações falam mais alto que suas palavras. Talvez isso explique por que ele perdeu uma considerável fortuna com investimentos imprudentes. Investir quando se tem pouca ou nenhuma base intelectual para tomar uma decisão geralmente resulta em grandes perdas.

## O MÉTODO NORTH

O Dr. North não entende de automóveis, embora se preocupe com o preço ao tomar decisões de compra. Perguntamos a ele sobre o carro comprado mais recentemente. Lembre-se de que o Dr. South há pouco comprou um carro novo. Note que menos de 25% dos milionários norte-americanos dirigem um carro do ano. E, claro, o Dr. South não é um milionário.

O Dr. North informou-nos com orgulho que comprou seu carro mais recente há seis anos. Prevemos a sua pergunta: você quer dizer que ele não comprou um carro novo em seis anos? Ele não só não adquiriu um carro *novo* em seis anos, mas o que ele comprou era uma Mercedes-Benz 300 de três anos por US$35 mil.

O Dr. North adora o carro: ótimo preço, grande economia de combustível — "É a diesel." E, claro, Mercedes com motor a diesel costumam rodar por centenas de milhares de quilômetros antes de precisar de uma revisão. E também tem um estilo clássico.

Quanto tempo e energia o Dr. North gastou para comprar sua Mercedes? Vamos examinar seu processo de tomada de decisão. Primeiro, ele decidiu que precisava substituir seu "carro velho", afinal, ele tinha vinte anos. Ele sabia que muitos carros de luxo europeus depreciam rapidamente durante os três primeiros anos após a primeira compra, assim, calculou que pouparia uma soma considerável se comprasse uma Mercedes-Benz de três anos.

Ele confirmou essa especulação determinando o preço de varejo original do modelo no qual estava interessado. Bastava uma rápida visita a concessionárias locais para obter essas informações. Assim, ele decidiu que a melhor opção seria um modelo de três anos. Ele ligou para algumas concessionárias e as informou de seu interesse. Também examinou vários anúncios na seção de classificados do jornal. Finalmente, resolveu adquirir um modelo de baixa quilometragem oferecido por uma loja local. Como ele explica:

> *Automóveis? Sempre dei prioridade à qualidade. Mas nunca faço leasing ou financio. Eu dirijo uma Mercedes-Benz. Desde que comecei a clinicar, eu tive só dois carros. O primeiro, uma Mercedes, eu comprei nova logo que abri a clínica... Fiquei com ela vinte anos. Depois comprei meu segundo carro... uma Mercedes de três anos. Fui até uma concessionária... O vendedor queria que eu comprasse uma nova, mas custava US$20 mil a mais que a usada que estava em exposição.*
>
> *Então me fiz uma pergunta simples: O "orgulho de ter um carro novo" — e isso resume tudo — vale US$20 mil? Os carros são os mesmos. A resposta é não. O "orgulho de ter um carro novo" não vale US$20 mil.*

O método North levou apenas algumas horas. Compare-o com a cruzada de compra de carros do Dr. South. E, é claro, o Dr. North gosta de ficar com seus carros por muito tempo. Assim, sua alocação de tempo de compra se estende por vários anos. Na média, ele dedica menos que uma hora para comprar um automóvel. Mas o Dr. South gosta de comprar um carro novo todos os anos, assim, seu projeto de sessenta horas normalmente se aplica a cada ano.

## TEMORES E PREOCUPAÇÕES

Com que preocupações você gasta seu tempo? Elas são congruentes com acúmulo de riqueza? Ou você passa seu tempo pensando em questões que o impedem de se tornar rico? Como PARs e SARs diferem em termos de temores e preocupações? Em resumo, os SARs se preocupam mais que os PARs. PARs e SARs também se preocupam com questões diferentes. No geral, PARs têm muito menos preocupações e temores que suas contrapartes.

E se você gastar muito de seu tempo pensando sobre uma série de questões que o preocupam? Você gastará menos tempo agindo para resolvê-las. E se seus temores criarem uma base para mais gastos? Talvez você seja um membro do grupo dos SARs.

Temores e preocupações podem tanto ser a causa quanto o resultado de se tornar um SAR. Será que uma pessoa que constantemente se preocupa sobre ganhar mais dinheiro para melhorar o estilo de vida se tornará rica? Provavelmente não. O Dr. South não é rico, em parte porque se preocupa com essas questões. O Dr. North é rico hoje por ter dado menor prioridade a questões de estilo de vida que o Dr. South.

O Dr. South nos disse que dezenove questões representavam uma preocupação de alta a moderada para ele (veja a Tabela 3-1). O Dr. North se preocupa com apenas sete questões. Assim, é lógico concluir que os Dr. Norths deste país têm mais tempo e energia para dedicar a atividades para aumentar a riqueza. Vamos examinar como os temores e preocupações desses médicos — ou a falta deles — afetaram suas vidas.

## Os Filhos de Pars e Sars

Os Souths têm quatro filhos. Dois são adultos. O Dr. South tem preocupações graves e bem fundadas sobre o futuro deles. SARs costumam criar filhos que também se tornam SARs. O que esperar de filhos expostos a uma vida doméstica de elevado consumo, poucas — se existirem — restrições econômicas, pouco planejamento e criação de orçamento, nenhuma disciplina, cedendo a todos os desejos de consumo relativos a produtos? Como seus pais SARs, quando adultos, esses filhos foram acostumados a um estilo de vida de alto consumo indisciplinado. Além disso, esses filhos nunca produzirão rendas necessárias para sustentar o estilo de vida ao qual se habituaram na infância.

Certamente, o estilo de vida indulgente do Dr. South contribuiu para ele se tornar um SAR. E ele foi um ótimo aluno. Seu estilo de vida classe média alta nunca foi interrompido mesmo quando estava na faculdade e se preparava para ser médico. Seus pais pagaram o alojamento e todas as outras despesas. Em essência, ele nunca teve que mudar o estilo de vida e os hábitos de consumo depois de sair de casa. Felizmente, ele tem renda suficiente para sustentar seus hábitos de consumo. E quanto aos filhos? Eles viveram em um ambiente de alto consumo que dificilmente seria replicado por contra própria. As cortinas estão descendo na terceira geração. O Dr. South indicou em nossas entrevistas que acreditava que os filhos nunca gerariam uma fração da renda que ele tem atualmente.

Em comparação, os filhos adultos do Dr. North demonstram mais independência e disciplina, em parte porque foram expostos a um estilo de vida muito mais frugal, bem planejado e disciplinado. Como observamos, os Norths consomem em um nível mais congruente com o de uma família que gasta menos que 1/3 de sua renda. Essa vida abaixo de seus meios é exatamente o motivo pelo qual os PARs em todo o seu espectro de renda tendem a criar filhos que serão adultos disciplinados e autossuficientes. PARs costumam criar filhos que se tornam PARs.

O Dr. South, como mostrado, acumulou muito menos riqueza que o Dr. North. Ele tem muito menos condições de oferecer ajuda financeira aos filhos adultos. Mas, ironicamente, é o Dr. South que se preocupa em ter filhos adultos economicamente dependentes.

Perguntamos ao Dr. South e ao Dr. North sobre seus temores e preocupações referentes aos filhos. Como você já deve ter imaginado, o Dr.

South está muito mais preocupado com essa questão. Especificamente, ele manifestou receios de:

1. Ter filhos adultos que acham que sua riqueza é a renda deles.
2. Ter que sustentar os filhos financeiramente.

Imagine o quanto é desconcertante para alguém como o Dr. South vislumbrar a perspectiva de sustentar a família estendida. Os Capítulos 5 e 6 explorarão em detalhe as implicações de "suporte financeiro" [*economic outpatient care*]. Entretanto, há um ponto importante a notar neste momento: *ter filhos adultos que são SARs reduz em muito a probabilidade de seus pais se tornarem ricos!*

O Dr. South se pergunta de onde os filhos tiraram a ideia de que os pais lhes proporcionarão suporte financeiro significativo. Ele se preocupa com a possibilidade de não ter os recursos para oferecer aos filhos todos os subsídios que os pais deram a ele. Esse é ainda outro receio que o Dr. South tem que enfrentar. Ele se preocupa cada vez mais com o fato de eles não se darem bem uns com os outros. Muita dessa preocupação tem suas raízes na necessidade de dar apoio econômico por parte dos pais. O Dr. North não se preocupa com esses problemas.

Perguntamos aos dois médicos sobre essas preocupações. O Dr. South se preocupa com a possibilidade de:

3. Sua família/filhos brigar por seus bens.
4. Ele ser acusado de favorecer financeiramente um filho adulto em detrimento de outro.

Os temores do Dr. South se justificam? Pergunte-se: qual é o maior receio dos filhos de 30 anos dos Drs. Souths dos Estados Unidos? Que o suporte financeiro que recebem dos pais termine. Muitos SARs com "30 e tantos anos" não conseguem chegar nem perto do estilo de vida que tinham enquanto moravam com os pais. Na verdade, muitos são incapazes de comprar até mesmo uma casa modesta sem um auxílio financeiro dos pais. Não é incomum que esses "filhos ricos" recebam uma quantia substancial em dinheiro ou outro presente até estarem com 40 ou 50 e poucos anos. Muitas vezes, esses SARs adultos competem entre si pela riqueza dos pais. O que você faria se seu auxílio financeiro fosse ameaçado pela presença de irmãos igualmente dependentes?

O Dr. South não se preocupa só com *seus* problemas, mas também com os problemas dos filhos. Pense durante um momento sobre o legado que deixará a eles. Quais são as ramificações de ser um adulto economicamente dependente? Quanta insegurança e medo eles terão que enfrentar no futuro? Como eles serão capazes de manter relacionamentos harmoniosos e amorosos uns com os outros? Essas são algumas das questões com as quais o Dr. South se preocupa cada vez mais.

O Dr. North está muito menos preocupado com esses problemas. Seus filhos adultos estão acostumados a viver em um ambiente muito mais frugal e disciplinado. Eles têm menos probabilidade de perceber uma necessidade para grandes doses de suporte financeiro.

## IMPOSTOS, GOVERNO, E GOVERNO

Muitos geradores de altos salários nos Estados Unidos — PARs e SARs — estão muito preocupados com as ações do Governo Federal. Essas ações são forças externas — sobre as quais o indivíduo não tem controle. O Dr. South declarou que teme quatro forças externas relacionadas ao governo. É interessante notar que essas questões são a principal preocupação do Dr. North. Vamos analisá-las.

### 1: PAGAR IMPOSTOS FEDERAIS CADA VEZ MAIS ALTOS

Os dois médicos acham que é provável o Governo Federal exigir impostos mais altos de quem ganha mais. Mas aumentos de impostos são uma preocupação maior para o Dr. South do que o Dr. North. Por quê? Porque ele precisa maximizar a receita realizada para sustentar seu estilo de vida de hiperconsumo. Se o governo exigir que o Dr. South pague uma parcela maior de sua renda, seu estilo de vida será ameaçado.

E quanto ao Dr. North? Ele nos disse que se preocupa pouco com a perspectiva de o Governo Federal aumentar os impostos que tenha que pagar sobre sua renda realizada. No ano anterior, o Dr. North pagou aproximadamente US$277 mil de imposto de renda (veja a Tabela 3-3). Essa parece ser uma fatia muito grande. Mas analise a questão de acordo com o Dr. North. Ele vê o imposto de renda mais como uma porção de sua riqueza total do que de sua renda realizada.

E se o governo dobrasse a alíquota do imposto sobre ganhos elevados? Isso é muito improvável, mas, a título de exemplo, o Dr. North teria então que pagar o equivalente a 8% de seu patrimônio todos os anos. Em comparação, o Dr. South estaria em uma "faixa de riqueza" de 150%! Surpreende o fato de que o Dr. North esteja menos preocupado em pagar uma alíquota cada vez mais elevada do que o Dr. South?

### TABELA 3-3
### DISPARIDADES ENTRE RENDA E RIQUEZA

| Domicílios | Renda Total Anual Realizada | Total Imposto de Renda | % de Imposto sobre a Renda Realizada | Total Patrimônio Líquido | % de Imposto s/ Patrimônio Líquido |
|---|---|---|---|---|---|
| Os Norths | US$730.000 | US$277.000 | 38 | US$7.500.000 | 4 |
| Os Souths | US$715.000 | US$300.000 | 42 | US$400.000 | 75 |

## 2: O AUMENTO DOS GASTOS DO GOVERNO E O DÉFICIT FEDERAL

O Dr. South está muito preocupado com essa questão. Ele acha que o aumento dos gastos do governo se transformará em maiores impostos sobre sua renda. O Dr. North não está muito preocupado pelas razões citadas anteriormente.

## 3: UMA TAXA ELEVADA DE INFLAÇÃO

O Dr. South também teme que atos do governo, como aumento de gastos e do déficit, precipitarão uma alta significativa no índice de inflação. Seu nível de preocupação é moderado porque, como ele, muitos SARs continuam trocando casas, carros, roupas por outros ainda mais caros. Por outro lado, o Dr. North sente que a inflação aumentará em muito o valor de ao menos uma parte de seu portfólio de investimentos!

## 4: AUMENTO DA REGULAÇÃO DO GOVERNO NAS EMPRESAS E EM SETORES DE ATIVIDADE

A maioria dos médicos sente que esse tipo de ações do governo é dirigido a eles. Eles interpretam o aumento das regulações como um prenúncio da criação de um sistema público universal de saúde. Ambos os médicos acham que isso afetaria negativamente os preços cobrados por consultas. O Dr. South demonstrou que essa questão é muito preocupante para ele, enquanto o Dr. North a encara como algo de menor importância.

Por que esses dois entrevistados encaram os fatos de modo tão diferente?

As ações do governo muitas vezes são uma ameaça a quem ganha altos salários e usou a maior parte dessa renda para sustentar seu estilo de vida. Isso se aplica em especial quando há ganho político para os que estão no poder para atingir os "ricos". Na verdade, as pessoas que os políticos buscam são os geradores de salários elevados. A maioria dos políticos não entende a diferença entre ter uma renda elevada e ter uma grande riqueza. Eles têm dificuldade em visar as pessoas com um patrimônio líquido alto.

Quase todos os milionários que são PARs trabalham para si próprios. Essa condição confere maior controle sobre seu futuro econômico do que a quem é empregado. Por outro lado, os empregados hoje, mesmo executivos muito bem pagos, têm menos controle sobre seu meio de vida do que antes. Por exemplo, um downsizing [processo de reestruturação de uma empresa] tem como efeito uma redução de pessoal, mesmo entre os funcionários mais produtivos. Geralmente, mesmo funcionários de alta renda não têm probabilidade de ser milionários.

SARs que são empregados (aqueles que trabalham para terceiros) são especialmente vulneráveis a forças externas que ameaçam sua capacidade de ganhar a vida. Constatamos que apenas 19% de PARs versus 36% de não milionários de renda elevada (SARs) preocupavam-se com a eliminação de seus cargos (veja a Tabela 3-4). Mas, apesar de correrem esse risco, até os empregados mais bem pagos são voltados para o consumo.

## METAS FINANCEIRAS: PALAVRAS VERSUS AÇÕES

Muitos PARSs e SARs de alta renda compartilham metas semelhantes em relação ao acúmulo de riqueza. Por exemplo, mais que 3/4 de ambos os grupos indicaram que tinham as seguintes metas:

- Estar rico na época da aposentadoria.
- Aumentar a riqueza.
- Tornar-se rico por meio da valorização do capital.
- Construir seu capital ao mesmo tempo em que conserva o valor de seus bens.

Contudo, definir uma série de metas não significa necessariamente que a pessoa está comprometida em atingi-las Quase todos querem ser ricos, mas a maioria de nós não gasta o tempo, a energia e o dinheiro exigidos para melhorar nossas chances de alcançar esse objetivo.

## ALOCAÇÃO DE TEMPO

Quase todos os PARs concordam com as seguintes declarações, enquanto a maioria dos SARs discorda:

- Gasto muito tempo planejando meu futuro financeiro.
- Geralmente, tenho tempo suficiente para lidar com meus investimentos de modo adequado.
- Quando se trata da alocação de meu tempo, ponho a gestão de meus bens à frente de outras atividades.

**TABELA 3-4**
**APREENSÕES, RECEIOS E PREOCUPAÇÕES: PARS VERSUS SARS**

| % com Apreensão, Receio e/ou Preocupação Elevados ou Moderados | PAR[1] N = 155 | SAR[2] N = 205 | Diferenças Significativas[3] |
|---|---|---|---|
| I. SEU BEM-ESTAR ECONÔMICO | | | |
| Não ser rico o bastante para se aposentar com conforto. | 43 | 60 | Sim |
| Não ter uma renda alta o bastante para satisfazer os hábitos de compras da família. | 31 | 37 | Não |
| Ter que se aposentar. | 20 | 18 | Não |
| Ter o cargo/função eliminado. | 19 | 36 | Sim |
| Experimentar uma redução significativa em seu padrão de vida. | 44 | 44 | Não |
| Nunca acumular riqueza suficiente. | 32 | 42 | Sim |
| Levar o próprio negócio à falência. | 38 | 32 | Não |

1 Os 155 PARs nesta amostra tinham uma renda realizada média anual de US$151.656 e um patrimônio líquido médio de US$2,35 milhões. Sua idade média era de 52 anos.

2 SARs nesta amostra tinham uma renda média realizada anual de US$167.348 e um patrimônio líquido de US$448.618. Sua idade média era de 48 anos.

3 Probabilidade inferior a 0,05.

| % com Apreensão, Receio e/ou Preocupação Elevados ou Moderados | PAR[1] N = 155 | SAR[2] N = 205 | Diferenças Significativas[3] |
|---|---|---|---|
| Não poder proteger a família financeiramente no caso de morte prematura. | 22 | 32 | Sim |
| II. SEUS FILHOS | | | |
| Ter que sustentar financeiramente seus filhos adultos. | 23 | 17 | Não |
| Ter filhos adultos que gastam mais do que ganham. | 39 | 25 | Sim |
| Ter filhos malsucedidos. | 34 | 30 | Não |
| Descobrir que os filhos adultos voltaram a morar na sua casa. | 13 | 11 | Não |
| Descobrir que seu filho casou com alguém inadequado. | 36 | 34 | Não |
| Ter filhos adultos que acham que sua riqueza é a renda deles. | 20 | 18 | Não |
| III. SEU BEM-ESTAR FÍSICO | | | |
| Te câncer e/ou problemas cardíacos. | 61 | 58 | Não |
| Ter problemas de visão ou audição. | 47 | 40 | Não |
| Ser assaltado, estuprado, roubado ou ter a casa invadida. | 38 | 45 | Não |
| Contrair AIDS. | 13 | 11 | Não |
| IV. SEU GOVERNO | | | |
| Aumento dos gastos do governo/déficit federal. | 88 | 78 | Sim |
| Aumento da regulação do governo nos negócios/indústria. | 82 | 76 | Não |
| Pagar aumentos cada vez maiores nos impostos federais. | 80 | 79 | Não |
| Uma taxa de inflação elevada. | 64 | 52 | Não |
| Ter que pagar impostos elevados sobre as propriedades da família. | 65 | 41 | Sim |
| V. SUA TRANQUILIDADE DOMÉSTICA | | | |
| Ver os filhos controlar sua riqueza. | 10 | 11 | Não |
| Ver a família brigar pelos bens. | 17 | 11 | Não |
| Ser acusado de favorecer financeiramente um filho adulto em detrimento de outro(s). | 7 | 8 | Não |
| VI. SEU CONSULTOR FINANCEIRO | | | |
| Ser enganado por um consultor financeiro. | 26 | 29 | Não |
| Não receber conselhos de investimento de qualidade. | 40 | 33 | Não |
| VII. SEUS PAIS, FILHOS E NETOS | | | |
| Ter filhos expostos às drogas. | 47 | 59 | Sim |
| Ter os pais/sogros mudando para sua casa. | 12 | 19 | Sim |
| Ter pouco tempo para dedicar aos filhos/netos. | 44 | 56 | Sim |

Por outro lado os SARs costumam concordar com as seguintes declarações:

- Não posso dedicar tempo suficiente às decisões de investimento.
- Sou ocupado demais para gastar muito tempo com minhas próprias questões financeiras.

PARs e SARs também diferem quanto ao tempo que realmente destinam a planejar seus investimentos.

Planejar costuma ser visto como um hábito sólido entre pessoas que demonstraram propensão ao acúmulo de riqueza. *Planejamento e acúmulo de riqueza são correlações importantes mesmo entre investidores com rendas modestas.* Em nossa pesquisa com 854 entrevistados com renda média (veja a Tabela 3-5), por exemplo, uma forte correlação positiva foi encontrada entre planejamento de investimentos e acúmulo de riqueza.

Uma das constatações mais interessantes em nossos estudos dos afluentes refere-se à razão pela qual muitas pessoas gastam tão pouco tempo planejando seus investimentos. Muitas pessoas que planejam pouco ou nada muitas vezes se sentem como estes entrevistados:

*Não vale a pena...*

*Nunca tenho o tempo necessário para obter resultados.*

*Nunca recebemos tanto. Mas, quanto mais ganhamos, parece que acumulamos ainda menos.*

*A carreira toma todo meu tempo.*

*Não tenho vinte horas por semana para perder com o investimento de meu dinheiro.*

Mas PARs não gastam nem perto de vinte horas dessa forma. Se você analisar a Tabela 3-5, notará que, na média, até acumuladores prodigiosos de riqueza não precisam dedicar longos períodos de tempo para planejar suas estratégias de investimento.

## TABELA 3-5
### PLANEJAMENTO DE INVESTIMENTOS E CONTRASTES DEMOGRÁFICOS: PARS VERSUS SARS DE RENDA MÉDIA

| Planejar para Decisões de Investimentos (Número Médio de Horas Alocadas) | Acumulador de Riqueza: | |
|---|---|---|
| | PAR N = 205 | SAR N = 215 |
| Por Mês | 8,4 | 4,6 |
| Por Ano | 100,8 | 55,2 |
| Características Demográficas | | |
| Idade (Média de Anos) | 54,4 | 56 |
| Renda Média Realizada Anual Doméstica (Média/US$000) | 51,5 | 48,9 |
| Patrimônio Líquido (Média/US$000) | 629,4 | 105,7 |
| Patrimônio Líquido de US$1 Milhão ou Mais (%) | 59,6 | 0 |
| Patrimônio Líquido Esperado[4] (Média/US$000) | 280,2 | 273,8 |
| Renda Realizada como % do Patrimônio Líquido | 8,2 | 46,3 |
| % de Pessoas que Trabalham para Si Próprias | 59,1 | 24,7 |

Constatamos que esses PARs de renda média gastam cerca de apenas 8,4 horas por mês no planejamento de seus investimentos. Isso representa perto de 100,8 horas por ano. Considerando que há 8.760 horas no ano, os PARs alocam cerca de 1,2% de seu tempo ao planejamento dos investimentos.

Os SARs gastam, em média, 4,6 horas por mês no planejamento de investimentos, ou cerca de 55,2 horas por ano. Em outras palavras, os PARs gastam uma média de 83% mais horas no mês (100,8 versus 55,2) planejando do que os SARs; SARs alocam só 1 em 160 horas de seu tempo disponível para planejar seus investimentos. PARs alocam 1 em 87 horas.

Será que os SARs se tornarão PARs automaticamente se dobrarem o número de horas dedicadas ao planejamento de seus investimentos? Pouco provável. Planejar é apenas um dos muitos ingredientes para construir fortuna. A maioria dos PARs segue uma programação de planejamento regrada. Cada semana, cada mês, cada ano, eles planejam seus

---

4 O patrimônio líquido esperado foi calculado por meio da equação de riqueza: Patrimônio líquido esperado = 1/10 idade × renda doméstica anual realizada.

investimentos. Eles também começam a planejar quando muito mais jovens do que os SARs.

Os SARs, por outro lado, são como algumas pessoas obesas que, de vez em quando, passam fome para atingir o peso ideal, mas, com frequência, recuperam todo o peso que perderam e mais um pouco. Os SARs começam o ano com um plano que esboça várias metas de investimento. Elas podem ser produto de alguns dias de planejamento agressivo que especifica a quantia em dólares alocada a investimentos. Ele também pode incluir uma redução "drástica" no consumo de bens e serviços. Com frequência, esse "planejamento impactante" e correspondentes mudanças radicais no estilo de vida são tão intensos que não funcionam. O SAR comum, neste caso, logo se desencanta com o novo modo de construir riqueza. Rapidamente, ele se desvia do caminho, mais uma vez quebrando a promessa de planejar, investir mais e consumir menos.

Muitos SARs acham que um plano preparado por um profissional os tornará PARs de um dia para o outro, mas mesmo os melhores planos financeiros são ineficazes se não forem cumpridos. É frequente um SAR pensar que os outros "podem perder peso" por ele.

Os SARs desses casos se beneficiariam muito de entender como os PARs agem. PARs planejam um pouco todos os meses. Outra vez, apenas cerca de oito horas por mês. SARs de dedicariam mais ao planejamento se soubessem que isso não exige que "larguem os empregos"! PARs constroem riqueza devagar. Eles não levam uma vida espartana, mas seguem um regime quando se trata de equilibrar trabalho, planejamento, investimento e consumo.

## SEU TEMPO É SÓ SEU

O trabalho é uma parte importante de compreender as diferenças entre PARs e SARs. Observe em nosso estudo com entrevistados de renda média a porcentagem (59,1 versus 24,7) de PARs versus SARs que trabalham para si próprios (veja a Tabela 3-5). Nesse estudo, o fato de ser autônomo está fortemente relacionado com planejamento de investimentos. Em geral, essas pessoas passam mais tempo planejando suas estratégias de investimento do que as que trabalham para terceiros. Mesmo com renda média, elas costumam integrar o planejamento de investimentos à sua vida profissional. A maioria dos empregados, em contraposição, tem uma série de tarefas relacionadas ao cargo que independem de suas estratégias de investimento. Por quê?

Os que tiveram sucesso no grupo dos que trabalham para si próprios nunca encaram sua posição econômica como certa e líquida. A maioria deles que se encontra na meia-idade passou por períodos bons e ruins em termos de economia. Eles costumam compensar as inevitáveis mudanças em sua receita planejando e investindo. Eles têm que contar consigo mesmos para situações financeiras atuais e futuras. Com maior frequência, entre eles, só os muito disciplinados sobrevivem economicamente no longo prazo.

Mas, você perguntará, essas pessoas não trabalham duro por muito tempo? Sim, a maioria deles que é bem-sucedida trabalha de dez a quatorze horas por dia. Na verdade, é por esse motivo que muitos empregados evitam considerar "trabalhar por conta própria". Eles querem algo menos desafiador. Eles querem ser empregados. Mas a maioria dos trabalhadores, mesmo os com renda média, também trabalha muito por longas horas. Quanto a empregados que têm rendas anuais na faixa superior a cinco dígitos ou inferior a seis dígitos, eles dedicam a maior parte de seu tempo e energia aos seus cargos. Geralmente não têm o benefício de redigir as próprias descrições de cargo. E suas tarefas normalmente não incluem separar algumas horas por semana para planejar seus investimentos. Em comparação, quem trabalha para si próprio, principalmente o pertencente à categoria de alta renda, tem um conjunto diferente de metas ocupacionais; uma delas é alcançar a independência financeira. Por outro lado, empregados costumam depender financeiramente de seus empregadores. Assim, eles são menos autossuficientes no que se refere ao planejamento de seus investimentos de uma forma que facilitará o acúmulo de riqueza.

Existe outra questão a considerar na equação de planejamento: SARs gastam menos tempo planejando seus investimentos que os PARs em parte por causa da natureza dos investimentos. Os SARs consideram que dinheiro, ativos de elevada liquidez e equivalentes como poupança, fundos de renda fixa e títulos do tesouro de curto prazo são investimentos. Os SARs têm probabilidade quase duas vezes maior que os PARs de manter pelo menos 20% de sua riqueza total em dinheiro e ativos de elevada liquidez. A maioria dessas categorias é garantida pelo governo federal e é acessada com facilidade quando surgem necessidades de consumo. E, é claro, leva menos tempo planejar investimentos em dinheiro do que alocar bens da forma que os PARs costumam fazer.

PARs mostram maior propensão a investir em categorias que geralmente se valorizam, mas cuja renda não é realizada. Eles costumam investir uma porcentagem maior de sua riqueza em empresas de capital fechado ou *"closely held"*, imóveis comerciais, ações de empresas negociadas em bolsas de valores, pensões e planos de aposentadoria e outras categorias isentas de impostos. Esses tipos de investimentos exigem planejamento. Eles também são a base da riqueza. Os SARs mantêm uma porcentagem maior de sua riqueza em automóveis e outros bens que tendem a se depreciar.

## Trader Ativo ou Inativo?

Quase todos (95%) os milionários que entrevistamos possuem ações, e a maioria tem 20% ou mais de sua riqueza aplicados em ações de companhias de capital aberto. No entanto, você erraria se supusesse que esses milionários negociam suas ações ativamente. A maioria não acompanha os altos e baixos do mercado dia a dia. A maioria não liga para seu corretor todas as manhãs para saber como se saiu a Bolsa de Londres. A maioria não negocia as ações em resposta às manchetes diárias da mídia financeira.

Você define investidores ativos como aqueles que, na média, mantêm um investimento por dias? Dos milionários que entrevistamos, menos que 1% dos que possuem ações, estão nesse grupo. E quanto a semanas? Outro 1%. Vamos passar para aqueles que, na média, as mantêm por meses, mas menos que um ano. Menos que 7% são investidores "mensais". No geral, só 9% dos milionários que entrevistamos mantêm seus investimentos por menos que um ano. Em outras palavras, menos que 1 em 10 milionários é "investidor ativo". Um em 5 (20%) os mantêm, em média, por 1 ano ou 2; um em 4 (25%) os mantém entre 2 e 4 anos. Cerca de 13% estão na categoria de "4 a 6" anos. Mais que 3 em 10 (32%) mantêm seus investimentos por mais que 6 anos. Na verdade, *42% dos milionários que entrevistamos para nosso último estudo não tinham negociado nenhuma ação de seus portfólios no ano anterior à entrevista.*

O assim chamado investidor ativo é um dos tipos de milionários mais difíceis de encontrar para fins de entrevista. Ele é o alvo ideal para corretores de ações, certamente gasta quantias consideráveis em taxas de corretagem relativas às suas negociações, mas representa uma pequena minoria da população de milionários. Na verdade, encontramos mais investidores ativos não milionários que milionários que negociam ativamente. Como isso é possível? Porque é muito caro comprar e vender, comprar e vender, comprar e vender suas ações todos os dias, semanas ou meses.

Muitas vezes, investidores ativos passam mais tempo negociando do que estudando e planejando seus investimentos. Por outro lado, os milionários passam mais tempo estudando um número menor de ofertas. Assim, eles podem focar seu tempo e sua energia — os recursos necessários para dominar o conhecimento de uma variedade muito menor de ofertas no mercado.

Sempre nos interessamos em estudar os hábitos de acúmulo de riqueza dos corretores de ações. Comparados aos membros de outros setores, os corretores ganham muito dinheiro. Eles têm acesso a grandes quantidades de dados de pesquisa. Além disso, eles pagam menos que outras pessoas quando negociam títulos porque ganham as próprias comissões. Será que todos esses consultores de investimentos de altas rendas são ricos? Nem de longe.

Fizemos essa pergunta a vários corretores de ações. Um único corretor deu a melhor resposta quando disse:

> Eu seria rico se pelo menos mantivesse... minhas ações, mas não consigo evitar negociar meu próprio portfólio. Fico olhando a tela todos os dias.

Lembre-se de que a renda anual líquida desse corretor é superior a US$200 mil. Mas como ele é um investidor muito ativo, raramente permite que as sementes do investimento brotem. Quaisquer ganhos realizados de curto prazo que consegue são tributados de imediato. Ele não é do tipo de corretor que um milionário prefira consultar. Então, que tipo eles preferem? Investidores menos ativos. Eles preferem negociar com os que acreditam em comprar com base em estudos aprofundados e então manter os investimentos.

Voltemos aos nossos estudos de caso, os Drs. North e South, para ver o planejamento financeiro em ação.

## Comparando Tempos

O Dr. North dedica cerca de 10 horas por mês, ou 120 horas por ano, para estudar e planejar suas futuras decisões de investimento (veja a Tabela 3-6). O Dr. South dedica 3 horas por mês ou menos que 40 horas por ano.

### TABELA 3-6
### HORAS ALOCADAS: DR. NORTH VERSUS DR. SOUTH COMPARADOS COM AMOSTRAS DE PARS E SARS

| HORAS GASTAS EM MÉDIA PARA: | Dr. North | (PAR) N = 155 | Dr. South | (SAR) N=205 |
|---|---|---|---|---|
| Estudar/planejar futuras decisões de investimento | 10 | (10) | 3 | (5,5) |
| Gerir investimentos atuais | 2 | (8,1) | 1 | (4,2) |
| Exercitar-se | 30 | (16,3) | 10 | (16,7) |

Quem passa mais tempo gerindo os próprios investimentos? Outra vez, a resposta é previsível. O Dr. North, na média, dedica cerca de 20 horas por mês, ou 240 horas em um ano comum, a esse propósito, enquanto seu colega alegou gastar apenas uma hora por mês nos investimentos atuais. Certamente, esse é um fator que contribui para o baixo patrimônio líquido do Dr. South.

O Dr. North é um investidor focado. Ele tem duas categorias de investimento preferidas: terras agrícolas e ações do setor de saúde.

> *Primeiro, um colega da faculdade de medicina... Ele salvou a vida de um paciente que acreditava em investir em agricultura/pomares de classe A. Meu colega investiu e me contou. Ele me disse que essas pessoas eram muito honestas. Eu as conheci e concordei. Venho investindo desde então... e ainda invisto regularmente hoje.*
>
> *Eu me dei bem com as ações do setor de saúde... Indústrias farmacêuticas e fabricantes de instrumentos médicos... conheço essa área. Faço pesquisas no setor médico... de remédios... É isso que Warren Buffet faz... investe em empresas que conhece e entende.*

> Mas você precisa semear dinheiro (poupar para investir) em áreas que conhece. Eu tenho mais de US$2 milhões no meu plano de participação de lucros.

O Dr. South é responsável por tomar as principais decisões de investimento na família. Foi dele a decisão de abrir contas em quatro corretoras de ampla prestação de serviços diferentes. Mas, surpreendentemente, o Dr. South tem menos que US$200 mil em títulos. Então, por que ele tem quatro consultores diferentes? Porque ele acha, erroneamente, que não precisa gastar tempo tomando as próprias decisões de investimentos. Ele admitiu que seria "realmente" rico se não ouvisse os conselhos desses tais especialistas. Mas mesmo maus conselhos não são baratos. Calculamos que o Dr. South gastou mais de US$35 mil em um único ano por orientação e negociações relacionados ao seu portfólio malsucedido de US$200 mil. E o Dr. North? No mesmo período, ele não gastou nada em taxas de corretagem e nada em consultoria financeira. Ele é seu próprio consultor financeiro. Ele raramente vende ações. Além disso, não há taxas de corretagem para seu investimento direto em terras agrícolas e seus produtos.

O Dr. South, de uma forma tradicional para os SARs, foi prejudicado por consultores financeiros. Frequentemente, pessoas em sua posição atendem a ligações de corretores desconhecidos que estão promovendo a ação da semana. Com frequência, o Dr. South se atrasa para entrar na alta do mercado e sai muito cedo. Em um forte contraste, a maioria dos PARs que entrevistamos tomam suas próprias decisões de investimento. Eles usam tempo e energia para estudar oportunidades de investimento. Ouvem consultores financeiros, mas, no fim, as decisões são deles.

O Dr. South tem um histórico de negociar rapidamente entre os "queridinhos do mês". Ele gasta muito dinheiro nessas negociações. Se esses "queridinhos" se valorizam, geram tributos sobre ganhos de capital. Por outro lado, quando se tratam de ações de planos de pensão, elas estão isentas da cobrança de impostos [nos EUA]. Infelizmente, o Dr. South não é grande admirador de planos de aposentadoria. Calculamos que ele tinha menos que US$40 mil em seu plano quando o entrevistamos!

## QUEM SÃO SEUS FORNECEDORES?

Como você contratou seu consultor financeiro? Você colocou um anúncio de "Precisa-se" em seu jornal local? Avaliou os currículos que sua busca gerou? Ou pediu a seu contador, advogado ou pastor para ajudá-lo a encontrar um consultor qualificado? Muitas pessoas nos dizem que esses métodos dão muito trabalho.

É uma pena. Quanto mais informações, tempo e energia você gastar para contratar um consultor financeiro, maior será a probabilidade de encontrar o profissional adequado. Talvez você não esteja convencido da necessidade de se esforçar nessa tarefa. Analise-a sob outro ângulo.

De quanto tempo e esforço você precisou para encontrar seu emprego mais recente? Quais são as chances de você contatar a General Motors, IBM ou Microsoft e conseguir um emprego hoje pelo telefone? Que linha você seguiria?

> *Oi, sou um funcionário em potencial muito capaz. Posso aumentar a produtividade de qualquer departamento a que for alocado. Sou inteligente, eficiente, positivo, amável, de boa aparência, criativo e tenho empatia pela necessidade dos outros. Quando quer que eu comece?*

Suas chances de ser contratado por meio de um telefonema, especialmente um inesperado, é praticamente zero. Então por que tantas pessoas contratam um consultor financeiro desconhecido que lhes telefonou? Porque não têm experiência em contratar empregados.

Por que você não é tão rico quanto deveria ser? Talvez por causa do modo como administra sua casa. Uma empresa, principalmente uma muito produtiva, contrataria um funcionário-chave sem verificar cuidadosamente seus antecedentes e realizar uma entrevista minuciosa? Não! No entanto, a maioria das pessoas, mesmo as com altas rendas, contratam consultores financeiros depois de obter pouca ou nenhuma informação sobre os antecedentes desses "candidatos a emprego".

Algumas pessoas com salários elevados responderam às nossas dúvidas sobre esse tema dizendo: "Mas não estou contratando um funcionário — só estou fazendo alguns investimentos com um sujeito que ligou para mim." Nossa resposta a essa declaração é simples: administre a sua casa como um negócio produtivo. As melhores empresas contratam as melhores pessoas. Elas também utilizam os melhores fornecedores. Empregar os melhores recursos humanos e fornecedores de qualidade é a principal razão pela qual a maioria das organizações produtivas é bem-sucedida enquanto outras fracassam. Encare todos os consultores financeiros que o querem como cliente como simples candidatos, como empregados ou fornecedores em potencial para sua casa. Então faça a si mesmo as seguintes perguntas: que critérios um gerente de pessoal produtivo usaria para avaliar cada candidato? Um habilidoso responsável pelas compras e/ou um gerente financeiro de uma organização compraria informações de investimento e produtos desse fornecedor em potencial? Que critérios, que informações sobre antecedentes importantes seriam usados para avaliar fornecedores em potencial?

Uma empresa bem administrada, antes de contratar um consultor financeiro ou um fornecedor de informações de investimento, insistiria em muitos dados concretos vitais, como:

- Várias referências.
- Seu histórico escolar da faculdade.
- Análise de crédito.
- Várias entrevistas pessoais.
- Preenchimento de um pedido de emprego detalhado.
- Documentos que atestem a capacidade do candidato de realizar as funções e tarefas exigidas.

Sua capacidade em contratar consultores financeiros de qualidade está diretamente relacionada à sua propensão a acumular riqueza. A maioria dos donos de empresas com alta renda tem mais experiência em avaliar fornecedores em potencial, candidatos a emprego e recursos humanos em geral do que indivíduos em outros grupos profissionais. Estar envolvido em negócios exige uma avaliação constante desses recursos.

## O Método Martin

Vários anos atrás, tivemos o prazer de entrevistar o Sr. Martin, um investidor sagaz e milionário que se fez sozinho. O Sr. Martin participou de um grupo de discussão que realizamos com oito multimilionários.

Para serem incluídos no grupo, os entrevistados tinham que ter um patrimônio líquido de US$5 milhões ou mais. Construir um patrimônio de US$5 milhões ou mais em uma geração é uma conquista e tanto. Mas o Sr. Martin é raro mesmo nessa categoria, visto que ele nunca teve uma renda anual (como empregado) de mais que US$75 mil! Como ele ficou tão rico? Ele é um dos melhores investidores que já entrevistamos. O Sr. Martin fez sua fortuna por meio do mercado de ações. Constatamos que ele é extremamente inteligente e bem informado sobre vários investimentos. Ele também é um excelente juiz de consultores de investimento.

Como se pode imaginar, o Sr. Martin assina várias publicações sobre investimentos. Muitas delas vendem suas listas de endereço a corretores. Milhares de consultores financeiros tiveram acesso ao endereço e telefone do Sr. Martin. Ele calcula que três ou quatro vezes por semana corretores tentam conseguir seus dólares para investimento. Como ele lida com essas ligações? Ele instrui a secretária a seguir o "Método Martin", que é usado para interrogar todos os corretores. O que é o "Método Martin"? Veja o que ele nos contou durante a entrevista:

*Sou um empresário que sai e testa as pessoas. Corretores me ligam o tempo todo. Eles dizem: "Tenho muita experiência em ofertas de Wall Street... Tenho um histórico fantástico de fazer dinheiro para os meus clientes."*

*Eu sempre digo: "Você tem algumas boas ideias de investimento para mim — realmente boas?" Ele responde: "Com certeza, principalmente se você estiver disposto a negociar em seu portfólio. Eu só lido com contas com um mínimo de US$200 mil."*

*Então eu digo: "Então você é realmente bom. Bem, sabe de uma coisa? Mande-me uma cópia de sua declaração do imposto de renda dos últimos anos e uma lista do que você tinha em seu portfólio nos últimos três anos. Se você fez mais dinheiro do que eu com investimentos, investirei com você. Eis meu endereço."*

*Quando eles dizem "Não podemos lhe mostrar isso", eu respondo: "Parece que você falou um monte de bobagens." Essa é minha estratégia para checar as pessoas. E funciona. Faço isso com todos. E com muita honestidade.*

Talvez você se pergunte como o Sr. Martin encontra tempo para avaliar os montes de credenciais que recebe desses corretores. Durante os vários anos em que o Sr. Martin foi um investidor ativo, ele recebeu vários pedidos por telefone. Quantos desses corretores "se candidataram ao emprego" como consultores financeiros para o Sr. Martin e enviaram suas credenciais? Zero! Nenhum dos vários corretores desconhecidos submeteu seu imposto de renda e dados sobre o valor de seu patrimônio ao Sr. Martin.

Segundo o Sr. Martin: "Se esses sujeitos realmente fossem bons, não gastariam todo seu tempo ligando para mim." Bem, Sr. Martin, é isso mesmo. Mas nem todos nos Estados Unidos têm seus conhecimentos sobre investimentos, sua renda e seu patrimônio líquido. Muitas pessoas estariam em melhor situação se usassem os serviços de um consultor financeiro, mesmo um desconhecido, pelo simples motivo de que a maioria dos consultores financeiros tem muito mais conhecimentos sobre o assunto do que o SAR comum de renda elevada.

A maneira como alguém contata um consultor financeiro está relacionada ao valor de sua fortuna. Como o Sr. Martin contatou o dele? Como a maioria dos PARs, ele usou a comunicação interpessoal. No início da carreira, ele pediu ao contador a indicação de um consultor de qualidade. O Sr. Martin também pediu indicações de contadores de clientes cujos investimentos sempre pareciam ir bem. O Sr. Martin procurou vários consultores financeiros desde que foi apresentado ao primeiro por seu contador. Ele também conta com outros para conselhos financeiros, incluindo seu advogado e um CPA ["Certified Public Accountant"; trata-se, nos EUA, de uma certificação de alta qualificação de um profissional da área contábil].

O Sr. Martin sempre sentiu que seus consultores financeiros eram fontes confiáveis para bons investimentos porque todos foram aprovados por seu CPA e/ou pelos investidores bem-sucedidos dele. Além disso, o Sr. Martin raciocinou corretamente que esses consultores o tratariam como um cliente especial. E, de fato, eles fizeram de tudo para lhe oferecer bons conselhos e previsões oportunas. Por quê? Agir de modo diferente arriscaria sua relação com sua rede de contatos. O que o Sr. Martin faria se seus consultores lhe oferecessem um atendimento insatisfatório e conselhos de má qualidade? Ele se queixaria ao CPA que os indicou. Esse profissional não gostaria de perder o Sr. Martin como cliente e provavelmente tiraria esses consultores de sua rede de referências. Nenhum consultor financeiro gostaria de ser despedido dessa forma. Até mesmo consultores mais qualificados parecem melhorar seu atendimento para membros de redes de referências importantes.

O que podemos aprender com esse cenário? Escolha um consultor financeiro que seja indicado por um contador experiente e/ou por seus clientes com portfólios de investimento que, no longo prazo, superam o mercado. Se você não tem um contador, contrate um.

Outro fator relacionado ao acúmulo de riqueza é empregar um profissional especializado — nos EUA, o CPA —, não só para cuidar dos impostos, mas também para oferecer vários tipos de conselhos financeiros. Para encontrar um desses profissionais altamente qualificados, pergunte a amigos ou conhecidos que se encaixem no perfil do PAR. Ligue para os departamentos de contabilidade de universidades. Fale com vários professores da área. Peça-lhes nomes de ex-alunos que criaram um histórico em ajudar clientes a tomar decisões financeiras bem-sucedidas. Outro método é ligar para as matrizes de empresas de contabilidade que muitas vezes são muito seletivas em termos de contratações. Mesmo grandes empresas têm muitos clientes de planejamento financeiro/contábil. No nosso caso, selecionamos os CPAs com base em dois critérios. Primeiro, eles foram recomendados por professores de contabilidade. Segundo, os auditores foram inicialmente contratados na faculdade por grandes empresas de contabilidade e mais tarde abriram o próprio e bem-sucedido negócio. Constatamos que muitos dos melhores contadores e planejadores financeiros seguem esse plano de carreira.

Alguns desses profissionais são melhores que outros em se tratando de ajudar clientes a acumular riqueza. Entreviste vários. Escolha o que tiver a maior concentração de PARs como clientes. Talvez você tenha que explicar o conceito para eles.

Capítulo 4

# Você Não É o Carro que Dirige

Eles acreditam que a independência financeira é mais importante que exibir um alto status social.

O Sr. W. W. Allan é um multimilionário que se fez sozinho. Ele e a mulher moraram na mesma casa de três dormitórios no mesmo bairro de classe média por quase quarenta anos. O Sr. Allan tem e administra duas fábricas no Meio-Oeste norte-americano. Durante toda a vida de casado, ele teve apenas sedãs da General Motors. Ele lhe contará que nunca se incomodou com carros ou produtos de qualquer tipo por causa de status. As empresas do Sr. Allan, assim como sua casa, são operações altamente eficientes. A produtividade das fábricas, associada a hábitos de consumo moderados, produziu um grande excedente em dólares. Estes, por sua vez, foram reinvestidos em suas empresas, imóveis comerciais e ações comuns de várias corporações norte-americanas de sucesso. O Sr. Allan é o que chamamos de super-PAR. Seu patrimônio líquido supera o valor esperado para pessoas de sua categoria de renda/idade em mais de dez vezes!

Durante sua carreira, ele ajudou muitos outros empresários. Ele agiu como mentor para dezenas de donos de empresas e impediu várias delas de ir à falência dando assistência financeira a empresários em dificuldades. Mas ele nunca deu crédito a pessoas que adotavam a filosofia "um chapelão, nenhum boi". Em sua opinião, essas pessoas nunca poderiam pagar suas dívidas. Esses tipos, segundo ele, "gastam, gastam, gastam o dinheiro que ainda esperam ganhar".

O Sr. Allan, assim como as pessoas que ele ajudou financeiramente, nunca achou que seu objetivo na vida era parecer rico. Segundo ele: "É por isso que sou financeiramente independente."

> *Se sua meta é ter segurança financeira, é provável que a consiga... Mas se sua motivação é ganhar dinheiro para gastar na boa vida... você nunca irá alcançá-la.*

Muitas pessoas que nunca conseguem independência financeira adotam uma série de crenças muito diferentes. Quando lhes perguntamos sobre suas intenções, elas falam em termos de trabalho e carreira. Mas pergunte por que trabalham tanto, por que escolheram determinada carreira, e suas respostas são muito diferentes daquela do Sr. Allan. Elas são SARs, e estes, principalmente os produtores de rendas elevadas, trabalham para gastar, não para ter ou alcançar independência financeira. SARs encaram a vida como uma série de movimentos de um nível de luxo ao próximo.

Assim, quem gosta de trabalhar? Quem realmente se satisfaz com suas carreiras, PARs ou SARs? *Na maioria dos casos que analisamos, os PARs adoram trabalhar, enquanto uma grande parcela de SARs trabalham porque precisam sustentar seu forte hábito de consumo.* Essas pessoas e seus motivos ofendem o Sr. Allan. Ele declarou várias vezes:

> *O dinheiro nunca deveria mudar os valores das pessoas... Ganhar dinheiro é só um boletim. É um modo de mostrar como está se saindo.*

## NADA DE ROLLS-ROYCE, POR FAVOR

O Sr. Allan é extremamente perspicaz em sua compreensão de subacumuladores de riqueza. Em resumo, ele sente que os produtos mudam as pessoas. Se você adquire um produto de status, é provável que compre outros para completar o enorme quebra-cabeças social. Quando se der conta, todo seu estilo de vida mudou. O Sr. Allan entende bem a natureza complementar dos produtos de status e o estilo de vida de alto consumo. Ele não tem nenhum desses artigos. Eles são uma ameaça, segundo ele, a seu estilo de vida muito simples, mas altamente eficiente:

> *Construir riqueza não é algo que mudará seu estilo de vida. Mesmo agora, não quero mudar o jeito como vivo.*

Os valores e as prioridades do Sr. Allan foram testados recentemente. Várias pessoas que ele ajudou a se manter nos negócios decidiram comprar um presente de aniversário especial para ele. Que gesto bonito, eles pensaram. Mas presentes de status, seja de amigos ou pais ricos, nem sempre são congruentes com os valores e o estilo de vida do receptor. E, muitas vezes, esses presentes colocam grande pressão no presenteado para gastar cada vez mais de sua renda para "completar o quadro".

Alguns pais ricos compram casas em bairros sofisticados para filhos adultos. É uma boa ideia? Talvez eles devessem se dar conta de que "bairros sofisticados" são vizinhanças de alto consumo. Do imposto predial à pressão de decorar, da necessidade percebida de mandar os filhos para uma escola particular cara aos US$40 mil de um carro de luxo, os filhos agora estão na corrida de ganhar-e-gastar. Papai, mamãe, obrigado!

Como o Sr. Allan, o super-PAR, nos disse:

> *Recentemente, aconteceu algo interessante. Descobri que receberia um presente surpresa de vários colegas empresários. Um Rolls-Royce! Foi encomendado para mim... cor especial, interior especial... Eles o encomendaram cerca de quatro meses antes de eu descobrir a respeito... Ainda faltavam uns cinco meses para a entrega.*
>
> *Como você faz... para dizer a alguém que quer lhe dar um Rolls-Royce que você não o quer?*

Por que o Sr. Allan recusou aceitar esse presente maravilhoso?

> *Um Rolls-Royce não representa nada de importante em minha vida. Tampouco eu queria ter que mudar minha vida para combinar com o carro. Não posso jogar peixes no banco traseiro de um Rolls, como faço agora quando vou pescar. Eu teria que levar vocês todos para o lago... Pesco aqui todos os finais de semana. Temos alguns dos melhores peixes de água doce do país. Bem aqui... onde guardo meu barco de pesca.*

O tipo de pesca do Sr. Allan inclui jogar peixes ensanguentados no banco de trás de seu carro grande, norte-americano, comum, de quatro anos. Mas esse comportamento não combina com dirigir um Rolls-Royce até o lago. Ele ficaria deslocado. O Sr. Allan não se sentiria à vontade nesse carro. Assim, ele pensou, teria que mudar seu comportamento parando de pescar ou recusar o presente.

Vamos analisar um pouco mais o dilema do Sr. Allan. Seu escritório está localizado em sua fábrica, que fica em uma velha área industrial. Um automóvel como o oferecido não combinaria com esse ambiente. E, claro, o Sr. Allan não quer dirigir dois carros. Isso seria ineficiente. O Sr. Allan também acha que um carro de luxo alienaria muitos de seus empregados. Eles se sentiriam explorados pelo chefe. De que outra maneira ele poderia comprar um carro tão caro? E também há outras considerações:

> Com um Rolls, não posso ir aos restaurantes baratos que gosto de frequentar... Não posso aparecer dirigindo um Rolls-Royce. Então, não, obrigado. E assim tive que ligar e dizer: "Preciso lhe dizer uma coisa. Que eu não o quero." É totalmente insignificante... Há coisas que são mais divertidas para se fazer... mais interessantes do que ter um Rolls.

O Sr. Allan reconhece que muitos artigos de status podem ser uma carga, se não um impedimento para se tornar financeiramente independente. A vida já tem seus fardos. Por que aumentar seu peso?

## COMPRANDO CARROS COMO UM MILIONÁRIO

Como milionários norte-americanos compram carros? Cerca de 81% compram seus automóveis. O restante faz leasing. Somente 23,5% dos milionários têm carros novos (veja a Tabela 4-1). A maioria não comprou um carro nos últimos dois anos. Na verdade, 25,2% não compram um carro há quatro anos ou mais.

Quanto os milionários pagam por esses veículos? O milionário típico (aquele no 50º percentil) pagou US$24.800 pelo carro mais recente (veja a Tabela 4-2). Note que 30% gastaram US$19.500 ou menos. Note também que o comprador norte-americano comum de um carro novo pagou mais que US$21 mil por sua compra mais recente. Isso não é muito menos que os US$24.800 pagos por milionários! Além disso, nem todos esses milionários compraram carros novos. Quantos indicaram que seu veículo mais recente era usado? Cerca de 37%. Além disso, muitos milionários afirmaram que recentemente trocaram seu carro por um de valor menor do que o que tinham.

Qual foi o valor máximo pago por esses milionários por seus carros? Cinquenta por cento dos milionários que entrevistamos nunca gastaram mais que US$29 mil por um automóvel. Cerca de 1 em 5, ou 20%, nunca gastou mais que US$19.950. Oitenta por cento pagaram US$41.300 ou menos para adquirir seu carro mais caro.

E se separarmos da amostra os milionários que disseram que herdaram sua fortuna — cerca de 14% dos milionários entrevistados? O herdeiro típico gastou mais que US$36 mil por seu carro mais caro. Em um forte contraste, o típico milionário que *se fez sozinho* pagou muito menos — perto de US$27 mil ou quase US$9 mil a menos que um milionário que herdou sua fortuna. Assim, o típico comprador norte-americano de carros novos hoje gasta cerca de 78% do que o típico milionário que se fez sozinho gasta por seu automóvel mais caro.

**TABELA 4-1**
**AUTOMÓVEIS DE MILIONÁRIOS: MODELO-ANO**

| ÚLTIMO MODELO-ANO DE CARRO COMPRADO[1] | % DE MILIONÁRIOS |
|---|---|
| Ano Atual | 23,5 |
| Ano Passado/Um Ano de Uso | 22,8 |
| Dois Anos de Uso | 16,1 |
| Três Anos de Uso | 12,4 |
| Quatro Anos de Uso | 6,3 |
| Cinco Anos de Uso | 6,6 |
| Seis Anos de Uso ou Mais | 12,3 |

---

[1] Os que compraram automóveis foram responsáveis por 81% desta amostra de milionários; 19% fizeram leasing.

**TABELA 4-2**
**AUTOMÓVEIS DE MILIONÁRIOS: PREÇO DE COMPRA**

| Quantia Gasta no Último Modelo Comprado | % que Pagou Essa Quantia ou: | | Maior Quantia Já Paga por um Automóvel | % que Pagou Essa Quantia ou: | |
|---|---|---|---|---|---|
| | Menos | Mais | Automóvel | Menos | Mais |
| US$13.500 | 10 | 90 | US$17.900 | 10 | 90 |
| US$17.500 | 20 | 80 | US$19.950 | 20 | 80 |
| US$19.500 | 30 | 70 | US$23.900 | 30 | 70 |
| US$22.300 | 40 | 60 | US$26.800 | 40 | 60 |
| US$24.800 | 50 | 50 | US$29.000 | 50 | 50 |
| US$27.500 | 60 | 40 | US$31.900 | 60 | 40 |
| US$29.200 | 70 | 30 | US$35.500 | 70 | 30 |
| US$34.200 | 80 | 20 | US$41.300 | 80 | 20 |
| US$44.900 | 90 | 10 | US$54.850 | 90 | 10 |
| US$57.500 | 95 | 5 | US$69.600 | 95 | 5 |

Analise isso por outro ângulo. O milionário típico de nossa pesquisa (um no 50º percentil) gastou cerca de US$29 mil por seu carro mais caro. Isso equivale a menos que 1% de seu patrimônio líquido. O comprador comum de carros nos Estados Unidos tem um patrimônio líquido inferior a 2% que o desses milionários. Eles compram carros que custam 2% do que os milionários pagam? Se o fizessem, gastariam, em média, cerca de US$580 (2% de US$29 mil). Em vez disso, os típicos compradores de carros gastam o equivalente a pelo menos 30% de seu patrimônio líquido nessas compras. Observe também que, na média, os consumidores norte-americanos compram carros novos ao preço de 72% do que a maioria dos milionários comuns já gastou em um automóvel. Isso lhe mostra o motivo pelo qual tão poucos norte-americanos são milionários?

Esses milionários que fazem leasing de seus veículos são uma minoria — menos que 20%. Qual foi o "preço" de sua aquisição/leasing mais recente? Calculamos que 50% arrendou veículos com preço de US$31.680 ou menos. Cerca de 80% arrendaram veículos no valor de US$44.500 ou menos. Geralmente nos perguntam: "Devo fazer um leasing?" Nossa resposta é sempre a mesma:

*Mais que 80% dos milionários compram seus veículos. Se e quando 50% começarem a arrendar, mudaremos nossa recomendação.*

## MARCAS DE AUTOMÓVEIS

Que tipos de automóveis os milionários dirigem? As montadoras nos EUA ficarão satisfeitas em saber que seus carros são responsáveis por 57,7% dos veículos dirigidos pelos milionários; as marcas japonesas respondem por 23,5%, enquanto marcas europeias têm 18,8% do mercado. Que marcas são mais populares entre os milionários? As seguintes são listadas de acordo com sua respectiva parcela no mercado:

1. **Ford** (9,4%). Os modelos mais populares incluem a picape F-150 e o utilitário esportivo Explorer. (Utilitários esportivos norte-americanos estão se tornando cada vez mais populares entre os ricos.) Cerca de três em dez milionários que preferem a Ford dirigem picapes F-150. Cerca de um em quatro dirige Ford Explorers. Note que a picape F-150 é o carro número um vendido nos Estados Unidos. Assim, donos de picapes têm algo em comum com muitos milionários.

2. **Cadillac** (8,8%). Mais de 60% dos donos de Cadillacs dirigem o De Ville/Fleetwood Brougham.

3. **Lincoln** (7,8%). Cerca de metade tem o Lincoln Town.

4. **Empate de três marcas: Jeep, Lexus, Mercedes** (6,4% cada). Quase todos os milionários que têm Jeeps optam pelo modelo utilitário esportivo Grand Cherokee. Na verdade, esse modelo está em primeiro lugar entre os modelos que os milionários têm. Quase 2/3 de motoristas de Lexus escolhem o LS 400. O modelo preferido da Mercedes-Benz é o S Class.

5. **Oldsmobile** (5,9%). Em geral, o preferido é o Olds 98.

6. **Chevrolet** (5,6%). Dez diferentes modelos estão representados. Os mais populares incluem o Suburban e o utilitário esportivo Blazer.

7. **Toyota** (5,1%). O Camry é o modelo responsável por metade nesse segmento.

8. **Buick** (4,3%). O Le Sabre e o Park Avenue são os mais populares.
9. **Empate de duas marcas: Nissan** e **Volvo** (2,9% cada). O Nissan mais popular é o utilitário esportivo Pathfinder; na Volvo, é a série 200.
10. **Empate de duas marcas: Chrysler** e **Jaguar** (2,7% cada).

Outras marcas populares incluem Dodge, BMW, Mazda, Saab, Infiniti, Mercury, Acura, Honda, GMC, Volkswagen, Land Rover, Subaru, Pontiac, Audi, Isuzu, Plymouth e Mitsubishi. As três principais montadoras são a General Motors Corporation, com aproximadamente 26,7% da população de milionários; a Ford Motor Company, com 19,1%; e a Chrysler, com cerca de 11,8%. Como você vê, a maioria dos milionários dirige o chamado "metal de Detroit". Então como é possível dizer que seu vizinho que dirige um Ford, um Cadillac ou um Jeep é ou não um milionário? Não é possível. Não é fácil julgar as características de riqueza das pessoas pelo carro que dirigem.

Um número crescente de pessoas ricas está comprando veículos produzidos por fabricantes norte-americanos, principalmente Buicks, Cadillacs, Chevrolets, Chryslers, Fords, Lincoln e Oldsmobiles. Essa tendência está relacionada à crescente popularidade de utilitários esportivos produzidos pela Chrysler, Ford e General Motors. O que no metal de Detroit atrai os ricos? Respondemos essa pergunta refletindo sobre algo que ocorreu há mais de quinze anos.

Depois de entrevistar um grupo de dez milionários, fomos ao estacionamento do local onde realizamos a pesquisa. Ficamos muito surpresos ao ver que quase todos os milionários que entrevistamos dirigiam grandes carros de Detroit, incluindo Buicks, Fords e Oldsmobiles. Nós nos entreolhamos; alguém disse: "Essas pessoas não querem status; elas compram carros pelo peso!"

É verdade. Muitos milionários norte-americanos têm propensão a comprar carros grandes que tem baixo custo por libra.[2] O preço médio por libra de todos os carros novos é de US$6,86. O sedã grande da Buick de quatro portas hoje é vendido por menos de US$6 a libra; o Chevrolet Caprice, cerca de US$5,27; o Ford Crown Victoria, cerca de US$5,50; o Lincoln Town Car, menos que US$10 a libra; e o Cadillac

---

2 Unidade de medida que equivale a 0,5kg. [N. da T.]

Fleetwood, US$8,26 a libra. O Ford Explorer é vendido por cerca de US$5,98 a libra. O modelo mais popular entre os milionários é o Jeep Grand Cherokee, vendido a US$7,09 a libra.

Como esses custos por libra se comparam aos carros grandes europeus? O sedã BMW 740 custa mais de US$15 por libra; a Mercedes-Benz 500 SL tem preço superior a US$22 por libra; e o Lexus LS400 é vendido hoje por mais de US$14 a libra. E a Ferrari F40? Custa US$175 a libra! (O preço estimado por libra dos carros mais oferecidos atualmente está no Apêndice 2, deste livro.)

Muitos entrevistados afluentes se divertem dirigindo veículos que não demonstram o tal status elevado. Eles estão mais interessados em medidas de valor objetivas. Alguns milionários gastam quantias consideráveis por automóveis de luxo top de linha. Mas eles são uma minoria. Por exemplo, cerca de 70 mil Mercedes foram vendidas nos EUA em 1995. Isso representa mais ou menos metade de 1% dos mais de 14 milhões de veículos vendidos. Ao mesmo tempo, havia perto de 3,5 milhões de domicílios milionários. O que isso significa? Que os membros das famílias mais ricas não dirigem carros estrangeiros de luxo. O fato é que dois entre três compradores ou arrendatários de carros de luxo estrangeiros neste país não são milionários.

Marcas nacionais há muito têm sido as preferidas de milionários mais velhos. Acreditamos que essa atitude esteja se tornando mais comum mesmo entre milionários jovens. Por quê? Por que o crescimento real no mercado milionário continua a vir do segmento empresarial. Empresários, como regra, são mais econômicos do que outros quando se trata de adquirir carros. Empresários bem-sucedidos julgam cada gasto em termos de produtividade. Muitas vezes, eles se perguntam que impacto um gasto elevado em um automóvel terá no lucro e, por fim, em sua riqueza. Com frequência, eles determinam que investimentos em itens como publicidade e equipamentos novos são muito mais produtivos do que automóveis muito caros.

## COMPORTAMENTO DE COMPRA

Que processos de pensamento e comportamento os milionários realizam antes de comprar um carro? Fizemos amplas pesquisas sobre os vários tipos de compradores de veículos que existem entre os milionários. Parece que os ricos diferem muito entre si. Estudar essas várias descobertas revela informações valiosas sobre as atitudes e os comportamentos necessários para acumular riqueza.

Há quatro tipos distintos de compradores na população de milionários. Servindo de base para esses quatro tipos, há dois fatores fundamentais. Primeiro é a fidelidade à concessionária. Alguns compradores tendem a comprar da mesma loja várias vezes. Em outras palavras, quando os "compradores fiéis" querem comprar um carro, ficam inclinados a trabalhar com a loja que lhes vendeu o último carro (e o outro antes dele). Cerca de 45,7% dos afluentes são compradores fiéis (veja a Tabela 4-3).

Todos os outros milionários pesquisam preços. Eles representam 54,3% da população. Essas pessoas não têm intenção de comprar na mesma concessionária. São muito agressivas e voltadas ao preço. Muitas vezes, levam meses para fazer a compra de um veículo com base no preço.

O segundo fator que baseia os tipos de compradores é a escolha do veículo novo ou usado. Entre os ricos, 63,4% preferem e compram carros novos. O restante, 36,6%, tem forte inclinação a comprar só carros usados. A reunião desses dois fatores produz quatro tipos de compradores milionários de carros (veja a Tabela 4-3):

- Tipo 1: Compradores fiéis de carros novos (28,6%).

- Tipo 2: Compradores pesquisadores de preço de carros novos (34,8%).

- Tipo 3: Compradores fiéis de carros usados (17,1%).

- Tipo 4: Compradores pesquisadores de preços de carros usados (19,5%).

## COMPRADORES FIÉIS DE CARROS NOVOS (28,6%)

Pessoas com essa orientação compram apenas carros novos e dedicam uma fidelidade condicional a uma concessionária ou várias concessionárias. A maioria dos ricos tem preferências fortes em relação a modelo/marca de automóvel, assim, quando decidem comprar uma determinada marca, os fiéis já têm uma concessionária em mente. Eles veem benefícios em comprar carros novos na(s) mesma(s) loja(s). Mas isso não significa que entrem submissos na concessionária preferida. Ao contrário, preço — mesmo para eles — é um fator importante. Talvez você pense que esses compradores fiéis são preguiçosos. Seriam eles membros dos assim chamados ricos ociosos? Não, essa não é a razão para comprarem sempre na mesma concessionária. Talvez você imagine que esses compradores simplesmente gostem dela. Bem, afeto também não é a resposta.

### TABELA 4-3
### ORIENTAÇÕES DE MILIONÁRIOS NA COMPRA DE VEÍCULOS

#### ORIENTAÇÃO EM RELAÇÃO A CONCESSIONÁRIAS

| | Fiéis | Pesquisadores | Total de Tipo de Veículos |
|---|---|---|---|
| Orientação em Relação a Tipo de Veículo | 1% de Todos os Milionários | 2% de Todos os Milionários | % de Todos os Milionários |
| Compram Veículos Novos | Quem São: | Quem São: | Quem São: |
| | Compram Veículos Novos | Compram Veículos Novos | Compram Veículos Novos = 63,4 |
| | Fiéis a Concessionárias = 28,6 | Pesquisadores de Preços em Concessionárias = 34,8 | |
| | % de Todos os Fiéis = 62,5 | % de Todos os Pesquisadores de Preços = 64,1 | |
| | % de Todos Compradores de Veículos Novos = 45,1 | % de Todos os Compradores de Veículos Novos = 54,9 | |
| Compram Veículos Usados | 3% de Todos os Milionários | 4% de Todos os Milionários | % de Todos os Milionários |
| | Quem São: | Quem São: | Quem São: |
| | Compram Veículos Usados | Compram Veículos Usados | Compram Veículos Usados = 36,6 |
| | Fiéis a Concessionárias = 17,1 | Pesquisadores de Preços = 1,5 | |
| | % de Todos os Fiéis = 37,5 | % de Todos os Pesquisadores de Preço = 35,9 | |
| | % de Todos os Compradores de Veículos Usados = 46,8 | % de Todos os Compradores de Veículos Usados = 53,2 | |
| TOTAIS | % de Todos os Milionários que São Fiéis a Concessionárias = 45,7 | % de Todos os Milionários que São Pesquisadores de Preços de Concessionárias = 54,3 | |

É simples: fiéis a concessionárias que compram veículos novos preferem minimizar o esforço de escolher uma loja e seu tipo de veículo (isto é, novo versus usado). Os fiéis que gostam de carros novos dedicam muito tempo e energia para gerar suas altas rendas. Eles acreditam que há muito mais dinheiro a ser ganho no trabalho do que indo de uma concessionária a outra ou procurando o "negócio ideal" de um carro usado. Esse grupo compra de certas concessionárias porque acha que elas lhe vendem o melhor pacote em geral. Alguns componentes "desses pacotes" vão muito além do preço e dimensões físicas de um automóvel.

Por que esses milionários compram veículos novos, e não usados? Por que se preocupam menos com as variações de preço dos veículos do que compradores de carros usados? Primeiro, quem compra veículos novos gosta de veículos novos, embora essa não seja a única razão para comprá-los. Em sua opinião, comprar um novo em vez de um usado é muito mais simples; exige menos tempo e esforço. Para eles, carros novos são mais confiáveis e disponíveis em mais modelos e cores e com os acessórios que exigem. Em resumo, eles acham que precisam pagar mais para obter mais.

No entanto, o preço tem sua importância mesmo para esse grupo. Antes de visitarem sua concessionária preferida, cerca de metade (46%) determina o custo de um modelo em especial na concessionária. Cerca de um em três contata pelo menos duas concessionárias concorrentes para "sentir o negócio iminente". Alguns analisam revistas especializadas e outras publicações e guias de preço que revelam os custos das concessionárias. Localização é outro fator para compreender o comportamento deste grupo. Muitos contatam concessionárias que se encontram fora de sua área, mas a maioria desses contatos são feitos meramente para testar as ofertas locais. Só cerca de um em dez compra de concessionárias fora da cidade repetidas vezes.

Há outro fator que explica a orientação de compradores fiéis de carros novos a concessionárias:

## Mais que um em cinco compram de concessionárias que são seus clientes.

As redes de contatos estão vivas e bem entre os afluentes dos Estados Unidos. Muitos donos de empresas ricos acreditam piamente na reciprocidade. Pare para pensar. Por exemplo, se fosse um empreiteiro de pavimentação, onde compraria seu carro? Você compraria de um estranho com um aperto de mão firme ou da concessionária local que acabou de contratá-lo para pavimentar seu estacionamento? A resposta é óbvia.

Muitos compradores fiéis são profissionais liberais, como médicos, advogados, auditores, planejadores financeiros e arquitetos e também acreditam nesse tipo de reciprocidade. Os mais inteligentes compram dos vendedores de automóveis que são clientes deles. Não é incomum que o proprietário de uma concessionária tenha mais de cem fornecedores de produtos e serviços. Da mesma forma, há a expectativa de que esses fornecedores retribuam o favor. Muitos compradores de carros ricos e fiéis recebem indicações de clientes de concessionárias das quais compram. Por sua vez, 25,5% dos fiéis declaram que indicam concessionárias selecionadas a colegas e amigos. As concessionárias retribuem oferecendo descontos significativos a esses compradores.

Muitos milionários são compradores fiéis por outro motivo. Cerca de 20% preferem lojas que pertencem a um parente ou amigo íntimo. Muitos também preferem comprar diretamente do proprietário da concessionária de quem são clientes; 37% tratam exclusivamente com os proprietários. Por quê? Porque acham que isso lhes garantirá um ótimo pacote geral.

## Pesquisadores de Preços que Compram Carros Novos de Concessionárias (34,8%)

Os ricos com esta orientação acham que os descontos nos preços que conseguem devido a pesquisa e negociação agressivas com várias concessionárias valem o tempo e a energia dispensados. Na média, eles gastaram cerca de 9% menos do que compradores fiéis de veículos novos pelo carro mais caro que já compraram. Em sua compra mais recente, eles pagaram perto de 14% a menos que os fiéis.

Os fiéis tendem a comprar carros um pouco mais caros, o que é responsável por cerca de metade da variação nos preços pagos por membros dos dois grupos. Em comparação, os que pesquisam concessionárias de carros novos são mais atentos a variações de preço nos concorrentes. Os pesquisadores geralmente são negociadores experientes; muitos gostam de andar e pechinchar. Em comparação com compradores fiéis, os pesquisadores têm muito menos probabilidade de comprar em lojas pertencentes a parentes ou amigos pessoais, de indicar pessoas a concessionárias como retribuição por terem recebido descontos significativos, de comprar exclusivamente com os proprietários ou de concessionárias que fazem negócios com eles. Por outro lado, é muito mais provável que levem semanas — até meses — "visitando lojas para encontrar o negócio ideal", exijam um "preço de custo" ou "abaixo do custo" ou "comprem um novo modelo que tem um desconto alto e o revendam dentro de um ano ou dois por praticamente o mesmo preço ou até mais".

## Fazendo Cotações para Seu Negócio

Se você detesta a ideia de comprar um carro pessoalmente, pense em um método alternativo. O Sr. Mark R. Stuart é um amigo que comprou vários veículos visitando concessionárias concorrentes. Mas ele só comprou um utilitário esportivo neste ano. Embora não tivesse experiência em comprar esse tipo de carro, ele pensou em uma forma de evitar passar inúmeras horas visitando concessionárias concorrentes. Veja na página a seguir o fax que o Sr. Stuart enviou aos gerentes de vendas de seis concessionárias Ford locais.

Três gerentes de vendas responderam imediatamente oferecendo seus preços ao Sr. Stuart, que aceitou um deles. Parece que sua experiência como diretor de compras no exército dos Estados Unidos lhe foi útil na vida civil. Você tem um aparelho de fax e precisa de um novo utilitário esportivo?

```
PARA:_____
     Gerente de Vendas de Carros Novos

DE: Mark  R. Stuart
    Fax: (404)XXX-XXXX

RE: Pedido de Cotação
```

Se estiver interessado em fechar negócio comigo, por favor, responda por fax em (404): XXX-XXXX. Esta é uma compra em espécie (não uma troca), sujeita a impostos de venda do Condado X. Se não tiver esse veículo em estoque ou sob pedido, não estou com pressa e posso esperar pela entrega. As especificações são as seguintes:

```
Modelo Atual do Ano Ford Explorer Limited 4X4
Marfim Perolizado, Bancos de Couro
Opcionais: Teto solar, CD player e
Suporte para placa dianteira
```

Sua cotação deve detalhar o preço por item de linha, incluindo impostos, marca, título e quaisquer outras taxas. Aguardo sua resposta por fax. Por favor, não telefone. Se tiver quaisquer dívidas, inclua-as na resposta. Eu ligarei se tiver alguma pergunta. Obrigado.

## Compradores Fiéis de Carros Usados (17,1%)

Por que milionários como os deste grupo com rendas anuais superiores a US$300 mil e patrimônio líquido de cerca de US$4 milhões precisam comprar carros usados? Eles não precisam.

No geral, esses milionários ficam mais satisfeitos comprando usados, em vez de novos. Ao comprar carros de dois ou três anos, eles sentem que o comprador original pagou enquanto o veículo sofria depreciação. Muitas vezes, eles planejam revender dentro de dois ou três anos e recuperar grande parte do que pagaram. Muitos também sentem que uma pesquisa e pechincha agressiva por carros novos é perda de tempo e energia. Eles acham que carros novos têm preço alto demais na fábrica ou atacado; em sua opinião, é impossível esperar comprar um carro novo por muito menos do que a concessionária pagou. Para muitos, os verdadeiros descontos nos carros podem ser encontrados no mercado de usados.

Compradores fiéis de carros usados formam um grupo no qual a maioria é de empresários. Eles são muito econômicos ao comprar um veículo. Sua preferência em investir grande parte de sua renda em bens que se valorizam, porém, deve ser equilibrada com a necessidade de muitos empresários bem-sucedidos de dirigir carros de qualidade. Para esse grupo, a compra de um carro usado do último modelo de qualidade é a solução. Suas marcas/modelos preferidos incluem Jeep Cherokees, Cadillac De Villes, picapes Ford F-150 e Explorers, Lincoln Town Cars, Chevrolet Caprices e Suburbans e Infiniti Q45s.

Os membros deste grupo gastam menos dinheiro nessas compras do que os de qualquer outro grupo que prefere carros novos. A porcentagem de suas rendas alocadas para compras de automóveis também é a menor de todos os grupos. Na média, eles gastaram só 7,6% de sua renda na aquisição mais recente e só 9,9% pelo veículo mais caro. Em termos de porcentagem, essas compras representam somente 0,68% e 0,89% de seu patrimônio líquido, respectivamente.

Como os membros desse grupo tomam decisões de compra e concessionária? Primeiro, a maioria determina o custo da concessionária de um modelo novo do carro preferido. Em seguida, faz uma projeção de sua depreciação. Essas informações são usadas para apoiar sua decisão de comprar uma versão usada do modelo escolhido. Informações sobre o valor atual no varejo e atacado de carros usados estão disponíveis em muitas bibliotecas e livrarias. Muitas vezes, CPAs bem informados oferecem esses detalhes aos clientes.

Compradores fiéis de carros usados então examinam as ofertas de várias concessionárias. Isso é feito para avaliar a disposição dos vendedores locais a "fechar o negócio" com os membros deste grupo. Alguns conferem os preços de carros anunciados nos classificados. Muitas vezes, eles ligam aos que anunciam seu veículo e perguntam a vendedores particulares se estariam dispostos a reduzir o preço. Na maioria dos casos, quem telefona está apenas fazendo uma pesquisa de preços. O comprador fiel de carros usados usa as informações colhidas como instrumento de barganha ao negociar com a(s) concessionária(s) escolhida(s). Na maioria dos casos, a concessionária escolhida atingirá ou superará os preços da concorrência.

Milionários neste grupo de compradores usam a(s) mesma(s) concessionária(s) repetidas vezes. Eles sentem que repetir a compra pode lhes proporcionar concessões de preço e até de atendimento, mas esse não é o único motivo para sua fidelidade. Como muitos compradores de carros usados fiéis a uma concessionária, 36% deles nos disseram que compram carros usados de lojas que fazem negócios com eles. Muitos também escolhem concessionárias que indicam clientes para eles. Lembre-se de que este grupo contém uma grande concentração de empresários, profissionais liberais e pessoal de vendas e marketing de muito sucesso. Obviamente, eles acreditam em reciprocidade. Cerca de um em quatro adquire o veículo de parentes ou amigos próximos que estão na indústria automotiva. Um em três compradores de carros usados fiéis a concessionárias faz a compra negociando exclusivamente com o proprietário. Um em cinco trata exclusivamente com os melhores profissionais de vendas da loja escolhida. Esses compradores acham que esses profissionais têm grande probabilidade de persuadir gerentes de vendas a concordar em vender a preços baixos.

## Pesquisadores de Preços de Carros Usados (19,5%)

Os integrantes deste grupo são os mais econômicos e mais agressivos caçadores de pechinchas de todos que apresentamos. Na média, eles gastam menos que os membros de qualquer outro grupo. Eles pagaram por volta de US$22.500 por seu carro mais recente, abaixo de US$30 mil pelo mais caro. Sua última compra representa menos de 0,7% de sua riqueza; sua aquisição mais cara, menos de 0,9%. Este grupo contém a menor parcela que tem clientes, amigos ou parentes no setor automotivo. Considerando que eles não têm amigos no ramo de automóveis, como eles conseguem encontrar um bom negócio? Em primeiro lugar, eles não compram veículos. Além disso, você notará que aqui não haverá menção à palavra *concessionária*. Essas pessoas compram seus carros usados de todos os tipos de vendedores. É frequente eles comprarem de particulares, mas muitas vezes eles pesquisam em lojas, empresas de leasing, instituições financeiras, empresas de consignação, leilões e agentes.

Os pesquisadores de preços de carros usados são extremamente pacientes. Entre todos os compradores milionários de carros, são eles os mais prováveis de levar meses até encontrar o melhor negócio. Parece nunca terem pressa para comprar. De certa forma, estão sempre procurando um bom negócio. Eles ficam o tempo todo em um estado de semipesquisa/compra.

Certa vez, um membro deste grupo procurou um bom negócio de um modelo antigo da Chevrolet durante mais de sete meses. Mas, ao contrário do Dr. South, do Capítulo 3, esse pesquisador de pechinchas nunca passou muito tempo realizando a compra. Parece que, em seu longo trajeto para o trabalho, ele costumava passar por três lojas de carros usados. Se ele visse um carro que lhe chamasse a atenção, ele contataria a loja por telefone. Ao mesmo tempo, ligava para vendedores que anunciaram seus veículos nos classificados. Ele acabava por fazer a compra de um particular por um preço muito mais baixo do que qualquer loja que tinha contatado. Ele diria ao vendedor:

> *Eu não estou com pressa. Ligue para mim daqui a um mês e eu lhe farei uma oferta. Mas agora você está pedindo quase tanto quanto as lojas com quem tenho falado nas últimas semanas.*

Ele diz a mesma coisa a todos a quem contata.

Ele também tem uma época preferida do ano para negociar. Ele alega ter mais êxito em fechar negócios a partir das duas últimas semanas de dezembro até fevereiro. Durante essa época do ano, ele diz, os vendedores não encontram muitos compradores por aí. Despesas e atividades de Natal e o tempo frio dos Estados Unidos distraem e desestimulam a maioria dos compradores em potencial nesse período. Isso não desencoraja muitos pesquisadores de preços de carros usados. Não é nada incomum que compradores deste grupo tenham quatro ou mais vendedores concorrendo ao mesmo tempo para fechar negócio nesses meses!

Os membros deste grupo costumam adquirir carros com pouca quilometragem, com de dois a quatro anos de uso. Suas marcas preferidas incluem Ford, Mercedes, Cadillac, Lexus, Chevrolet, Nissan e Acura.

## O QUE HÁBITOS DE COMPRA REVELAM

Pode-se aprender muito com os ricos analisando seus hábitos de compra de automóveis. Por exemplo, note que a maioria dos milionários pesquisa preços em concessionárias, ao contrário dos fiéis a concessionárias. Não por uma grande margem (54,3% versus 45,7%), você verá naturalmente. Mas essa margem é um pouco enganosa. Exclua a porcentagem de compradores fiéis a concessionárias que o fazem porque alimentam fortes relações de reciprocidade com sua concessionária preferida. Desconte também os fiéis que compram em concessionárias pertencentes a parentes ou amigos próximos. Então pergunte qual é a porcentagem de fiéis versus pesquisadores. Se o fizer, descobrirá que há pelo menos dois pesquisadores para cada comprador fiel entre os milionários norte-americanos.

E quanto à compra de veículos em geral? A maioria dos compradores não é rica, assim, é lógico imaginar que gastam mais tempo e energia à procura do melhor negócio. Nossa pesquisa mostra o oposto. Os que não são ricos mostram menor probabilidade de pesquisar, pechinchar e negociar do que os milionários. O comportamento para compra de carros de fato ajuda a explicar por que algumas pessoas são ricas enquanto a maioria não é e nunca será.

Os pesquisadores mais agressivos de barganhas de automóveis também costumam caçar pechinchas em outros produtos de consumo. Essas pessoas também costumam planejar seus gastos. Considerando essas descobertas, que tipo de comprador mostrado anteriormente você imagina que seja o mais frugal, em geral?

Você respondeu que são os pesquisadores de carros usados? Esses compradores são os mais agressivos e econômicos quando se trata de adquirir veículos. Eles pesquisam usando uma ampla variedade de fontes. E, em média, pagam muito menos por seus carros do que os membros de outros grupos.

De todos os tipos estudados, os pesquisadores de preços são os mais esclarecedores para os interessados em analisar o caminho para a riqueza. Por quê? Porque, de todos os grupos estudados, seus membros têm a maior proporção de patrimônio líquido em dólares para cada dólar de renda. Para cada dólar obtido de renda dos pesquisadores de preços de carros usados, eles têm um patrimônio líquido de US$17,2. A sua renda média é a mais baixa de todos os grupos e, no entanto, em geral, eles acumularam mais de US$3 milhões. Como conseguiram? Vale a pena detalhar sua estratégia de desenvolvimento de riqueza.

## MILIONÁRIOS PESQUISADORES DE PREÇOS DE CARROS USADOS

Que fatores explicam as variações no acúmulo de riqueza? A renda é um fator. Espera-se que as pessoas com rendas maiores tenham maiores níveis de riqueza. Mas note outra vez que os membros deste grupo de compradores de carros usados têm uma renda muito menor do que a média dos outros grupos de milionários. Cerca de 2/3 têm rendas na faixa superior a cinco dígitos e inferior a seis dígitos.

A profissão é outro fator. Notamos muitas vezes que empresários são uma grande parte desproporcional do grupo de milionários nos Estados Unidos. Por outro lado, a maioria das outras profissões de renda elevada contém porções desproporcionalmente menores de pessoas com elevado patrimônio líquido. Entre eles estão médicos, gerentes corporativos de médio escalão, executivos, dentistas, contadores, advogados, engenheiros, arquitetos, servidores públicos de altos salários e professores. Mas eles são exceções. Por exemplo, cada uma das profissões não empresariais está representada no grupo de pesquisadores de preços de carros usados que estamos compondo.

Pesquisadores de preços de carros usados são únicos mesmo entre seus colegas milionários. Note que, na média, eles têm as maiores pontuações em todas as sete medidas de frugalidade (veja a Tabela 4-4).

## TABELA 4-4
## ESTILOS DE VIDA ECONÔMICOS DE TIPOS DE AQUISIÇÃO DE VEÍCULOS

| Correlação de Estilo de Vida Econômico e Financeiro | (28,6%) | Pesquisadores de Preços de Carros Novos em Concessionárias (34,8%) | Compradores de Carros Usados Fiéis a Concessionárias (17,1%) | Pesquisadores de Preços de Carros Usados (19,5%) |
|---|---|---|---|---|
| Imunização contra Consumo | 59[3] | 106 | 111 | 136[4] |
| "A maioria das pessoas que vive em bairros luxuosos tem pouca riqueza real." | Baixa (4) | Alta (2) | Baixa (3) | Alta (1) |
| Orientação de Poupança Autodesignada | 82 | 108 | 89 | 121 |
| "Sempre fui frugal." | Baixa (4) | Alta (2) | Baixa (3) | Alta (1) |
| Legado de Orientação de Economia | 91 | 99 | 105 | 111 |
| "Meus pais são (foram) muito frugais." | Baixa (4) | Média (3) | Média (4) | Alta (1) |
| Orientação de Orçamento Doméstico | 95 | 101 | 85 | 118 |
| "Nossa família funciona com um orçamento anual bem planejado." | Média (3) | Média (2) | Baixa (4) | Alta (1) |
| Orientação Rígida de Manutenção de Registros | 101 | 94 | 96 | 112 |
| "Sei quanto nossa família gasta todos os anos em comida, roupas e moradia." | Média (2) | Média (4) | Média (3) | Alta (1) |
| Pesquisa de Preços de Roupas Voltada para Pechincha | 69 | 89 | 123 | 145 |
| "Sempre comprei ternos em liquidações (com desconto)." | Baixa (4) | Baixa (3) | Alta (2) | Alta (1) |
| Orientação de Compra em Lojas de Descontos | 62 | 106 | 111 | 136 |
| "Muitas vezes compro meus ternos em outlets de fábrica." | Baixa (4) | Média (3) | Alta (2) | Alta (1) |

---

3 Por exemplo, compradores de carros novos fiéis a concessionárias têm pontuação muito menor (59) na escala de imunização contra o consumo quando comparados à pontuação combinada de todos os milionários (100). Eles ficam em último/quarto na escala de imunização contra o consumo.

4 Por exemplo, pesquisadores de preços de carros usados têm pontuação muito mais alta (136) na escala de imunização contra o consumo quando comparados à pontuação combinada de todos os milionários (100). Eles estão em primeiro lugar na escala de imunização contra o consumo.

Seu comportamento frugal é baseado em um forte conjunto de crenças. Primeiro, eles acreditam nos benefícios da independência financeira. Segundo, eles acreditam que ser frugal é o caminho para chegar a essa independência. Eles se imunizam contra gastos elevados lembrando-se sempre de que muitas pessoas que têm artigos de status elevados, como roupas caras, joias, carros e piscinas, têm pouca riqueza. Muitas vezes dizem o mesmo aos filhos. Em um caso que estudamos, um jovem perguntou ao pai por que sua família não tinha uma piscina. Seu pai respondeu com a história do "um chapelão, nenhum boi" que muitas pessoas frugais empregam. Ele disse ao filho que eles *poderiam* ter uma piscina, mas ela significaria que a família não poderia enviá-lo para a faculdade de Cornell.

Hoje, o filho, Carl, está formado por Cornell. Não, sua família nunca instalou uma piscina. O que acontecerá quando os filhos de Carl perguntarem sobre a inclinação do pai em relação à frugalidade? Poderá ele defender sua orientação de compras e sua natureza frugal em geral? A resposta a esta pergunta se reflete nos resultados mostrados na Tabela 4-4. Pesquisadores de preços de carros usados têm probabilidade muito maior de afirmar o seguinte:

- Meus pais são (foram) muito frugais.

Certa vez, um membro desse grupo nos contou sobre seus hábitos frugais. Ele explicou que seus pais eram fazendeiros:

> *Minha família no Nebrasca entendia o valor do dinheiro. Meu pai dizia que sementes eram muito parecidas com dólares. Você pode comer as sementes ou plantá-las. Mas quando você visse que as sementes se transformaram em... pés de milho de três metros de altura... não iria querer desperdiçá-las. Consuma-as ou plante-as. Eu sempre ficava feliz ao ver as coisas crescerem.*

Esse homem extraiu considerável satisfação de seu simples sedã norte-americano de três anos e quatro portas. Ele achava que seu veículo nunca revelou ao público que ele era muito rico. Tampouco, segundo ele, encorajaria ladrões a segui-lo até sua casa para roubá-la. Muitas vezes ele se referia a seu carro como "o último que seria roubado no estacionamento do aeroporto!"

## FRUGALIDADE É SINÔNIMO DE RIQUEZA

Ser frugal é a principal razão para que os membros do grupo que gostam de comprar carros usados sejam ricos. Ser frugal lhes fornece uma base em dólares para investir. Na verdade, eles investem uma porção muito maior de sua renda anual do que quaisquer outros tipos de compradores de automóveis. Isso também se aplica às suas contribuições aos planos de aposentadoria e previdência. Como você já deve ter previsto, o grupo de pesquisadores de preços de carros usados também contém a maior porcentagem de prodigiosos acumuladores de riqueza. Este grupo tem probabilidade significativamente maior de concordar com esta declaração:

- Nossa família funciona com um orçamento anual bem planejado.

Para realizar um orçamento adequado, é preciso manter um registro das despesas. Aqui, outra vez, o pesquisador inclinado a comprar carros usados é mais exigente do que qualquer outro tipo. A maioria concorda com:

- Eu sei quanto nossa família gasta todos os anos com comida, roupas e moradia.

Pesquisadores de preços de carros usados também procuram barganhas quando compram roupas. Sua pontuação de 145 foi a maior, em geral (veja a Tabela 4-4). Uma porcentagem muito maior concordou com esta declaração:

- Sempre comprei ternos em liquidações (com desconto).

Pesquisadores de preços de carros usados têm maior probabilidade de comprar em lojas de descontos do que outros tipos de compradores de veículos. Isso fica óbvio com sua resposta positiva à seguinte declaração:

- Frequentemente compro meus ternos em outlets de fábrica.

Além disso, eles pesquisam preços na Sears com mais frequência do que qualquer outro tipo de milionário comprador de automóveis. Este grupo, em média, gasta consideravelmente menos com vários itens. Como discutimos no Capítulo 2, perguntamos a todos os nossos entrevistados milionários o máximo que pagaram por (1) um relógio de pulso, (2) um terno e (3) um par de sapatos. Mais uma vez, o pesquisador de preços de carros usados demonstrou sua frugalidade. Membros deste grupo gastaram só 59% do que os outros milionários em nossa pesquisa por um relógio de pulso, 83% por um terno e 88% por um par de sapatos.

A maioria das pessoas não tem a habilidade de aumentar sua renda significativamente. No entanto, a renda é um fator positivo relacionado à riqueza. Então, qual é a nossa mensagem? Se você não consegue aumentar muito seu salário, fique rico de outra forma. Aja na defensiva. É assim que a maioria dos pesquisadores de preços de carros usados chegou lá. Eles se imunizaram contra um estilo de vida de consumo elevado que muitos de seus vizinhos adotaram. *Mais de 70% de seus vizinhos ganham tanto ou mais que eles, mas menos de 50% deles têm um patrimônio líquido de US$1 milhão ou mais.*

A maioria desses vizinhos milionários de alta renda e baixo patrimônio líquido faz suposições erradas. Eles supõem que focar sua energia na geração de altas rendas os fará ficar ricos automaticamente. Eles são ótimos no ataque nesse aspecto. A maioria está posicionada entre os 3%, 4% ou mais de distribuição de renda de domicílios mais alta de todos os EUA. Quase todos parecem parte dos milionários. No entanto, eles não são ricos. Sua defesa é sofrível. Repetimos várias vezes a crença de inúmeros milionários que nos disseram:

## Nos Estados Unidos, é muito mais fácil ganhar muito dinheiro do que acumular riqueza.

Por que isso ocorre? Porque é uma sociedade voltada para o consumo. E os vizinhos não milionários de alta renda dos pesquisadores de preços de carros usados se encontram entre os maiores consumidores dos Estados Unidos.

## ESTUDOS DE CASO

### Sr. J. S., CPA: Comprador de Carros Novos Fiel a Concessionárias

O Sr. J. S. é um dos três sócios seniores de uma pequena, mas muito produtiva, firma de consultoria contábil e financeira. E também é um milionário. Ele gosta de comprar veículos novos e rejeita totalmente a ideia de comprar um carro usado. Para ele, ter um carro usado é como usar as roupas velhas de alguém. Ele é fiel a uma concessionária, em parte porque "seu tempo é mais valioso que pesquisar por um grande desconto". Além disso, ele compra de uma concessionária com a qual faz negócios.

Mais uma vez, rede de contatos e reciprocidade são fatores importantes que baseiam os hábitos de compra de muitos compradores fiéis de carros novos. Como ele conseguiu que a concessionária de automóveis se tornasse seu cliente? Indicando seu dono a dezenas dos próprios clientes antes mesmo de ter lhe oferecido seus serviços de contabilidade. Antes, o proprietário havia trabalhado com outra empresa durante anos quando se deu conta de que ela nunca tinha lhe indicado nenhum cliente.

Agora o proprietário e o Sr. J. S. mantêm um forte vínculo recíproco. Uma das grandes vantagens de ser proprietário de uma empresa é a capacidade de aproveitar os hábitos de compra de sua organização. No caso do Sr. J. S., ele também tira proveito de sua influência sobre vários outros clientes. Ele é líder de opinião da concessionária para muitos de seus clientes, e deixa claro a todos que encaminha que a concessionária também é um cliente. E a concessionária, por sua vez, tem grande probabilidade de atender bem e fazer concessões de preços a essas pessoas. Nos últimos dez anos, o Sr. J. S. essencialmente vendeu mais de três dezenas de carros para seu cliente, a concessionária. Ao mesmo tempo, o dono da concessionária gastou milhares de dólares em serviços de contabilidade do Sr. J. S.

### Sr. T. F., Corretor de Ações: Comprador de Carros Usados Fiel a Concessionárias

O Sr. T. F. é um corretor de valores e milionário que gosta de comprar carros de luxo usados do último modelo. Depois de comprar vários modelos na mesma concessionária, o Sr. T. F. teve uma ideia: ele faria uma ligação de vendas pessoal ao dono da concessionária. O Sr. T. F. primeiro lembrou ao proprietário que havia comprado três carros dele nos últimos cinco anos e lhe encaminhado vários clientes. Depois, o Sr. T. F. perguntou se poderia retribuir passando-lhe alguns de seus negócios de investimentos. A resposta do proprietário foi franca. Ele disse ao Sr. T. F. que vendia veículos a dezenas de corretores e que não poderia fazer negócio com todos eles.

O Sr. T. F. entendeu a posição do proprietário, então fez uma contraproposta. Ele perguntou se o empresário poderia lhe fazer o favor de lhe dar o nome de seus cinco principais fornecedores:

*Suponha que lhe pedissem para indicar os fornecedores do ano nesse imóvel. Quem estaria no topo de sua lista? Quem colocou um telhado novo nessa loja? Posso mencionar que você sugeriu que eu lhes telefonasse?*

O dono da concessionária indicou vários de seus principais fornecedores ao Sr. T. F. Este ainda compra os carros nessa loja e faz indicações em seu nome. Por sua vez, a concessionária encaminha clientes para o Sr. T. F.

## O Autor Tom Stanley Vende um Carro

Antes do Natal, coloquei um anúncio nos classificados do jornal local para vender nosso Acura Legend. Antes, porém, liguei para nossa concessionária, que me informou o preço máximo que eu poderia conseguir pelo veículo, e esse foi o preço que anunciamos. Sempre fiz uma boa manutenção de nossos carros. Nosso Legend tinha quase todos os opcionais possíveis, incluindo o assim chamado Golden Package. O carro sempre ia para a oficina. A concessionária Acura fez todas as revisões e manutenções previstas. Nós até usamos óleo sintético Mobil One! O carro tinha um bom conjunto de pneus Michelin MXV4 com uns poucos milhares de quilômetros rodados. E, talvez o mais importante, o carro era novo quando o compramos. Meu anúncio informou várias dessas características.

Permita-me falar sobre algumas das pessoas que se deram ao trabalho de vir dar uma olhada no carro.

## COMPRADORA UM: DIRETORA SÊNIOR DE MARKETING

Ela chegou dirigindo um Infiniti Q45. Quando vi o carro, perguntei por que estava interessada em um Legend, visto que seu Q45 parecia quase novo. Ela me disse que o carro era do marido e eles o tinham adquirido usado cerca de um ano antes. Na verdade, ela havia acabado de olhar vários Legends e Infinitis "usados" em várias concessionárias. Deixou claro que sua família gostava de comprar veículos usados. Ela não era fiel a nenhuma marca em especial, mas ela e o marido prefeririam carros de uma lista limitada que incluía Acura Legends, Infiniti Q45s e Lexus 400.

No dia em que me procurou, ela tinha tirado a tarde de folga no trabalho. Tinha um mapa da área de Atlanta e havia marcado a localização de algumas concessionárias e os endereços de vendedores particulares. Desta forma, ela deixou claro que estava ciente de várias oportunidades "interessantes".

Ficou claro que essa mulher sabia avaliar carros usados. Ela imediatamente apontou um pequeno amassado na porta do motorista. Examinou o interior, o compartimento do motor e a lataria. Então, perguntou por que eu estava vendendo o Legend. Respondi que "meus filhos adolescentes tinham aversão a sedãs de quatro portas. Para eles, um Legend é adequado para pessoas de meia-idade desinteressantes como seus pais! Eles prefeririam até um utilitário esportivo 4x4 bem usado ou um carro esportivo de duas portas".

Ela parou e pensou nos meus comentários. Acho que preferia outra resposta. Gostaria que eu dissesse que estava vendendo por necessidades financeiras, assim teria mais chances de barganhar. Mesmo assim, ela tentou negociar um preço menor. Ela perguntou: "Qual é o preço mínimo que aceitaria pelo carro?" Respondi: "Se não vendê-lo em trinta dias, pensarei em reduzir o preço." Então mostrei a pasta no banco dianteiro, que continha o registro de todas as revisões, selo original do para-brisas etc. Ela se virou, entrou no Q45 do marido e se foi. Nunca mais a vi. Estou convencido de que ela encontrou exatamente o que procurava — isto é, um bom negócio de um modelo antigo, usado, de alguém com pressa para vender.

## COMPRADOR DOIS: VICE-PRESIDENTE DE UMA FINANCEIRA REGIONAL

Talvez você ache o título dessa pessoa especialmente interessante. Ele era vice-presidente do departamento de leasing de automóveis. Diria que ele tinha um ótimo conhecimento do valor de carros. Ele também sabia as vantagens de comprar em relação ao leasing. Parece que esse especialista em leasing de veículos novos passava seu tempo procurando negócios entre os usados.

O Comprador Dois também estava procurando por um ótimo negócio. Ele estava interessado em várias marcas de bons carros japoneses, mas, como a Compradora Um, não era muito fiel a nenhuma marca em particular. Ele passou muito tempo analisando os registros de manutenção e revisão do Acura, e então fez a mesma pergunta que a Compradora Um: "Sem me dar uma cacetada, qual é o menor preço que aceitaria pelo carro?" Dei-lhe a mesma resposta que tinha dado à Compradora Um. Ele também se foi. Ainda estou esperando por sua ligação.

## COMPRADOR TRÊS: EX-PROPRIETÁRIO DE EMPRESA

O Comprador Três era a pessoa mais interessante que conheci. Quando ele me ligou, mencionou que pretendia levar a mulher a um shopping local. Ele perguntou onde eu morava e achou a localização ideal em relação ao shopping. Ele e a mulher chegaram logo após a ligação, em uma BMW série 5. O carro parecia ter saído da loja naquele dia. Assim, perguntei por que o interesse em comprar o Acura. Ele informou que a BMW era da mulher. Então ele examinou o Acura de ponta a ponta.

Enquanto isso, tive uma conversa interessante com sua mulher. Ela me contou que o marido recentemente havia vendido sua parte em uma bem-sucedida firma de software. Eles eram milionários. O marido ainda trabalhava como consultor para a empresa, mas agora tinha mais tempo para outras atividades. Ela também contou que o marido nunca havia comprado um carro novo nos trinta anos em que estavam casados. Aparentemente, ele está em uma busca semiconstante de ótimos negócios com automóveis. Ele gostava especialmente de carros japoneses e alemães, mas nunca tinha pressa para fazer a compra. Como muitas pessoas do grupo de pesquisadores de preços de carros usados, ele fica muito satisfeito ao encontrar bons negócios com vendedores particulares com muito carro e pouco capital.

Desconfio que é por isso que ele passou um tempo me interrogando. Ele perguntou com o que eu trabalhava, como iam meus negócios. Talvez ele imaginasse que eu fosse um executivo corporativo desempregado. Por que mais eu estaria em casa no meio da tarde nas minhas calças cáqui e camisa de flanela? Eu lhe disse que era autor e trabalhava no meu quarto livro. Então ele quis saber como ia a venda dos meus livros. "Muito bem", respondi. Então ele franziu o cenho e fez a esperada pergunta: "Você estaria interessado em baixar US$1.500 no preço?" Novamente, respondi: "Talvez em trinta dias, se não o tiver vendido." Ainda estou esperando ele me ligar também! Pareceu impressionado pelo modo como eu conservava os automóveis e, antes de partir, perguntou se eu pretendia vender algum de meus outros carros. Ele apontou para meu Z28 Camaro de alto desempenho. Tive que recusar essa oferta também.

**COMPRADORA QUATRO: PROFESSORA**

Não é interessante que um número desproporcionalmente alto de pesquisadores de preços de carros usados é professor ou educador? A Compradora Quatro me ligou na sexta-feira à noite. (Quando as taxas de ligações de telefone para os finais de semana passam a valer?) Ela tinha uma enxurrada de perguntas. Depois do longo interrogatório, ela me informou que morava a várias centenas de quilômetros de Atlanta, na região do algodão, e que estava ligando para várias pessoas que haviam colocado anúncios para venda de Acuras nos classificados da cidade.

Ela prometeu voltar a ligar na quarta-feira seguinte. Cumpriu a promessa e perguntou se eu poderia lhe mandar por fax comprovantes de que o veículo não estava penhorado. Ela também pediu se eu poderia enviar uma lista detalhada dos acessórios do carro. Eu lhe mandei um fax com o certificado de propriedade, o adesivo do para-brisa, preços e opcionais. Então ela me disse que planejava vir a Atlanta naquela sexta-feira e ver vários veículos à venda.

Ela e o marido, um bem-sucedido produtor de algodão, chegaram na sexta-feira. Eles dirigiam um Nissan Maxima, último modelo. O carro parecia estar em excelentes condições. A Compradora Quatro levou a mim e ao marido em um test-drive do Acura pelo bairro durante vinte minutos. Durante esse tempo, tive a chance de fazer-lhes perguntas. Por que tinham vindo de tão longe? Por que estavam interessados em comprar um carro usado? Fazendeiros devem ser frugais, certo?

Parece que este casal pesquisa modelos seminovos de qualidade de carros japoneses a cada dois ou três anos. Eles acham os preços e disponibilidade melhores na cidade grande. (Estavam a cerca de 250km da concessionária Acura mais próxima.) Eles compram carros como o meu e os revendem em dois ou três anos na comunidade rural por um preço próximo do que pagaram por eles.

A Compradora Quatro e o marido convenceram-me de que eram frugais. Eles chegaram com um cheque visado com um valor de US$1 mil a menos do que o preço que pedi. O fazendeiro, depois de voltar do test-drive, perguntou à mulher: "Você não vai tentar negociar com esse cara?" Ela, por sua vez, disse: "Esse cara não precisa vender o carro. E está em ótimas condições." O marido concordou. Então ela me entregou o cheque e dez notas de US$100. Depois de assinados todos os papéis e o negócio estar fechado, ela me disse que o carro era vendido por pelo menos US$3 mil a mais na concessionária mais próxima à fazenda. Respondi que seus colegas certamente ficariam impressionados com aquele carro quando ela chegasse à escola na segunda-feira. O marido comentou que os outros professores ficariam impressionados de verdade quando soubessem o pouco que tinha pago por ele.

Um comentário que ele fez foi especialmente interessante: "Minha mulher trabalha com uma mulher que dirige uma Mercedez-Benz nova com equipamentos semelhantes. Ela fez um leasing por seis meses, US$600 por mês. Você sabe quanto algodão é preciso plantar para fazer esses pagamentos?"

## Um Professor de Controle de Gastos Tem vizinhos SARs

Como o Dr. Bill, um professor de engenharia que nunca teve uma renda doméstica superior a US$80 mil, tornou-se um milionário? Ele não herdou nada, não ganhou na loteria nem contratou um consultor de investimentos que transformou alguns milhares de dólares em uma fortuna. Seu sucesso no acúmulo de riqueza se baseia em viver bem abaixo de seus meios. Esse professor é um exemplo clássico de um pesquisador de preços de carros usados. Mas, como a maioria neste grupo de compradores, ele nunca negligenciou a família. Ele reuniu recursos para o pagamento total da faculdade dos filhos e ainda mais. Ele e a família moram em uma casa em um bairro de classe média alta. Na verdade, cerca de 80% de seu grupo vive em casas de valores entre US$300 mil e US$500 mil.

A meta do Dr. Bill sempre foi ter independência financeira, mas ele nunca quis se tornar um empresário. Muitas vezes, empresários ficam ricos assumindo grandes riscos e aproveitando-se da mão de obra e do talento de dezenas, até centenas de pessoas. O Dr. Bill nasceu para ser professor. Ele não é o único. *A maioria das pessoas neste país não é do tipo empresarial. Mas isso não significa que não possam se tornar milionários.*

Muitas vezes, as pessoas confundem nossa mensagem sobre a relação entre ser rico e ser empresário. Não estamos dizendo às pessoas para desistir de fazer o que gostam em medicina, direito, contabilidade ou outras profissões e se juntar às fileiras de empresários do país. Nem ao menos considere tal mudança, a menos que realmente queira e seja totalmente capaz de ter êxito. Se você puder gerar uma renda razoavelmente boa — algo em torno do dobro da norma dos domicílios norte-americanos, ou de US$65 mil a US$70 mil —, então pode ficar rico um dia se seguir a estratégia defensiva desenvolvida por milionários que são pesquisadores de preços de carros usados.

A maior parte dos vizinhos não milionários do Dr. Bill não tem um orçamento doméstico. Eles não fazem um planejamento de consumo. Como resultado, não têm restrições para os gastos domésticos, exceto um — o limite máximo de sua renda. No entanto, esses são os tipos propensos a sussurrar críticas sobre vizinhos frugais como o Dr. Bill.

O Sr. Norman é um executivo que mora em uma casa de US$400 mil na vizinhança do Dr. Bill. Sua renda doméstica no ano passado foi superior a US$150 mil. Mas ele não tem quase nada investido além da casa, os carros e um plano de aposentadoria corporativo. A família do Sr. Norman tem um patrimônio líquido inferior a US$200 mil. Ele e a mulher têm 50 anos. Assim como os vizinhos, o pesquisador de preços de carros usados, o Dr. Bill e a esposa. Bill ganha praticamente metade do que Norman ganha, mas a família de Bill tem um patrimônio líquido nove vezes maior que o dos Normans. Isso é possível?

É mais que possível. É provável e previsível. *Um ótimo ataque e uma péssima defesa representam subacúmulo de riqueza.* Mas os Normans não são os únicos. Há muito mais subacumuladores em seu bairro do que prodigiosos acumuladores como o Dr. Bill e a família.

SARs como os Normans acham degradante até pensar em procurar um carro usado. Para eles, isso está fora de questão. Seu vizinho, o

Dr. Bill, nunca se sentiu diminuído ao pesquisar preços de bons carros usados. Na verdade, fazer um "excelente negócio" lhe dá grande satisfação. Ao longo dos anos, a quantia que poupou comprando carros usados, e não novos, financiou a faculdade e os cursos de pós-graduação dos filhos.

Onde o Dr. Bill comprou seu carro mais recente, uma **BMW** série 5 de três anos de uso? De Gary, um profissional muito bem remunerado e hiperconsumista empregado na área de alta tecnologia. Gary só compra carros novos estrangeiros. Se Gary for como a maioria dos SARs, ele acredita profundamente que o comprador de sua BMW não está tão bem financeiramente quanto ele. Esse é um dos sintomas clássicos de ser um SAR. SARs geralmente acham que têm mais dinheiro que os vizinhos. Muitos SARs também acham que as pessoas dirigem o melhor que podem comprar.

Pense nessa situação de outra forma. Gary, o subacumulador de riqueza, está subsidiando as compras de carros do Dr. Bill. Gary assume a parte mais pesada da depreciação de três anos e então transfere a propriedade de um ótimo carro ao Dr. Bill, o milionário frugal. Além disso, como Gary é um empregado, ele não pode, segundo a legislação norte-americana, usufruir de uma dedução tributária sobre a depreciação. Além disso, Gary não tem amigos, parentes ou clientes no ramo automotivo. Ele não ganha deduções nos impostos, nenhum superdesconto de um tio dono de uma concessionária e nenhuma reciprocidade de um cliente que lide com carros. Ele consome automóveis puramente por prazer.

O que Gary, o Sr. Norman e outros do tipo SAR deveriam saber? Que eles gastam mais por um carro do que o típico milionário norte-americano. A renda de Gary é igual à de muitos milionários, contudo, ele não é um milionário. Talvez ele compense esse fato com um alto consumo de produtos de status. Ele tenta imitar os hábitos de compra de automóveis e outros produtos do presidente da empresa que o emprega? Mas o presidente é um milionário e tem participação na corporação. Ao contrário de Gary, ele só comprou um carro caro depois de ficar rico, pois reinvestiu grande parte de sua renda na empresa por meio de compra de ações. Em comparação, Gary faz compras caras na expectativa de ficar rico. Mas é provável que esse dia nunca chegue.

Capítulo 5

# Suporte Financeiro

Seus pais não lhe ofereceram suporte financeiro.

```
Caro Dr. Stanley e Dr. Danko:
Acabo de ler um artigo que trata de sua pesquisa sobre mi-
lionários. Minha mulher tem um "overdue trust"[1] que os pais
não liberam. Minha sogra sempre nos enrola com a papelada.
Ela parece determinada a nunca liberar o dinheiro de minha
esposa.
É possível que vocês entrem em contato com a família de mi-
nha mulher em sua pesquisa? Ela se chama _____.
Ou talvez possam sugerir outra fonte que nos diga quanto há
nesse fundo.
Atenciosamente,
Sr. L. S.
```

O AUTOR DESSA CARTA E A MULHER PRECISAVAM DE DINHEIRO COM urgência. O remetente (nós o chamaremos de Lamar) é marido de uma mulher (que chamaremos de Mary) que vem de uma família rica. Mary recebe mais de US$15 mil em espécie anualmente dos pais. Ela tem recebido presentes desse tipo, além de outras formas de ajuda, desde que se casou, há 30 anos.

Hoje, ela e o marido estão com 50 e poucos anos. Eles moram em um bairro maravilhoso em uma ótima casa e são membros de um clube de campo. Ambos adoram jogar tênis e golfe. Ambos dirigem carros

---

[1] Estatuto legal que permite a terceirização da administração de bens e direitos. [N. da T.]

importados de luxo. Eles usam roupas finas e são socialmente envolvidos com várias organizações sem fins lucrativos. Antes ocupavam-se em angariar fundos para as escolas particulares que os filhos frequentavam. Ambos adoram vinhos vintage, culinária gourmet, dar festas, joias de qualidade e viagens ao exterior.

Seus vizinhos acham que Lamar e Mary são ricos. Alguns estão firmemente convencidos de que são multimilionários. Mas as aparências enganam. Eles não são ricos. Ao menos eles têm uma renda elevada? Não, nenhum dos dois ganha bem. Mary não trabalha fora. Lamar é administrador da faculdade local. Nunca durante a longa vida de casados eles tiveram uma renda anual superior a US$60 mil, mesmo tendo um estilo de vida semelhante ao dos que têm uma renda que é o dobro da deles.

Pode-se sugerir que esse casal faz um excelente trabalho de orçamento e planejamento. De que outra forma eles poderiam levar um estilo de vida tão elevado com tão poucos dólares de renda? Mas Lamar e Mary nunca criaram um plano de orçamento em todo o tempo em que estiveram casados. Eles gastam mais do que ganham todos os anos. Eles também gastam todo o dinheiro que Mary recebe dos pais. Em suma, Mary e Lamar vivem com esse luxo porque recebem o que chamamos de suporte financeiro (SF) [em inglês, *economic outpatient care* – EOC]. O suporte financeiro refere-se aos polpudos presentes em dinheiro e aos "atos de bondade" que alguns pais dão aos filhos adultos e aos netos. Este capítulo analisará as implicações do suporte financeiro e como ele afeta a vida de quem o oferece e de quem o recebe.

## SF

Muitos dos distribuidores atuais de SF demonstram significativa habilidade em acumular riqueza no início da vida. Geralmente eles são frugais em relação a seu consumo e estilo de vida. Mas alguns não são nem um pouco frugais quando se trata de proporcionar "atos de bondade" aos filhos e netos. Esses pais se sentem na necessidade, até mesmo na obrigação, de oferecer ajuda econômica a seus filhos adultos e suas famílias. Qual é o resultado dessa generosidade? Os pais que oferecem certas formas de SF têm significativamente menos riqueza do que aqueles com a mesma idade, renda e profissão cujos filhos adultos são economicamente independentes. E, *em geral, quanto mais dinhei-*

*ro filhos adultos recebem, menos eles acumulam, enquanto os que recebem menos acumulam mais.*

Distribuidores de SF muitas vezes concluem que seus filhos adultos não conseguiriam manter um estilo de vida de classe média ou média alta sem subsídios. Consequentemente, um número crescente de famílias lideradas pelos filhos dos ricos está desempenhando o papel de membros bem-sucedidos da classe média alta produtora de rendas elevadas. No entanto, seu estilo de vida é só uma fachada.

Esses filhos de ricos são grandes consumidores de produtos e serviços de status, das tradicionais casas em estilo colonial em subúrbios sofisticados a carros importados de luxo. Da associação a clubes de campo às escolas particulares que escolhem para os filhos, eles são a prova viva de uma simples regra referente ao SF: é muito mais fácil gastar o dinheiro dos outros do que o que se ganha.

O SF é amplamente usado nos Estados Unidos. Mais de 46% dos ricos dão ao menos US$15 mil de SF todos os anos a seus filhos adultos e/ou netos. Quase metade dos filhos adultos de ricos que tem menos de 35 anos recebe presentes anuais em espécie dos pais. A incidência dessa doação cai quando os filhos adultos ficam mais velhos. Cerca de 1 em 5 filhos adultos entre 40 e 50 e poucos anos recebe esses presentes. Observe que essas estimativas são baseadas em pesquisas com os filhos adultos de ricos e que os recebedores dos presentes provavelmente minimizam sua incidência e seu tamanho. É interessante notar que, quando entrevistados, os doadores dos presentes relatam uma incidência muito maior e valores mais altos do que os filhos adultos que são os recebedores.

Grande parte do SF é distribuído de uma vez ou em montantes irregulares. Por exemplo, pais e avós ricos são capazes de dar suas coleções de moedas, de selos ou presentes parecidos em uma única transferência. Cerca de um em quatro pais ricos já deu coleções como essas a seus filhos ou netos adultos. Da mesma forma, o pagamento de despesas médicas e odontológicas de um neto é muitas vezes precipitado pela necessidade de tratamento ortodôntico ou cirurgia plástica. Perto de 45% dos ricos pagaram despesas médicas/odontológicas de filhos e/ou netos adultos.

Durante os próximos dez anos, a população rica dos Estados Unidos (definida como a com patrimônio líquido de US$1 milhão ou mais) aumentará de cinco a sete vezes mais depressa do que a população de domicílios em geral. Realizando uma comparação direta desse crescimento, a população rica produzirá significativamente mais filhos e netos que no passado. O suporte financeiro aumentará muito nesse período. A quantidade de propriedades na faixa de US$1 milhão ou mais crescerá 246% na próxima década; e serão avaliadas (em dólares constantes de 1990) em um total de mais de US$2 trilhões! Mas cerca da mesma quantia será distribuída antes que os pais milionários faleçam. Grande parte dessa riqueza será distribuída em vida por pais e avós aos filhos/netos.

Os custos de oferecer suporte financeiro também aumentarão bastante no futuro. Mensalidades de escolas particulares, carros importados de luxo, casas em subúrbios elegantes, serviços médicos de estética e odontológicos, mensalidades de faculdade de direito e muitos outros itens de SF estão crescendo a taxas que excedem em muito o índice de custo de vida em geral.

Além disso, nos EUA, à medida que a população envelhece, cada vez mais pais e avós ricos estão atingindo a idade de pagamento de imposto sobre propriedades [ativos em geral]. Especialmente viúvas e viúvos ficam mais cientes de que o governo pode tomar 55% de suas propriedades por mandato fiscal. Assim, à medida que os ricos envelhecem, eles aumentarão o tamanho e incidência de seu SF a fim de reduzir a carga fiscal sobre suas propriedades.

## MARY E LAMAR

Como Mary e Lamar poderiam pagar as mensalidades de escolas particulares para os filhos? Não poderiam; os pais de Mary pagavam a conta. Incomum? Ao contrário. Nossa pesquisa mostra que, nos EUA, 43% dos milionários que têm netos pagam todas ou parte de suas mensalidades da escola particular (veja a Tabela 5-1). Chamamos esses subsídios de reforço educacional de terceira geração.

Recentemente, discutimos essa forma de suporte financeiro com um público de avós ricas. Apresentamos os resultados das pesquisas para elas. Não endossamos nem criticamos tal comportamento. Após nossa apresentação, respondemos perguntas. A terceira pessoa a perguntar aproveitou a oportunidade para fazer uma declaração:

## TABELA 5-1
### SUPORTE FINANCEIRO DADO POR PAIS RICOS A FILHOS ADULTOS E/OU NETOS[2]

| Suporte Financeiro | % de Ricos |
|---|---|
| 1. REFORÇOS EDUCACIONAIS DE TERCEIRA GERAÇÃO | |
| Recursos para escola particular dos netos | 43% |
| 2. REFORÇOS EDUCACIONAIS DE SEGUNDA GERAÇÃO | |
| Recursos para faculdade de filhos adultos | 32% |
| 3. COMPLEMENTO INTERGERACIONAL PARA DONOS DE IMÓVEIS | |
| Pagamento de hipoteca de filhos adultos | 17% |
| Auxílio financeiro para compra de casa | 59% |
| 4. BENEFÍCIOS DE RENDA SUPLEMENTAR | |
| "Empréstimos perdoados" (que não serão pagos) para filhos adultos | 61% |
| 5. DOAÇÃO DE IMÓVEIS PRODUTORES DE RENDA | |
| Transferências de imóveis comerciais para filhos adultos | 8% |
| 6. TRANSFERÊNCIAS DE TÍTULOS | |
| Doações de ações a filhos adultos | 17% |
| 7. TRANSFERÊNCIAS DE ATIVOS PRIVADOS | |
| Doação de propriedade (total ou parte) de negócios da família para filhos adultos | 15% |

*Estou muito indignada. O que devo fazer com meu dinheiro? A família de minha filha está com dificuldades para pagar as contas. Vocês sabem dos problemas com as escolas públicas daqui? Estou mandando meus netos para escolas particulares.*

É óbvio para nós que essa avó não está totalmente à vontade em oferecer suporte financeiro à família da filha. O problema real não está nas escolas públicas, mas no fato de a família da filha se encontrar em uma situação de dependência econômica. A mãe tem dificuldade com o fato de a filha ter casado com alguém incapaz de produzir uma renda elevada. Talvez a filha e os netos não vivam em um ambiente congruente com os antecedentes de classe média alta da mãe. Assim, ela está determinada a melhorar o ambiente da família da filha. Ela contribuiu intensa-

---

[2] Os 222 pais ricos/milionários incluídos nesta análise tinham pelo menos um filho adulto de 25 anos ou mais.

mente para a compra de uma casa que estava fora do alcance econômico da filha e do genro. A casa fica em uma área sofisticada onde a maioria dos residentes envia os filhos a escolas particulares. A única forma de os filhos permanecerem em uma área residencial de alto consumo é com as pesadas doses do suporte financeiro da mãe. Mas a mãe não se dá conta de que esse ambiente tem mais desvantagens do que a autossuficiência, mesmo que signifique aceitar um estilo de vida mais simples.

Mary é parecida com a filha dessa avó. As duas recebem suporte financeiro. Os doadores, em ambos os casos, fizeram a mesma suposição: o suporte financeiro "ajudará os jovens a se organizar" e não será mais necessário. A mãe de Mary estava enganada. Ela vem oferecendo sua combinação especial de suporte financeiro há mais de vinte anos. A família da filha é economicamente dependente.

Lamar também se beneficiou do suporte financeiro. Logo após ele e a mulher se casarem, Lamar deixou o emprego para conseguir o diploma de mestrado. Os pais dele pagaram as mensalidades e despesas relacionadas. Isso não é tão incomum. Na verdade, 32% dos milionários nos Estados Unidos pagam os cursos de pós-graduação dos filhos adultos.

O primeiro filho do casal nasceu logo depois de Lamar recomeçar os estudos. A mãe de Mary não gostou do apartamento que o casal alugou perto da universidade que o genro frequentava. Ela assumiu a responsabilidade e regularmente enviava para lá uma equipe de limpeza para "arejar o local". Mas, em sua mente, aquele não era o ambiente ideal para a família da filha. Então ela ofereceu ajuda para que comprassem uma casa.

Lamar ajudou a pagar as contas. Ele recebia algumas centenas de dólares da universidade por mês por seu emprego de meio período como assistente administrativo. Mary não trabalhava na época. Na verdade, ela nunca trabalhou fora durante o casamento.

A mãe de Mary deu uma entrada considerável na casa do casal. Cerca de 6 em 10 (59%) pais ricos que têm filhos adultos nos dizem que deram "assistência financeira a eles na compra de uma casa". A mãe de Mary também pagou as mensalidades da hipoteca. Note que 17% dos milionários que entrevistamos afirmaram que fizeram esses pagamentos (veja a Tabela 5-1). Inicialmente, a mãe de Mary ofereceria esses recursos como um empréstimo sem juros, mas, por fim, ele foi transformado em algo mais convencional. O perdão do empréstimo é algo considerado bastante comum entre os recebedores do suporte financeiro. Sessenta e um por cento dos ricos dos Estados Unidos ofereceram tais "empréstimos" aos filhos adultos. O que aconteceu quando o casal trocou a casa por outra mais cara? Mais uma vez, a mãe de Mary subsidiou a compra. Por fim, o casal mudou-se para a residência atual. Novamente, o suporte financeiro fez parte da compra.

Lamar passou quase quatro anos no curso de pós-graduação. Durante esse período, ele recebeu dois diplomas. Hoje Lamar é administrador de uma faculdade. Mas, considerando seu salário anual de menos de US$60 mil, ainda é difícil para Mary e ele pagarem as contas. Mesmo com os US$15 mil que a sogra doava todos os anos, a renda deles não é alta o bastante para sustentar seu estilo de vida de classe média alta. O interessante no nível de renda anual de US$60 mil de Mary e Lamar é que eles não são os únicos. *Cerca de 30% das famílias nos Estados Unidos que vivem em casas no valor de US$300 mil têm rendas anuais de US$60 mil ou menos.* É por causa de um orçamento criativo ou é resultado de um amplo suporte financeiro nos Estados Unidos? Na maioria das vezes, é por causa do SF para os SARs.

Segundo Mary, não é difícil demais pagar as necessidades básicas da família com a renda de Lamar e o presente anual da mãe. Difícil é comprar carros. E Mary e Lamar gostam de "estrangeiros de luxo". Como eles inserem essas compras em seu orçamento? Eles compram carros usados para reduzir o "sofrimento financeiro"? Não, eles compram carros *novos a cada três anos*. Por que com tanta frequência? Porque esse é o ciclo da mãe. A cada três anos, aproximadamente, a mãe de Mary lhe dá ações de seu portfólio — assim como cerca de 17% dos ricos dos Estados Unidos. Alguns recebedores adultos conservam essas doações, mas não Mary e Lamar. Eles vendem os títulos imediatamente e então compram um carro novo com o resultado da venda!

Mas o que acontecerá a Mary e Lamar quando a mãe dela não estiver mais viva? É evidente que essa é uma grande preocupação do casal. Infelizmente, não somos adivinhos, portanto, não sabemos quanto valem os bens que deixará para a filha. Nós lhes desejamos boa sorte. Não levará muito tempo para que o casal gaste até mesmo uma herança vultosa. Eles já estão contando com essa dádiva econômica. Uma casa maior, uma casa de férias e uma viagem ao redor do mundo estão no horizonte.

## O QUE ESTÁ ERRADO NESSE CENÁRIO?

Adultos que ficam inertes à espera da próxima dose de suporte financeiro normalmente não são muito produtivos. Presentes em dinheiro costumam ser destinados ao consumo e sustento de um estilo de vida elevado e irreal. Isso foi exatamente o que aconteceu a Mary e Lamar. Sua renda familiar anual de US$60 mil é a mesma quantia que um trabalhador comum em seu município ganha, contando horas extras. O marido e a esposa são motoristas de ônibus. No entanto, eles têm uma visão mais realista de quem são e do que conquistaram. Por outro lado, Mary e Lamar vivem no mundo da fantasia. Exibir um status de classe média alta é sua meta socioeconômica na vida.

Isso significa que todos os filhos adultos de pais ricos estão destinados a ficar igual a Mary e Lamar? Claro que não! Na verdade, considerando dados estatísticos, quanto mais riqueza os pais acumulam, mais economicamente disciplinados os filhos têm probabilidade de ser. Observe que os milionários nos Estados Unidos têm cinco vezes mais probabilidade do que as famílias comuns de ter um filho formado em medicina, e quatro vezes mais de ter um filho formado em direito.

Pagar os estudos é o equivalente a ensinar os filhos a pescar. A mãe de Mary ensinou algo diferente a ela e ao genro. Ela lhes ensinou a encará-la como a fornecedora dos peixes. Há várias formas de suporte financeiro, e algumas exercem uma forte influência positiva na produtividade dos recebedores. Elas incluem financiar os estudos dos filhos e, mais importante, vincular um auxílio financeiro à criação ou ampliação de um negócio. Muitos milionários/empresários que se fizeram sozinhos sabem disso por instinto. Ao contrário da mãe de Mary, eles preferem dar aos filhos ações privadas de empresas que não podem ser trocadas de imediato por um novo carro de luxo estrangeiro.

Por outro lado, qual é o efeito de presentes em espécie que são sabidamente destinados ao consumo e ao apoio de um determinado estilo de vida? *Achamos que dar tais presentes é o fator mais importante que explica a falta de produtividade entre os filhos adultos dos ricos.* Com frequência, esses presentes "temporários" afetam a mente do recebedor. Presentes em espécie destinados ao consumo amortecem a iniciativa e a produtividade. Eles se tornam um hábito e, então, precisam ser estendidos por quase toda a vida do recebedor.

O estilo de vida subsidiado de muitos adultos gera outra consequência. Os vizinhos veem como Mary e Lamar vivem. A que conclusão chegam? Muitas vezes, que gastos exagerados são um meio aceitável de vida. Por exemplo, durante vários anos, Mary e Lamar estiveram no comitê de boas-vindas de seus vizinhos. Lembre-se de que o casal também participou da arrecadação de fundos para a escola particular dos filhos. Que mensagem eles passam aos novos vizinhos? Recentemente, um gerente de vendas/vice-presidente muito dinâmico e bem-sucedido e a família mudaram-se para o bairro. O executivo de vendas tinha somente 35 anos na época. Ele ganhava cerca de três vezes mais que Lamar e, com a mulher, tinham três filhos em idade escolar.

Dez minutos depois de receber os vizinhos, Lamar começou seu discurso de vendas. Ele disse que as escolas públicas na região eram inferiores, mas que ele tinha uma solução para o problema. Lamar começou a dar uma palestra sobre os benefícios da escola particular. Os novos vizinhos ouviam atentamente. Então eles perguntaram sobre as mensalidades. Lamar lhes disse que os custos eram muito menos importantes do que os benefícios. A anuidade da escola de ensino médio era de apenas US$9 mil, ele informou. Ele diz a mesma coisa a todos os novos vizinhos — ou seja, que US$9 mil é um preço pequeno a pagar por uma ótima educação. Ora, é claro, Lamar adora a escola. Foi uma verdadeira barganha enviar os filhos para lá, visto que a mãe de Mary pagava o total das mensalidades.

Mais tarde, o executivo de vendas e a mulher pesquisaram o sistema de escolas públicas local. Eles constataram que ele era academicamente muito melhor do que Lamar lhes tinha dito e decidiram que seus três filhos frequentariam a escola pública. Eles ficaram satisfeitos com a educação de qualidade oferecida ali.

Que valor você dá a uma educação em escolas particulares, carros de luxo, viagens ao exterior e uma casa adorável? Até que ponto o preço desses produtos e serviços o preocupam? Lamar não é nada sensível a preços altos. O executivo de vendas é exatamente o oposto. Lamar acha muito mais fácil gastar o dinheiro de outra pessoa do que o próprio. O executivo de vendas, por sua vez, nunca recebeu nenhum suporte financeiro, exceto em algumas mensalidades da faculdade que cursou. Ele é autossuficiente hoje. Por quê? Porque ele e a família não recebem suporte financeiro voltado para o consumo. Ele gasta grande parte de seu tempo melhorando sua produtividade trabalhando ainda mais e investindo com sensatez. Por outro lado, Lamar e Mary gastam muito de seu tempo antevendo receber maiores doses de suporte financeiro.

## A PERGUNTA DAS PERGUNTAS

Talvez você pergunte: "Vou estragar meus filhos adultos se lhes der presentes em espécie?" É impossível apresentar em um capítulo todos os efeitos que presentes em dinheiro exercem em filhos adultos de pais ricos. E é importante notar que os que recebem esses presentes não são "os desempregados", tantas vezes divulgados pela imprensa. Na verdade, eles provavelmente têm boa instrução e ocupam cargos respeitados. As dez profissões mais frequentes dos filhos adultos dos ricos são as seguintes:

1. Executivo de empresa
2. Empresário
3. Gerente de médio escalão
4. Médico
5. Profissional de publicidade/marketing/vendas
6. Advogado
7. Engenheiro/arquiteto/cientista
8. Contador
9. Professor universitário
10. Professor de ensino fundamental/médio

Mesmo assim, não se pode negar que filhos adultos que recebem presentes em espécie diferem dos que não os recebem. Vamos comparar as características de riqueza e renda de filhos adultos que recebem presentes com as daqueles que não os recebem. Como a idade está fortemente relacionada à riqueza e à renda doméstica anual, é importante manter a idade constante ao fazer comparações entre quem recebe ou não presentes. Também é útil examinar as diferenças nesses dois grupos dentro de cada uma das dez classificações profissionais, visto que profissões diferentes costumam gerar diferentes níveis de renda e patrimônio líquido.

Vejamos uma pesquisa de recebedores e não recebedores de presentes de todas as origens econômicas, com 40 e 50 e poucos anos. Examine os números dados na Tabela 5-2.

## TABELA 5-2
### RECEBEDORES VERSUS NÃO RECEBEDORES DE PRESENTES EM ESPÉCIE: QUEM TEM MAIS RIQUEZA/RENDA?

| PROFISSÕES | PATRIMÔNIO LÍQUIDO DA FAMÍLIA % | CLASSIFICAÇÃO | RENDA DOMÉSTICA % | CLASSIFICAÇÃO |
|---|---|---|---|---|
| Contador | 57[3] | 10º | 78[4] | 7º |
| Advogado | 62 | 9º | 77 | 8º |
| Profissional de Publicidade/Marketing/Vendas | 63 | 8º | 104 | 1º |
| Empresário | 64 | 7º | 94 | 2º |
| Gerente Sênior/Executivo | 65 | 6º | 79 | 6º |
| Engenheiro/Arquiteto/Cientista | 76 | 5º | 74 | 10º |
| Médico | 88 | 4º | 75 | 9º |
| Gerente de Médio Escalão | 91 | 3º | 80 | 5º |
| Professor Universitário | 128 | 2º | 88 | 4º |
| Professor de Ensino Médio/Fundamental | 185 | 1º | 92 | 3º |
| Todas as Profissões | 81,1 | | 91,1 | |

*Note que, em oito de dez categorias profissionais, os recebedores de presentes têm níveis menores de patrimônio líquido (riqueza) do que os que não recebem presentes.* Por exemplo, na média, contadores com cerca de 50 anos de idade que recebem presentes em espécie dos pais têm apenas 57% do patrimônio líquido dos contadores na mesma faixa etária que não recebem presentes. Além disso, contadores que recebem presente geram apenas 78% da renda anual dos contadores que não recebem presentes.

Perceba que presentes em espécie não foram incluídos no cálculo das rendas anuais dos contadores que recebem presentes. Quando esses presentes em dinheiro não tributáveis são adicionados à renda dos recebedores, então, em média, eles têm perto de 98% da renda anual média dos

---

3 Por exemplo, famílias chefiadas por contadores que recebem dos pais presentes em espécie têm 57% do patrimônio líquido daqueles na mesma categoria profissional que não recebem presentes.

4 Por exemplo, famílias chefiadas por contadores que recebem dos pais presentes em espécie têm 78% da renda doméstica anual daqueles na mesma categoria profissional que não recebem presentes.

não recebedores. Apesar disso, eles ainda têm só 57% do patrimônio líquido dos contadores que não recebem presentes.

Contadores que recebem presentes não são o único grupo profissional que tem características de renda e patrimônio líquido menores. Como você pode ver na Tabela 5-2, recebedores de presentes em sete categorias profissionais também têm níveis menores de patrimônio líquido que não recebedores, incluindo advogados, 62%; profissionais de publicidade/marketing/vendas, 63%; empresários, 64%; gerentes seniores/executivos, 65%; engenheiros/arquitetos/cientistas, 76%; médicos, 88; e gerentes de médio escalão, 91%.

Recebedores de presentes em apenas duas das dez categorias profissionais têm níveis mais elevados de riqueza que não recebedores. Apesar de terem rendas menores que os não recebedores, os recebedores que são professores de ensino fundamental/médio têm patrimônio líquido maior que o dos não recebedores. Professores que recebem presentes têm, em média, 185% do patrimônio líquido dos não recebedores, mas somente 92% da renda. Professores universitários que recebem presentes têm 128% do patrimônio líquido e 88% da renda de não recebedores. Pais ricos podem aprender muito com recebedores de presentes que são professores e educadores. Essa categoria que recebe presentes em espécie tem maior propensão a acumular riqueza do que recebedores de presentes nas outras oitos classificações profissionais. Como explicar essa peculiaridade? Para tanto, é importante primeiro explicar por que a maioria dos recebedores de presentes em geral têm menor propensão a acumular riqueza do que os não recebedores.

## 1. Dar Precipita Mais Consumo do que Poupar e Investir.

Por exemplo, pais ricos muitas vezes subsidiam a compra de uma casa para os filhos. A intenção é ajudá-los a "começar com o pé direito". Os pais supõem que esses presentes são um fenômeno único. Alguns nos disseram que pensaram "que aquele seria o único dinheiro de que as crianças precisariam". Eles supõem que os recebedores de sua bondade serão capazes de "seguir em frente sozinhos" no futuro próximo. Quase na metade das vezes, eles estão errados.

Recebedores de presentes geralmente são malsucedidos na geração de renda. Com frequência, a renda do recebedor não aumenta na mesma taxa que seu consumo. Lembre-se de que casas caras normalmente estão localizadas no que chamamos de bairros de consumo elevado. Morar nessas vizinhanças exige mais do que pagar a hipoteca. Para se integrar, é preciso "ficar atento ao estilo" em termos de roupas, paisagismo, manutenção da casa, carros, móveis etc. E não se esqueça de acrescentar elevados impostos prediais e outros para os demais itens.

Assim, o presente de uma entrada para a casa, seja total ou parcial, pode colocar o recebedor em uma rotina de consumo e contínua dependência em relação ao doador. Mas é provável que a maioria dos vizinhos desses recebedores não receba presentes em espécie dos pais. Eles estão muito mais satisfeitos e confiantes quanto a seu estilo de vida do que a maioria dos recebedores de presentes. Muitos destes, em tal situação, ficam sensíveis à necessidade de suporte financeiro continuado. Sua orientação pode até mudar drasticamente do foco da realização econômica autogerada para a da esperança e expectativa da chegada de presentes adicionais. Nesses casos, produtores de renda malsucedidos acham praticamente impossível acumular riqueza.

Entrada para compra de casas não é o único tipo de presente que precipita mais consumo. Veja, por exemplo, os pais ricos que deram ao filho Bill e à nora Helen um tapete de US$9 mil que, segundo informações, tem milhões de nós feitos à mão. Bill é engenheiro civil e trabalha para o estado. Ele ganha menos de US$55 mil por ano. Seus pais se sentem compelidos a ajudá-lo a manter um estilo de vida e nível de dignidade congruente com alguém com um diploma de uma faculdade conceituada. É claro que o tapete caro pareceu deslocado em uma sala cheia de móveis de segunda mão e lustres baratos. Então Bill e Helen se viram impelidos a comprar uma cara sala de jantar de nogueira, um lustre de cristal, baixelas de prata e abajures caros. Assim, o presente de US$9 mil precipitou o consumo de uma quantia quase igual de outros "artigos de luxo".

Algum tempo depois, Bill mencionou para a mãe que as escolas públicas locais não eram tão boas como no tempo em que ele cursava o ensino fundamental. A mãe afirmou que pagaria parte das mensalidades de uma escola particular para os netos. Claro, dependia de Bill e Helen se deveriam tirar os filhos da escola pública. A mãe pagaria 2/3 da mensalidade; Bill e Helen, o restante. Nesse caso, o presente de US$12 mil acabou custando US$6 mil por ano ao casal.

Além disso, Bill e Helen não pensaram nas despesas adicionais de enviar os filhos a uma escola particular. Por exemplo, muitas vezes são solicitados a contribuir com algo além do valor das mensalidades. Eles também acharam que precisavam de uma minivan de sete lugares para participar da carona das outras crianças. Livros e taxas relacionadas também são caros. E os filhos agora estão expostos a outras crianças e pais que costumam levar um estilo de vida de consumo mais alto do que quando estavam no ambiente da escola pública. Na verdade, os filhos ansiosamente esperam viajar para a Europa no verão. Faz parte do processo de educação e socialização. Recebedores de presentes têm probabilidade muito maior do que não recebedores de mandar os filhos a uma escola particular. (Há mais filhos de não recebedores de presentes na escola particular em geral, pois sua população é bem maior do que a outra.)

## 2. Recebedores de Presentes em Geral Nunca Diferenciam Sua Riqueza da Riqueza dos Pais que os Presenteiam

Talvez Tony Montage, especialista em gestão de ativos, tenha apresentado a definição perfeita:

> *Recebedores de presentes... os filhos adultos dos ricos acham que a fortuna/o capital dos pais é sua renda... renda a ser gasta.*

Uma das principais razões pelas quais os recebedores de presentes costumam pensar em si mesmos como estando em boa situação financeira é porque recebem subsídios dos pais. E as pessoas que pensam que estão em boa situação financeira tendem a gastar. Na verdade, estatisticamente, eles têm tanta probabilidade de se ver como ricos quanto os realmente ricos não recebedores de presentes. Esse é o caso, apesar de ter 91% de uma renda e 81% da riqueza dos não recebedores.

Analise a situação do ponto de vista do recebedor de presentes. Em cada ano de sua vida adulta, William recebe dos pais um presente livre de impostos de US$10 mil. William tem 48 anos. Dez mil dólares isentos de impostos poderiam ser vistos como produto de que quantia de capital? Suponha um retorno de 8%. Isso equivaleria a um capital de US$125 mil. Adicione essa quantia ao patrimônio líquido real dele. Qual é o resultado? William se vê como tendo US$125 mil a mais do que realmente tem de capital.

Pense nessa analogia. Você já se viu confrontado por uma criança de oito anos parada em frente à casa dos pais? Se você, um estranho, tentar entrar na propriedade, Billie ou Janie provavelmente dirá: "Você não pode entrar no *meu jardim*. Essa é a *minha casa*." Billy e Janie pensam que a casa é deles. Aos oito anos, eles podem estar certos, afinal, essas crianças moram na casa. Mas, à medida que a maioria de Billies e Janies crescem, eles se tornam adequadamente socializados pelos pais. Eles se tornam adultos independentes que diferenciam com facilidade o que é deles ou não. Os pais os ensinam a ser independentes.

Infelizmente, uma crescente parcela de filhos adultos não está aprendendo o valor de ser emocional e economicamente independentes dos pais. Como um casal recentemente testou para ver se o filho adulto era independente? Ele usou o "Efeito Montagem" como base para o teste.

Após o jantar de Ação de Graças na casa dos pais, eles tiveram uma conversa com James. Os pais lhe disseram que tinham decidido dar várias partes de "sua" propriedade comercial à faculdade privada local. O pai disse ao rapaz: "Sei que você vai entender que a faculdade realmente vai se beneficiar dessa doação." A resposta de James, se escrita como uma manchete, poderia ser algo como:

## Filho de casal rico grita: "Essa também é minha propriedade e o pessoal da faculdade não pode entrar (no meu jardim)."

A resposta de James era previsível. Ele recebeu polpudos presentes em espécie dos pais durante toda sua vida adulta. Ele precisava de uma doação anual equivalente a 20% de sua renda para pagar suas despesas anuais, e encarou a ideia dos pais de doar seu capital à faculdade como uma ameaça à sua futura renda.

Como muitos outros recebedores de presentes, James se vê como alguém que "se fez sozinho". Na verdade, cerca de dois em cada três filhos adultos que recebem presentes em espécie se veem como membros do clube "fiz isso sozinho". Ficamos surpresos quando essas pessoas nos dizem nas entrevistas: "Conquistamos cada dólar que temos."

## 3. Recebedores de Presentes São Muito mais Dependentes de Crédito do que os Não Recebedores

Os que recebem doações periódicas ou seu equivalente ficam eufóricos com seu bem-estar financeiro. A euforia desse tipo está relacionada à sua necessidade de gastar dinheiro. Mas muito desse dinheiro não está disponível. É um suporte financeiro futuro. Então, como recebedores de presentes reagem a esse dilema? Eles usam veículos de crédito para suavizar seus problemas de fluxo de caixa. Por que esperar pelo pote de ouro no fim do arco-íris? Filhos adultos que recebem presentes em dinheiro têm maior probabilidade que outros filhos adultos de viver na expectativa de uma herança vultosa que algum dia lhes cairá nas mãos.

Apesar de ter apenas cerca de 91% da renda total anual e 81% do patrimônio líquido dos não recebedores, eles têm probabilidade muito maior de usarem o crédito. Esse crédito é obtido com fins de consumo, não de investimento. Por outro lado, os não recebedores emprestam mais para investir do que recebedores. Fora isso, em quase todos os tipos de categoria de crédito para produtos/serviços, os recebedores superam os não recebedores. Isso se aplica à incidência do uso de crédito e ao dinheiro real gasto para pagar os juros sobre os saldos elevados. Também se aplica a empréstimos pessoais e saldos não pagos de cartões de crédito. Recebedores e não recebedores de presentes não são muito diferentes no uso de serviços de hipotecas ou na alocação de dólares para esses fins. Entretanto, uma parcela significativa de recebedores de presentes recebeu dinheiro para dar entradas vultosas em suas casas.

## 4. Recebedores de Presentes Investem Muito Menos Dinheiro do que Não Recebedores

Quando entrevistados, recebedores de presentes alegaram investir 65% menos que os não recebedores todos os anos. Mesmo assim, esta é uma estimativa muito conservadora, porque, como a maioria dos usuários frequentes de crédito, os recebedores de presentes exageram a quantia de dinheiro que investem. Por exemplo, muitas vezes eles se esquecem de contabilizar as grandes compras a crédito quando calculam hábitos de consumo e investimento reais.

Há exceções a essa regra. Professores e educadores que recebem presentes parecem continuar tão ou ainda mais frugais do que os que não recebem nenhum presente. Eles têm muito mais probabilidade de poupar e investir o dinheiro que recebem do que os recebedores de presentes de outras categorias profissionais. A questão dos professores e educadores como modelos é discutida em mais detalhes adiante.

Como deixamos claro, recebedores de presentes são hiperconsumistas e propensos a usar crédito. Eles vivem bem acima da norma do que outros com rendas semelhantes. Mas, muitas vezes, as pessoas se enganam ao acreditar que os recebedores de presentes estão preocupados só com seus próprios desejos, necessidades e interesses. Não é esse o caso. Na média, recebedores de presentes fazem muito mais doações para caridade do que outros na mesma categoria de renda. Por exemplo, recebedores de presentes com uma renda familiar anual na faixa de US$100 mil normalmente doam um pouco menos de 6% de suas rendas anuais a causas beneficentes. A população em geral nessa categoria de renda doa só perto de 3%. Recebedores de presentes doam na proporção comparável a domicílios com rendas anuais na faixa de US$200 mil a US$400 mil. Essas pessoas doam aproximadamente 6% de sua renda a causas nobres.

Nobres ou não, recebedores de presentes consomem mais e, portanto, têm muito menos dinheiro para investir. De que adianta conhecer bem oportunidades de investimento quando se tem pouco ou nenhum dinheiro para investir? Essa foi a situação em que um jovem professor de administração se encontrou. Ele, um recebedor de presentes, foi solicitado a ministrar um curso de investimentos em um programa de educação continuada. Seu público incluía muitas pessoas instruídas e de alta renda. O professor discutiu vários temas, incluindo fontes de informação de investimentos e como avaliar as ofertas de ações de várias empresas de capital aberto. Ele recebeu muitos elogios do público. Por ser Ph.D. em administração com concentração em finanças, era bem treinado na matéria. Entretanto, perto do final do curso, um senhor fez uma pergunta simples:

*Dr. E., posso lhe perguntar sobre seu portfólio pessoal? Em que você investe?*

A resposta surpreendeu grande parte da classe:

> No momento, não tenho um grande portfólio. Estou muito envolvido em pagar duas hipotecas, o empréstimo para um carro, mensalidades escolares...

Mais tarde, um membro da classe nos disse:

> É como o sujeito que escreveu o livro sobre cem coisas interessantes para dizer a uma mulher atraente, mas ele não conhecia nenhuma mulher bonita.

Por que os consultores financeiros de subacumuladores recebedores de presentes não enfatizam a poupança em suas mensagens? É frequente esses consultores terem um foco limitado. Eles vendem investimentos e conselhos sobre investimentos. Eles não ensinam a economizar e fazer orçamentos. Muitos acham constrangedor, até degradante, sugerir aos clientes que seu estilo de vida é elevado demais.

Para falar a verdade, muitos indivíduos de alta renda, assim como seus consultores, não têm ideia de qual deve ser o patrimônio líquido de alguém, considerando certos parâmetros de renda e idade. Além disso, consultores financeiros muitas vezes desconhecem que seus clientes recebem vultosos presentes em espécie todos os anos. Ao contar somente com a declaração de imposto de renda do cliente, eles podem dizer algo como:

> Bem, Bill, para uma pessoa de 44 anos e que ganha US$70 mil por ano, você está indo muito bem. Muito bem, considerando sua bela casa, seus carros de luxo estrangeiros, doações e até seu portfólio de investimentos.

O mesmo consultor diria o mesmo se Bill lhe contasse sobre o presente de US$20 mil em espécie que ganha todos os anos do papai e da mamãe?

É importante aqui enfatizar um ponto ressaltado em todo o livro. Nem todos os filhos adultos de pessoas ricas se tornam SARs. Os que se tornam costumam ter pais que subsidiam o padrão de vida dos filhos. Mas muitos outros filhos de pais ricos se tornam PARs. As evidências sugerem que isso ocorre quando os pais são frugais, bem disciplinados e instilam esses valores e essa independência nos filhos.

A imprensa popular muitas vezes pinta um quadro diferente. Muitas vezes ela promove as histórias de "Abe Lincoln" e dramatiza esses casos nos quais o filho de origem operária se tornou muito bem-sucedido. Ela conta casos sobre as provas de que a disciplina de ser pobre é um pré-requisito para se tornar milionário nos Estados Unidos. Se isso fosse verdade, seria esperado que houvesse pelo menos 35 milhões de famílias de milionários nos Estados Unidos hoje. Mas sabemos que só há cerca de 1/10 desse número.

É verdade que a maioria dos milionários são filhos de pais não milionários, visto que a população de não milionários é trinta vezes maior do que sua contraparte. Apenas uma geração antes, ela era mais que setenta vezes maior. A enorme quantidade de não milionários tem muito a ver com o motivo pela qual a maioria de milionários vem de famílias de não milionários. Como uma declaração de probabilidade, é mais provável que milionários gerem milionários. Da mesma forma, as chances de se tornar um milionário são menores para indivíduos que são produtos de não milionários.

## UM PROFESSOR E UM ADVOGADO: UM ESTUDO DE CASO

Henry e Josh são irmãos, mas ter os mesmos pais não significa que eles sejam parecidos. Henry tem 48 anos; Josh, 46. Henry é professor de matemática no ensino médio; Josh é advogado e sócio de uma pequena firma de advocacia.

Os irmãos são 2 dos 6 filhos dos milionários Berl e Susan, que acumularam seu dinheiro operando uma empreiteira bem-sucedida. O casal sempre foi generoso com os filhos. Todos os anos eles dão a Henry, a Josh e aos outros irmãos cerca de US$10 mil em espécie. Esse presente não parou quando os filhos se tornaram adultos. Berl e Susan achavam que esses presentes ajudariam a reduzir o tamanho de seu patrimônio e, assim, diminuiriam os impostos sobre a herança que os filhos teriam que pagar algum dia.

Berl e Susan também queriam ajudar os filhos adultos a ter um bom começo na vida. Eles achavam que presentes em dinheiro acabariam por torná-los independentes financeiramente. Berl e Susan sempre foram democráticos a respeito da distribuição de sua riqueza entre os filhos. Cada filho adulto recebia uma doação no mesmo valor todos os anos. Além disso, cada um recebeu aproximadamente a mesma quantia para ajudar a comprar a primeira casa.

Seria de esperar que os filhos de famílias como essa atingissem sua independência financeira. Certamente, essa era a opinião de Berl e Susan. Eles mesmos imaginaram que teriam sido ainda mais bem-sucedidos se tivessem frequentado a faculdade e, depois, recebido presentes em dinheiro dos pais. Mas os pais de ambos eram pobres. Berl e Susan foram bem-sucedidos porque seus pais lhes deram outra coisa que não dinheiro. Cada um foi produto de uma vida doméstica disciplinada. Berl e Susan não só eram bem disciplinados; eles também aprenderam a lidar com a adversidade, o que os tornou o que são hoje — milionários bem-sucedidos. Tempos difíceis no setor da construção derrubaram os fracos e improdutivos. Berl e Susan nunca foram fracos de espírito e sempre administraram uma empresa altamente produtiva e de baixo custo. Isso se aplicava aos negócios e à família.

O casal nunca teve um carro de luxo. Eles nunca foram esquiar, nunca viajaram para o exterior. Tampouco se associaram a um clube de campo. Mas, de alguma forma, eles imaginaram que, se os filhos adultos fossem expostos ao conhecimento proporcionado pela faculdade, viajassem para o exterior e se relacionassem com pessoas de status mais elevado em geral, teriam melhor desempenho financeiro que os pais.

Berl e Susan estavam errados em suas suposições. Os filhos de pais ricos não se saem melhor que eles automaticamente em termos de acumulação de riqueza. Isso não quer dizer que os Henrys e Joshs dos Estados Unidos nunca superarão os pais. Alguns conseguem. Mas eles são uma minoria entre todos os filhos dos ricos. É importante notar que filhos de pais ricos têm (em dólares atuais) cerca de uma chance em cinco de acumular riqueza em sete dígitos durante sua vida, enquanto o filho comum nesse país cujos pais não são milionários têm cerca de uma chance em trinta.

Algum filho de Berl e Susan é milionário hoje? Não! Mas um deles tem maior probabilidade de se tornar um membro do clube dos sete dígitos (patrimônio líquido) em breve. Será Henry, Josh ou um dos outros filhos? Os outros filhos do casal são consideravelmente mais jovens que Henry e Josh. Certamente a idade está relacionada ao acúmulo de riqueza. Jovens adultos não têm probabilidade de acumular riqueza considerável sozinhos. Além disso, os outros quatro filhos de Berl e Susan não receberam o suporte financeiro pelo mesmo tempo que os irmãos mais velhos.

Muitos observadores dirão que é provável que Josh acumule um patrimônio líquido de sete dígitos antes do irmão. Essa suposição certamente é compreensível. Advogados geralmente obtêm rendas muito mais altas do que professores do ensino médio. Novamente, a renda está fortemente relacionada com o acúmulo de riqueza. No ano anterior, a renda familiar total de Henry (não incluindo os presentes em espécie de Berl e Susan) foi de US$71 mil; a de Josh foi de US$123 mil. A partir desses valores, pressupõe-se que Josh teria mais probabilidade de acumular riqueza, afinal, sua renda é quase o dobro daquela do irmão. Mas observadores que fazem essas previsões ignoraram a regra fundamental de criação de riqueza.

**Qualquer que seja sua renda, sempre viva abaixo de suas possibilidades.**

Henry, apesar do salário menor, vive abaixo de suas possibilidades. Por outro lado, Josh vive bem acima de sua renda. Na verdade, Josh "realmente conta com os US$10 mil de mamãe e papai para equilibrar as contas". O presente somado à renda de US$123 mil o coloca nos 4% superiores de todas as famílias produtoras de renda nos Estados Unidos. Lembre-se de que aproximadamente 3,5% dos domicílios nos Estados Unidos têm um patrimônio líquido de US$1 milhão ou mais. Contudo, mesmo com uma estimativa otimista, Josh tem um patrimônio líquido bem inferior a esse valor. Seu patrimônio líquido total, incluindo o valor de sua casa, sociedade na empresa, pensão e outros bens, é de US$553 mil.

E quanto a Henry? Apesar da renda muito menor, ele acumulou significativamente mais riqueza. Em uma estimativa conservadora, seu patrimônio líquido é de US$834 mil. Como é possível um professor ter uma fortuna tão maior que um advogado com uma renda que é quase o dobro da sua?

Resumindo, Henry e a mulher são frugais; Josh e a mulher são grandes consumidores. Grande parte dessa diferença está relacionada às suas ocupações. Constatamos que, como um grupo, os professores são frugais. Além disso, advogados que recebem presentes em espécie dos pais gastam mais e poupam menos do que os com a mesma idade, mas que não recebem presentes. Como já dissemos, advogados que recebem presentes dos pais têm só 62% da riqueza e 77% da renda dos advogados na mesma faixa salarial que não recebem presentes (veja a Tabela 5-2).

Qual a classificação dos professores que recebem presentes em termos de acúmulo de riqueza e renda? Famílias chefiadas por professores que recebem presentes em espécie dos pais têm, em média, 185% do patrimônio líquido e 92% da renda familiar anual dos pertencentes à mesma categoria profissional e faixa etária que não os recebem.

Professores que recebem doações são mais propensos do que não recebedores a lecionar em escolas particulares, que, nos EUA, geralmente pagam salários menores aos docentes do que as públicas. Talvez sem saber, muitos Berls e Susans dos Estados Unidos estão subsidiando escolas particulares ao dar presentes em espécie aos filhos adultos. Isso, por sua vez, encoraja pessoas como Henry a se dispor a trabalhar por um salário menor em uma escola particular. Ele pode imaginar que, como recebe suporte financeiro, não precisa ganhar alguns milhares de dólares a mais lecionando em uma escola pública. E, embora ele trabalhe em uma escola particular, fica muito à vontade dirigindo seu Honda Accord de quatro anos ou a minivan da mulher.

Em comparação, Josh está em um ambiente totalmente diferente. Na verdade, o estacionamento do prédio comercial onde ele deixa o carro está repleto de sedãs de luxo importados e carros esportivos. Josh é responsável pela parte da firma que desenvolve novos negócios. Assim, mesmo que ele gostasse de dirigir um Honda de quatro anos, seus clientes e clientes em potencial podem não pensar da mesma forma. Eles podem ter a impressão errada. Josh e a mulher têm três carros do último modelo: uma BMW Série 7 e um Volvo de sete lugares, ambos adquiridos por leasing, e um Toyota Supra. Seus hábitos de consumo em relação a carros são semelhantes aos de outros consumidores que têm rendas muito maiores. Em média, Josh gasta três vezes mais que Henry em carros.

Josh também gasta duas vezes mais que Henry nas mensalidades da hipoteca. Aquele mora em uma casa maior e mais luxuosa em um condomínio de prestígio, este mora em uma casa muito mais modesta em um bairro de classe média. Os vizinhos de Henry são professores, gerentes de médio escalão, funcionários públicos e gerentes de lojas. Henry e a família estão bem adaptados nesse bairro. Os hábitos de consumo que exibem correspondem aos da classe média. Isso é verdade mesmo que a família de Henry tenha uma riqueza acumulada cinco vezes maior do que seus vizinhos.

E quanto à vizinhança de Josh? Sua casa principal (ele também tem uma *time-share* em uma estação de esqui) se localiza em um bairro sofisticado. Seus vizinhos são médicos, executivos seniores corporativos com altas rendas, profissionais de marketing e vendas com altos salários, advogados e empresários ricos. Ele se sente à vontade nesse ambiente, ideal para receber clientes e seus sócios. Mas há algo que não percebe: embora sua renda esteja no terceiro quartil, se comparada ao de seus vizinhos, ele está perto da parte inferior em termos de patrimônio líquido familiar.

Josh e a família desempenham o papel daqueles com um patrimônio líquido duas, três vezes, ou mais, maior que o deles. Josh, você não é o único. Pelo menos uma em cinco famílias em sua vizinhança está desempenhando o mesmo papel. Elas também recebem suporte financeiro. Elas também gastam mais e investem menos que outros do bairro.

Como funciona o sistema de orçamento de Josh? Como ele acomoda sua propensão a gastar? Josh é como muitos outros subacumuladores de riqueza. Ele gasta primeiro e poupa e investe o que sobra. Isso significa que não poupa e investe nada além do que prevê seu tipo de plano de aposentadoria. Mais de 2/3 de sua riqueza está no valor da casa, na sociedade e na pensão. Em resumo, Josh e a família não investem nada de sua renda pessoal. Mas talvez, mesmo assim, eles se sintam ricos. Josh recebe US$10 mil em dinheiro todos os anos, e espera herdar muito mais algum dia.

Mas e os filhos de Josh? Há a possibilidade de receberem presentes vultosos em espécie do pai? É muito improvável. No entanto, essas crianças estão crescendo em um ambiente de consumo elevado. É provável que eles tentem imitar o comportamento do pai. Esse é um gesto difícil de seguir, principalmente sem a ajuda de um suporte financeiro.

Por outro lado, os filhos de Henry ficarão surpresos ao saber que o pai acumulou uma pequena fortuna. Henry e a mulher nunca ultrapassaram os limites. Henry parece um professor, dirige o que professores dirigem, veste-se como um professor, compra onde professores compram. Ele não tem nenhum dos artigos de grife que o irmão possui. Henry não tem piscina, sauna, hidromassagem aquecida, barco, título de clube de campo. Ele tem dois ternos e três blazeres.

As atividades de Henry, além de muito simples, custam bem menos e não são muito voltadas para status. Ele se exercita correndo todos os dias. Ele e a família adoram acampar e percorrer trilhas. Eles têm duas barracas, vários sacos de dormir e duas canoas (uma usada). Henry lê muito e participa de atividades da igreja e de seu grupo de jovens.

Seu estilo de vida mais simples representa um excedente de dólares, que são poupados e investidos. Durante o primeiro ano de Henry como professor, um colega mais antigo o aconselhou a melhorar os investimentos aplicando em um programa 403b [um plano de poupança com aposentadoria com vantagem fiscal dos EUA disponível para pessoas ou grupos elegíveis, que é o caso dele]. Henry tem contribuído para esse programa todos os anos desde que obteve o emprego de professor. Ele também investiu a maioria dos presentes em espécie dados pelos pais.

Quem tem maior probabilidade de se aposentar com conforto algum dia — Henry ou Josh? Seus pais estão agora distribuindo seu capital não só para os filhos, mas também para os netos. Assim, Henry e Josh talvez herdem muito pouco. No ritmo em que Josh consome, ele talvez nunca tenha uma aposentadoria tranquila. Henry se aposentará com comodidade. Há projeções de que a combinação de sua aposentadoria, pacote de anuidade diferida e portfólio de investimentos será significativa quando ele fizer 65 anos.

## ENSINE SEUS FILHOS A PESCAR

Quando falamos sobre a relação entre presentes em espécie e realização econômica, as pessoas da plateia geralmente perguntam: "Se não dinheiro, que doações são mais benéficas?" Eles estão ansiosos para aprender como melhorar a produtividade financeira dos filhos. Aqui, outra vez, nós os lembramos de que ensinar os filhos a serem frugais é essencial. Muitas vezes, aqueles educados de outra forma quando crianças tornam-se adultos supergastadores que precisarão de subsídios em dinheiro durante seus anos de juventude e vida adulta.

Que transferências intergeracionais ajudariam seus filhos a se tornarem adultos economicamente produtivos? O que você deve lhes dar? Os ricos valorizam muito uma educação de qualidade. Nós perguntamos aos milionários se eles concordam com a seguinte declaração:

- O aprendizado da escola/faculdade não tem/não teve importância para mim no mundo real do mercado de trabalho.

Só 14% concordaram; 6% não tinham opinião formada; e o restante, 80%, discordaram. É por isso que os milionários gastam grande parte de seus recursos na educação dos filhos. Qual foi o presente mais mencionado que os milionários recebiam dos pais? As mensalidades da faculdade!

Todos os outros presentes financeiros são mencionados por um número muito menor de milionários. Cerca de 1 em 3 recebeu algum apoio financeiro para comprar a primeira casa; cerca de 1 em 5 recebeu um empréstimo sem juros durante a vida; só 1 em 35 recebeu recursos dos pais para o pagamento de hipotecas.

O que você pode dar a seus filhos para aumentar a probabilidade de que se tornem adultos economicamente produtivos? Além da educação, crie um ambiente que premie pensamentos e ações independentes, valorize realizações individuais e recompense a responsabilidade e liderança. Sim, as melhores coisas na vida muitas vezes são gratuitas. Ensine seus filhos a viverem por conta própria. É muito menos custoso financeiramente e, no longo prazo, é do melhor interesse dos filhos e dos pais.

Há inúmeros exemplos da relação inversa entre produtividade econômica e a presença de significativos presentes financeiros. Nossos dados, coletados nos últimos vinte anos, repetidamente sustentam essa conclusão. Independentemente do pagamento da faculdade, mais de 2/3 dos milionários norte-americanos não receberam presentes econômicos dos pais. E isso inclui a maioria cujos pais eram ricos.

## ENFRAQUECENDO OS FRACOS

Então o que os pais ricos devem fazer com sua fortuna? Como e quando eles devem distribuí-la entre os filhos? Detalharemos a distribuição de riqueza no próximo capítulo. Mas, neste ponto, eis aqui algo em que pensar: as pessoas mais ricas têm pelo menos dois filhos. Normalmente, o mais produtivo economicamente recebe a parcela menor da fortuna dos pais, enquanto o menos produtivo recebe a parte do leão em termos de suporte financeiro e herança.

Imagine por um momento que você é um típico pai rico. Você percebeu que seu filho mais velho era extremamente independente, realizador e bem disciplinado desde criança. Seu instinto é alimentar essas características não tentando controlar suas decisões. Em vez disso, você passa mais tempo ajudando seu filho menos habilidoso a tomar decisões ou até as toma por ele. Com que resultado? *Você fortalece o forte e enfraquece o fraco.*

Suponha que você tenha um filho de 10 anos que fará um checkup. O médico lhe diz que o peso e o desenvolvimento de seu filho estão abaixo do ideal. Como você reagiria a essa avaliação? Você encontraria meios para melhorar a saúde física dele. É provável que o estimule a se exercitar, tomar vitaminas, levantar peso e, talvez, praticar algum esporte. A maioria dos pais trataria desse problema de modo proativo. Não seria estranho se os pais seguissem o caminho oposto? Como você reagiria se o pai encorajasse o filho a comer e se exercitar menos?

Esse método de enfraquecer os fracos é aplicado com frequência a crianças que mostram uma fraqueza de personalidade. Em um caso que conhecemos, os pais foram informados de que o filho tinha dificuldades verbais e escritas. Como os pais reagiram a esse problema? Primeiro eles transferiram o filho para outra escola. Contudo, a dificuldade verbal não melhorou, e o pai, então, começou a redigir os trabalhos do garoto. Ele ainda o faz hoje. Seu filho é calouro na faculdade.

Em outro caso, o casal rico tinha uma filha de 12 anos muito tímida e que raramente falava com alguém sem um incentivo. Preocupada com a filha, a mãe escreveu um bilhete para a professora, perguntando se a filha poderia mudar para uma carteira no fundo da sala, pois ela se sentia melhor lá. A mãe informou que "as crianças sentadas na frente eram inquiridas com frequência pela professora". No dia em que a professora recebeu o pedido, ela não fez nenhuma mudança de lugar. A mãe ligou para a professora naquela tarde para protestar. A professora estava indisponível, mas retornou a ligação na tarde seguinte. Sentindo-se menosprezada, a mãe transferiu a filha de escola imediatamente.

Em ainda outro caso, um renomado professor recentemente recebeu uma ligação do vizinho. O homem estava furioso:

**Vizinho:** Dr _____, o senhor conhece este ramo. Preciso de seu conselho. Como posso fazer com que um professor seja demitido? O senhor provavelmente não o conhece. Ele está em uma universidade estadual.

**Professor:** Por que quer que ele seja demitido?

**Vizinho:** Minha filha não vai passar no curso dele. Ele diz que ela não tem conhecimentos para se sair bem em sua aula. Ele tem cabelos compridos. Ele nunca usa um terno... Ele é um idiota! Já falei com o diretor. Vou dar um jeito na situação. Quero que ele seja demitido.

**Professor:** Bem, sua filha pode simplesmente deixar essa aula?

**Vizinho:** Então ela vai ter que frequentar uma escola no verão.

**Professor:** Há muitas coisas piores do que aulas no verão.

**Vizinho:** Se ela tiver aulas no verão, não poderá ir à Europa conosco. Planejamos essa viagem há dois anos. A mãe não irá sem a filha. O que posso fazer?

O que esses pais fizeram nesses casos? Eles contribuíram para enfraquecer os fracos. Caso seu filho tenha alguma deficiência verbal, comprometa-se a superar suas dificuldades. Em um caso, um pai reconheceu que o filho tinha uma habilidade muito grande em matemática, mas as habilidades verbais eram sofríveis. O pai tratou do problema. Todas as noites, durante o jantar, o pai lhe pedia para definir três palavras tiradas do Guia de Estudos do SAT. Durante centenas de jantares, o pai deu aulas ao filho. Ele também contratou um professor particular. Essa combinação funcionou. Hoje o filho é formado por uma prestigiosa faculdade da Ivy League — a de maiores exigências de admissão!

## O Produto do SF

O que acontece quando "filhos enfraquecidos" se tornam adultos? Normalmente, não têm iniciativa. Com frequência, eles são economicamente malsucedidos, mas têm uma grande propensão a gastar. É por isso que eles precisam de subsídios financeiros para manter o padrão de vida que usufruíram na casa dos pais. Repetiremos:

## Quanto mais dinheiro o filho adulto recebe, menos dinheiro ele acumulará, enquanto os que recebem menos acumularão mais.

Essa é uma relação estatisticamente comprovada. No entanto, muitos pais ainda acham que sua riqueza pode automaticamente transformar seus filhos em adultos economicamente produtivos. Estão errados. A disciplina e a iniciativa não podem ser compradas como carros ou roupas.

Um recente estudo de caso ajudará a ilustrar nosso ponto de vista. Um casal rico estava determinado a dar à filha, a Srta. BPF, todas as vantagens. Assim, quando a Srta. BPF mostrou interesse em abrir um negócio, eles responderam de acordo. Eles criaram o que imaginaram ser o ambiente ideal. Primeiro, queriam que ela não contraísse dívidas, então eles deram todo o dinheiro para a filha iniciar o negócio. A Srta. BPF não colocou nada de seu. Ela nem mesmo solicitou um empréstimo bancário.

Segundo, os pais sentiram uma forte necessidade de lhe fornecer um suporte financeiro substancial. Eles acharam que isso aumentaria as chances de a filha ter êxito no mundo dos empresários dos Estados Unidos. Os pais da Srta. BPF acharam que a filha adulta se beneficiaria se morasse na casa deles. Dessa forma, a Srta. BPF poderia dedicar toda sua energia e recursos ao negócio. Ela moraria com os pais sem precisar pagar aluguel e não teria que gastar nenhum tempo com ir ao mercado, limpar a casa nem fazer a cama. Essa forma máxima de subsídio vai além do suporte financeiro — chame-a de suporte financeiro global com privilégios domésticos totais.

Um ambiente livre de aluguel é ideal para uma jovem empresária? Achamos que não. Tampouco o negócio como presente. Os donos de negócios mais bem-sucedidos são os que colocaram grande parte dos próprios recursos em seu empreendimento. Muitos têm êxito porque *precisam* tê-lo. É seu dinheiro, seu produto, sua reputação. Eles não têm rede de segurança. Eles não têm ninguém com quem contar para seu sucesso ou fracasso.

Terceiro, os pais da Srta. BPF adicionaram mais um elemento à equação. E se a filha não precisasse se preocupar desde o início com a geração de lucros com o empreendimento? Eles acharam que reduzir essa carga aumentaria a probabilidade de sucesso da filha. A Srta. BPF se tornou mais um membro do grupo subsidiado. Seus pais lhe deram cerca de US$60 mil em espécie e equivalentes todos os anos.

Qual é o resultado da criação desse ambiente "ideal"? Hoje a Srta. BPF está com quase 40 anos. Ela ainda mora na casa dos pais e tem dívidas comerciais. Sua família financiou sua empresa e continua a fazê-lo. No ano passado, o negócio lucrou cerca de US$50 mil. Seus pais continuam a dar-lhe US$60 mil todos os anos. Eles ainda acham que a filha se tornará realmente independente no futuro. Nós não somos tão otimistas quanto os pais nesse aspecto.

Os empresários mais bem-sucedidos não são como a Srta. BPF. Quantos empresários que ainda estão na fase inicial do empreendimento fariam o que a Srta. BPF fez recentemente em um ano?

- Comprou um carro de US$45 mil sem pesquisar ou negociar preço ou condições.
- Pagou US$5 mil por um relógio, US$2 mil por um terninho e US$600 por um par de sapatos.
- Pagou mais de US$20 mil em roupas.
- Pagou mais de US$7 mil de juros sobre o saldo do cartão de crédito e no crédito rotativo.
- Pagou mais de US$10 mil em anuidades/taxas nos clubes de campo da região.

A resposta é: muito poucos. O negócio da Srta. BPF não é um sucesso. Ele é fortemente subsidiado direta e indiretamente com o dinheiro de outras pessoas. Na verdade, a Srta. BPF foi enganada pelos pais. Talvez ela nunca saiba se conseguiria progredir sozinha. As condições "ideais" que lhe proporcionaram foram um incentivo para ela gastar muito em produtos de consumo. Enquanto isso, sua empresa ficava em segundo plano.

Quem você acha que tem mais receio e preocupações — a Srta. BPF ou o típico empresário rico sem subsídios? A lógica pode sugerir que a Srta. BPF não deveria ter nenhuma preocupação, visto que recebe suporte financeiro intensivo dos pais. Na verdade, ela tem muito mais receios do que as pessoas que nunca receberam nenhum subsídio.

Os típicos donos de negócios ricos têm apenas três grandes preocupações (veja a Tabela 3-4, no Capítulo 3), todas estão relacionadas com o governo federal. Eles temem políticas e regulações desfavoráveis aos empresários e à população rica em geral.

O que a Srta. BPF teme? Ela nos disse que tem doze grandes preocupações. Como é possível que uma pessoa que está quase que completamente isolada contra riscos financeiros tenha quatro vezes mais receios que um típico dono de negócios rico? *Porque esses donos de negócios ricos superaram a maioria de seus receios. Eles se protegeram de muitos temores tornando-se totalmente autossuficientes.* E foi exatamente a luta para se tornarem autossuficientes que os ajudou a superá-los.

Quais são alguns dos principais temores e preocupações da Srta. BPF? Lembre-se de que esses temores não são importantes para a população rica autossustentada. A Srta. BPF tem muito receio de:

- Pagar altos impostos sobre os bens dos pais.
- Experimentar uma redução significativa em seu padrão de vida.
- Ver o negócio falir.
- Não ser rica o bastante para se aposentar com conforto.
- Ser acusada pelos irmãos de receber mais do que sua parcela justa de presentes financeiros e herança dos pais.

Quem é mais confiante, mais satisfeito, mais capaz de lidar com a adversidade? Não as Srtas. BPF dos Estados Unidos. São aqueles que foram criados por pais que recompensavam o pensamento e o comportamento independentes. São aqueles que não se preocupam com o dinheiro dos outros, que estão mais preocupados em ter sucesso do que com quanto vale o patrimônio de alguém. Além disso, se alguém viver abaixo de seus meios, não precisa se preocupar com a possibilidade de ser obrigado a diminuir o padrão de vida. Os pais da Srta. BPF não atingiram seu objetivo. Sua meta era ter uma filha que "nunca tivesse preocupações". Mas o método que usaram rendeu exatamente o oposto. Muitas vezes, os pais tentam proteger os filhos das realidades econômicas da vida, mas esse tipo de amparo costuma produzir adultos com um constante medo do amanhã.

## Os Produtos do Zero SF

Quanto vale sua assinatura? Depende de como ela é usada. Uma assinatura ajudou Paul Orfalea a abrir um negócio que leva seu apelido — Kinko's.

> *Com um empréstimo de US$5 mil... avalizado pelo pai em 1969... ele alugou uma pequena garagem... De lá, ele e alguns amigos venderam cerca de US$2 mil em serviços... todos os dias* (Laurie Flynn, "Kinko's Adds Internet Services to Its Copying Business", *The New York Times*, 19 de março de 1996, p. CS).

Calcula-se que a receita anual da Kinko's seja superior a US$600 milhões. Mas e se os pais do Sr. Orfalea tivessem interferido para ajudar o filho tal como ocorreu com a Srta. BPF? Ele seria tão produtivo quanto hoje? É improvável. O Sr. Orfalea tem o que todos os empresários têm: muita coragem. Assumir riscos financeiros é prova de coragem. Mas que risco a Srta. BPF assumiu? Muito pequeno.

O *Webster's* define *coragem* como "força mental ou moral para resistir a oposições, perigos ou dificuldade". Ela implica firmeza de caráter e **disposição** diante do perigo e dificuldades extremas. A coragem pode ser desenvolvida, *mas não em um ambiente que elimina todos os riscos, quaisquer dificuldades e todos os perigos*. É exatamente por isso que a Srta. BPF não tem coragem de sair de casa, expandir os negócios e se livrar das pesadas doses de suporte financeiro.

É necessário ter uma coragem considerável para trabalhar em um ambiente no qual se é remunerado de acordo com seu desempenho. A maior parte dos ricos a tem. Que evidências apoiam essa afirmação? A maior parte dos ricos dos Estados Unidos são donos de negócios ou empregados pagos na base de incentivos. Lembre-se de que, quer seus pais sejam ricos ou não, a maioria dos ricos nos Estados Unidos conquistou seus bens sozinha. Eles tiveram a coragem de assumir oportunidades de negócios e empresariais associadas com considerável risco.

Um dos maiores empresários e profissionais de vendas extraordinários de todos os tempos, Ray Kroc, procurou coragem ao selecionar potenciais donos e executivos de franquias do McDonald's. Kroc chegou a receber profissionais de venda que não tinham agendado uma entrevista. Ele disse à secretária: "Mande todos entrarem." Por quê?

Porque não é fácil encontrar pessoas com coragem para serem avaliadas estritamente por seu desempenho. Ele vendeu a primeira franquia fora da Califórnia por US$950 a Sanford e Betty Agate (veja John Love, *McDonald's: Behind the Arches*. Toronto: Bantam Books, 1986, p. 78-79, 96-97; *McDonald's: Atrás dos Arcos,* em tradução livre). Kroc encontrou Betty pela primeira vez quando ela fazia visitas não agendadas no distrito financeiro de Chicago. A secretária de Kroc perguntou: "Que raios uma judia está fazendo vendendo Bíblias?" "Ganhando a vida", foi a resposta. Kroc raciocinou que qualquer pessoa corajosa o bastante para fazer o que Betty Agate fazia teria um ótimo potencial para comprar uma de suas franquias.

Quantas visitas não agendadas a Srta. BPF fez na vida? Nenhuma. A maioria das pessoas que compram dela são amigos ou parceiros de negócios dos pais e parentes. Essas visitas não contam.

Os pais sempre nos perguntam como instilar coragem nos filhos. Sugerimos que sejam expostos à profissão de vendas. Estimule-os a concorrer para líder de classe no ensino fundamental ou médio. Eles terão que vender a si mesmos aos alunos. Mesmo escoteiras vendendo biscoitos têm um impacto positivo. Empregos de vendas no varejo são outra forma de serem avaliados por terceiros de modo muito objetivo.

## UMA MULHER DE MUITA CORAGEM

```
FAX PARA:     William D. Danko, Ph.D., Albany, NY
DE:           Thomas J. Stanley, Ph.D., Atlanta, GA
RE:           Uma mulher de muita coragem
DATA:         Dia Do Trabalho, Período da Manhã
```

Adivinhe onde sua colega estava às 5h30 desta manhã. Estava embarcando em um voo. Embora o avião tivesse lugar para mais de cem passageiros, havia só umas vinte pessoas a bordo. Logo que me sentei, fomos informados de que havia neblina no destino e que haveria outro famoso "breve atraso". Quando eu me levantei, a mulher (eu a chamarei de Laura) sentada à minha frente fez o mesmo. Eu lhe disse que estava aborrecido por ter tido que levantar tão cedo para pegar aquele voo. Ela respondeu que tinha voado a noite inteira e ainda tinha uma conexão a fazer.

Perguntei a Laura por que viajava à noite. Ela contou que era muito mais barato. O que descobri logo depois foi que essa mulher não precisava estar em um voo econômico. Ela, na verdade, era rica, mas também muito frugal. Qual era a razão da viagem de Laura? Ela estava a caminho de uma conferência de executivos do ramo imobiliário, onde receberia o prêmio de Executiva do Ramo Imobiliário do Ano. Então lhe perguntei como tinha entrado na profissão de corretora. Laura respondeu: "Por necessidade."

Laura me contou que, certa manhã, encontrou um bilhete do marido na mesa da cozinha. Vou repetir seu conteúdo:

Querida Laura,

Estou apaixonado por minha secretária. Meu advogado lhe dará os detalhes. Desejo boa sorte para você e as crianças.

Como Laura, uma dona de casa com três filhos pequenos, reagiu a essa informação? Ela estava determinada a não voltar ao antigo emprego de professora do ensino médio. Tampouco pediria ajuda aos pais bem de vida. Tinha crescido em um ambiente que estimulava a independência e a disciplina, então se perguntou o que poderia fazer com seu diploma e mestrado em literatura inglesa. Descobriu que havia uma grande oferta de pessoas com o mesmo nível de educação e calculou que empregos para lecionar, editar ou escrever provavelmente não seriam suficientes para sustentar o atual padrão de vida da família. Logo, discutiu várias oportunidades de emprego com muitos empresários bem informados na comunidade. Depois dessas discussões, ela decidiu tentar o ramo imobiliário. Durante os primeiros quatro meses, ganhou mais vendendo imóveis do que ganhara em seu melhor ano como professora de inglês.

Sei que você gostaria de saber que fatores contribuíram para seu sucesso. Ela me disse o seguinte:

*É surpreendente o que pode acontecer quando você se determina a fazer algo. Você ficaria admirado com quantas visitas de vendas é capaz de fazer quando não tem alternativa senão ter êxito.*

Quando jovem, Laura desenvolveu uma ótima base para sua carreira em vendas. Enquanto ainda estava na escola, convenceu dezenas de empregadores a contratá-la para empregos de verão. Ela também teve vários empregos de meio período quando estava no ensino médio e na faculdade. Ela era tão boa em conseguir empregos, que ajudou muitos colegas nesse sentido. Sem dúvida, teria sido bem-sucedida se tivesse iniciado uma empresa de recrutamento. Laura também foi gerente de campanha para vários amigos que se candidataram e venceram para atuar no grêmio estudantil no ensino médio e na faculdade.

É irônico que a falta de sorte de Laura por ter se casado com um homem sem integridade tenha acabado se tornando em uma vida muito melhor para ela e os filhos. Por causa das transgressões dele, Laura pôde utilizar totalmente todos os seus talentos. A ironia é que ela sempre teve mais potencial que o marido para se destacar no mundo dos negócios. Esse é um fato comprovado hoje. Ela "está em situação muito melhor" do que o ex-marido. Seu sucesso também se deve a seu elevado nível de integridade, algo que faltava ao ex-marido.

Depois de vários ótimos anos como profissional de vendas, Laura fundou uma corretora de imóveis altamente bem-sucedida. Apesar de seu extraordinário sucesso financeiro, ela ainda voa nas madrugadas. Você nunca imaginaria que essa mulher tivesse tido tanta coragem e energia só de olhar para ela. Eu calculo que ela mal tem 1,5m de altura e não pesa mais de 44kg. Entretanto, como muitas vezes concordamos, as aparências importam menos que a coragem, disciplina e determinação de pessoas que são economicamente produtivas.

Capítulo 6
# Ação Afirmativa, Estilo Familiar

Seus filhos adultos são economicamente autossuficientes.

A MAIORIA DOS PAIS RICOS QUE TÊM FILHOS ADULTOS QUER REDUZIR O tamanho de seu patrimônio antes de morrer. Certamente essa decisão faz sentido, considerando que a alternativa é deixar os filhos com a dívida de um elevado imposto. A decisão de dividir sua riqueza com os filhos é fácil; a parte difícil é como dividir o capital.

Pais ricos que têm filhos mais jovens geralmente acham que a distribuição de sua riqueza nunca será um problema. Eles supõem que seus bens serão distribuídos igualmente. Os pais com quatro filhos, por exemplo, costumam afirmar que "sua riqueza será distribuída igualmente entre seus filhos — 25% para cada um".

Essa simples fórmula de distribuição torna-se mais complexa à medida que os filhos ficam mais velhos. Pais de filhos adultos têm probabilidade maior de achar que alguns deles têm maior necessidade de receber presentes substanciais que outros. Quem deve receber mais? Quem deve receber menos? Essas são perguntas que todos devem responder. Entretanto, pais ricos costumam se beneficiar de várias descobertas destas pesquisas:

- Pais com filhas adultas que não trabalham e filhos adultos "temporariamente" desempregados têm elevada propensão a oferecer a eles altas doses de suporte financeiro (SF). Esses filhos também têm probabilidade de receber uma porção desproporcionalmente maior dos bens dos pais.

- Filhos economicamente mais bem-sucedidos têm probabilidade de receber níveis menores de SF e da herança.

- Muitos dos filhos mais altamente produtivos não recebem nenhuma transferência de riqueza. No entanto, como discutimos no Capítulo 5, essa é uma das razões pelas quais são ricos!

## DONAS DE CASA: A OU B?

Grande parte da variação da doação de presentes entre diferentes filhos pode ser explicada pela ocupação (ou status socioeconômico) e gênero. Constatamos que as donas de casa têm maior propensão, entre todas as categorias ocupacionais, de receber heranças e presentes financeiros periódicos dos pais (veja as Tabelas 6-1 e 6-2). Na verdade, donas de casa têm, em média, probabilidade três vezes maior de receber heranças vultosas dos pais do que filhos adultos de ricos. Em resumo, as donas de casa estão no primeiro lugar tanto no valor quanto na incidência de recebimento de heranças da fortuna dos pais. Elas também têm maior probabilidade de receber presentes financeiros significativos anualmente.

Identificamos dois tipos diferentes de donas de casa que são filhas de pessoas ricas — nós as chamaremos de Tipo A e Tipo B. Ambos se beneficiam de diferentes graus de crenças dos pais de que mulheres que não trabalham fora precisam ter "seu próprio dinheiro", que o cenário econômico está montado contra as mulheres e que não se pode confiar totalmente nos genros para sustentar esposa e filhos.

O Tipo A de donas de casa difere muito do Tipo B. As do Tipo A tendem a se casar com homens bem-sucedidos, produtores de rendas elevadas. Elas costumam assumir papéis de liderança para cuidar dos pais idosos e, às vezes, doentes. Os presentes e a herança que costumam receber são, em parte, uma compensação por esses esforços — esforços que irmãos que trabalham fora costumam evitar. As mulheres do tipo A são instruídas e costumam ser testamenteiras ou cotestamenteiras dos bens dos pais. É provável que elas sejam líderes e voluntárias em várias organizações educacionais e beneficentes locais.

## TABELA 6-1
### A PROBABILIDADE DE RECEBER UMA HERANÇA VULTOSA: CONTRASTES OCUPACIONAIS

**PROBABILIDADE DE RECEBER UMA HERANÇA**

| Muito Mais Provável | Muito Menos Provável | Na Média |
|---|---|---|
| Dona de Casa | Médico | Engenheiro/Arquiteto/Cientista |
| Desempregado | Gerente/Executivo Sênior | Publicitário/Marketing/Profissional de Vendas |
| Professor Ensino Médio/Fundamental | Empresário | Advogado |
| Professor Universitário | | Contador |
| Artesão/Operário | | Gerente de Médio Escalão |

## TABELA 6-2
### A PROBABILIDADE DE RECEBER PRESENTES FINANCEIROS SUBSTANCIAIS: CONTRASTES OCUPACIONAIS

**PROBABILIDADE DE RECEBER PRESENTES**

| Muito Mais Provável | Muito Menos Provável | Na Média |
|---|---|---|
| Dona de casa | Artesão/Operário | Engenheiro/Arquiteto/Cientista |
| Desempregado | Empresário | Publicitário/Marketing/Profissional de Vendas |
| Advogado | Gerente de Médio Escalão | Médico |
| Professor Ensino Médio/Fundamental | Gerente/Executivo Sênior | Contador |
| Professor Universitário | | |

As donas de casa do Tipo A muitas vezes são vistas pelos pais como colegas e confidentes, e não como coadjuvantes. Elas são vistas como inteligentes, líderes e orientadoras fortes e são frequentemente consultadas sobre questões familiares importantes, como os bens e planejamento de aposentadoria, a venda do negócio da família e a escolha de fornecedores de serviços especializados. O Tipo A também está familiarizado com as leis de impostos prediais. Elas costumam estimular os pais a reduzir o tamanho de seu patrimônio e, assim, minimizar a cobrança de impostos fazendo doações aos filhos. A dona de casa do Tipo A recebe presentes substanciais em espécie durante os estágios iniciais de sua vida, muitas vezes a partir da época em que se casa. Mais tarde, os presentes são associados com a compra de uma casa e, em algumas situações, a compra de um imóvel para investimento.

A presença da dona de casa do Tipo A é um grande benefício para pais ricos e também para seus outros filhos adultos, visto que elas muitas vezes carregam a pesada carga de cuidar das necessidades emocionais e médicas dos pais idosos.

As donas de casa do Tipo B, em comparação, são vistas como filhas adultas que precisam de suporte financeiro e até apoio emocional. Elas são dependentes e dificilmente serão líderes. As Tipo B costumam casar-se com homens sem propensão de gerar altos salários. Costumam ser menos instruídas do que as mulheres do tipo A. Os pais das donas de casa Tipo B muitas vezes subsidiam a renda familiar da família da filha para ajudá-la a manter um mínimo de estilo de vida de classe média. Elas tendem a viver perto dos pais e muitas vezes acompanham as mães nas compras. Não é incomum que as donas de casa do Tipo B de meia-idade recebam roupas dos pais ricos. Os pais também cuidam dessas filhas por provisões em planos patrimoniais e testamento. Elas recebem presentes em espécie porque os pais acham que elas "realmente precisam do dinheiro". Em resumo, os pais das filhas do Tipo B cuidam delas, e não o contrário.

Os pais das donas de casa Tipo B costumam evitar distribuir presentes vultosos em dinheiro com receio de elas e os maridos não saberem administrá-los. Assim, presentes em espécie costumam ser dados em casos de necessidade, como quando o marido delas estiver desempregado ou quando há um nascimento na família. Os presentes geralmente são precipitados por crises e variam de pagamentos diretos em dinheiro a roupas e mensalidades da escola. Mesmo assim, as Tipo B recebem a maior parte da riqueza dos pais na forma de herança. Muitas vezes, os testamentos apresentam instruções específicas referentes à programação de distribuição e fundos educacionais para os netos. Geralmente, a família da dona de casa Tipo B nunca fica financeiramente independente. Não é incomum que ela chegue aos 50 anos e ainda receba subsídios dos pais.

Tampouco é incomum que o marido da Tipo B trabalhe na empresa dos sogros. Em alguns casos, o nível de remuneração é substancialmente mais alto do que indicaria o mercado de trabalho. Em outras palavras, o genro nessas situações ganha mais como empregado dos sogros do que se trabalhasse para terceiros. Mesmo genros empregados fora dos negócios da família prestam serviços extras para ela, trabalhando meio período por um bom salário ou realizando pequenos consertos para os sogros.

Filhas que não são donas de casa, mas estão empregadas em cargos de período integral, têm menor probabilidade de receber presentes em dinheiro ou herança do que irmãs que não trabalham. Mas mesmo filhas empregadas em ocupações de status elevado têm maior probabilidade de receber presentes em dinheiro e herança do que seus irmãos economicamente bem-sucedidos. Por quê? Como já dissemos, pais ricos sentem que as mulheres, mesmo as que trabalham, precisam ter o "próprio dinheiro". Eles também alegam que "nunca se pode confiar totalmente que os genros... se mantenham fiéis... para sustentar e proteger" suas filhas. Na verdade, os ricos são bastante intuitivos nesse aspecto. Nossos dados mostram que mais de 4 em 10 das filhas casadas se divorciarão pelo menos uma vez.

## AÇÃO AFIRMATIVA PARA MULHERES

Pais ricos entendem que oportunidades de geração de renda para homens e mulheres são muito diferentes nos EUA. Esses pais tendem a adotar uma forma própria de ação afirmativa econômica. Pense nos seguintes fatos:

- Mulheres são 46% dos trabalhadores norte-americanos, mas representam menos de 20% dos indivíduos que ganham US$100 mil ou mais por ano. Em 1980, menos de 40 mil mulheres tinham uma renda igual a essa. Em 1995, aproximadamente 400 mil mulheres estavam nessa categoria de renda. Isso mostra um aumento de dez vezes. No ano de 2000, mais de 600 mil mulheres tinham rendas na categoria de seis dígitos. Mas, outra vez, como em 1995, ainda são cinco homens para cada mulher nessa faixa salarial.
- As mulheres fizeram um progresso significativo na proporção de quem se forma em escolas profissionalizantes. Em 1970, por exemplo, só 8,4% dos formandos da escola de medicina eram mulheres; em 1995, quase 40% eram mulheres. Em 1970, mulheres totalizavam cerca de 6% de todos os graduados em direi-

to; em 1995, eram quase 45%. Um cargo profissional de status elevado, porém, não se transforma automaticamente em uma renda alta. Um censo recente afirmou: "Defasagens salariais em 1995 ainda existem mesmo para mulheres com diploma universitário." Nesse aspecto, mulheres empregadas em ocupações especializadas em 1995 ganhavam só 49,2% do que os homens na mesma categoria profissional.

- Como se comparam os salários de homens e mulheres em profissões produtoras de renda elevada? Veja os resultados de nossa análise na Tabela 6-3. Em 20 das 20 profissões de maior salário, as mulheres ganham, em média, significativamente menos que os colegas homens. Por exemplo, médicas ganham apenas 52% do que ganham médicos; dentistas do sexo feminino ganham só 57,4% do que os de sexo masculino; pedicuros do sexo feminino, 55% do que os homens ganham; e advogadas ganham 57,5% do que recebem os advogados.

- Em 1980, aproximadamente 45% das mulheres na categoria de renda de seis dígitos ou mais não trabalhavam. Por outro lado, 55% ganhavam US$100 mil ou mais no emprego. Essas porcentagens não mudaram muito desde 1980, tampouco tinham probabilidade de mudar no ano de 2005. Em um forte contraste, perto de 80% dos homens nos EUA que ganham US$100 mil estão empregados. A maioria dos outros 20% tem mais de 60 anos e se aposentou.

- A grande maioria de mulheres fora do mercado de trabalho que tem renda anual de US$100 mil ou mais herdou sua fortuna e/ou recebeu substanciais presentes financeiros dos pais, avós e/ou cônjuges. Sua renda é tipicamente gerada por juros, dividendos, ganhos de capital, renda líquida de aluguéis etc.

- Mulheres são donas de perto de 1/3 das pequenas empresas nos Estados Unidos. Entretanto, cerca de 2/3 dessas empresas têm receitas anuais abaixo de US$50 mil.

- Mulheres que trabalham fora têm quatro vezes mais probabilidades de deixar o emprego do que os homens.

## TABELA 6-3
## MÉDIA DE RENDA ANUAL: HOMENS VERSUS MULHERES NAS VINTE PROFISSÕES PRODUTORAS DE MAIOR RENDA

| Descrição de Cargo | Total Anual \| Período Integral | Homens Anual \| Período Integral | Mulheres Anual \| Período Integral | Diferença entre Sexos | Renda Mulheres como % de Renda Homens |
|---|---|---|---|---|---|
| Médicos | US$120.867 | US$132.166 | US$68.749 | US$63.417 | 52 |
| Pedicuros | US$90.083 | US$94.180 | US$51.777 | US$42.403 | 55 |
| Advogados | US$86.459 | US$94.920 | US$54.536 | US$40.384 | 57,5 |
| Dentistas | US$85.084 | US$88.639 | US$50.919 | US$37.720 | 57,4 |
| Professor Ciência Médicas | US$82.766 | US$91.236 | US$48.801 | US$42.435 | 53,5 |
| Professor de Direito | US$76.732 | US$85.376 | US$51.727 | US$33.649 | 60,6 |
| Ocupações com Títulos ou Venda de Serviços Financeiros | US$67.313 | US$78.097 | US$37.695 | US$40.402 | 48,3 |
| Profissões de Diagnóstico de Saúde n.e.c.[1] | US$66.546 | US$76.139 | US$33.718 | US$42.421 | 44,3 |
| Optometristas | US$62.556 | US$64.988 | US$42.659 | US$22.329 | 65,6 |
| Atuários | US$61.409 | US$71.028 | US$40.219 | US$30.809 | 56,6 |
| Juízes | US$60.728 | US$65.277 | US$43.452 | US$21.825 | 66,6 |
| Pilotos e Navegadores de Aviões | US$57.383 | US$58.123 | US$32.958 | US$25.165 | 56,7 |
| Veterinários | US$56.451 | US$62.018 | US$35.959 | US$26.059 | 58 |
| Engenheiros Petrolíferos | US$55.788 | US$56.653 | US$43.663 | US$12.990 | 77,1 |
| Analistas de Gestão | US$54.436 | US$62.588 | US$36.574 | US$26.014 | 58,4 |
| Professores de Economia | US$52.862 | US$57.220 | US$38.884 | US$18.336 | 68 |
| Gerentes e Administradores, n.e.c., assalariados | US$52.187 | US$61.152 | US$30.378 | US$30.774 | 49,7 |
| Físicos e Astrônomos | US$52.159 | US$53.970 | US$38.316 | US$15.654 | 71 |
| Gerentes, Marketing, Publicitários e Relações Públicas | US$51.879 | US$58.668 | US$35.227 | US$23.441 | 60 |
| Engenheiros Nucleares | US$50.492 | US$51.313 | US$36.513 | US$14.800 | 71,2 |

Fonte: Banco de Dados do Instituto de Mercado de Alfluentes; 1996 e Censo de Ocupações dos EUA 1990.

1 *Not else classified* — Não classificado em outro lugar. (N. da T.)

Os dados objetivos deixam tudo claro. Nos Estados Unidos, as chances são contra as mulheres ganharem altos salários. Alguma variação na renda certamente pode ser explicada por tendências no mercado econômico. Mas tendências por si só não explicam totalmente o fato de que há cinco homens para cada mulher no topo de 1% da distribuição de renda obtida. Será que a tendência de pais ricos subsidiarem as filhas está ajudando a perpetuar essa desigualdade?

Filhas de casais ricos costumam não ter carreiras próprias. Por quê? Nos últimos vinte anos, a população rica normalmente foi composta de um tipo de domicílio: mais de 80% de casais com filhos em que a mulher não trabalhava em período integral. Que mensagem era enviada às filhas desses casais? Simples: "Mamãe não trabalhou fora (e o casamento sobreviveu), então talvez eu não deva trabalhar fora." É difícil argumentar contra essa lógica. O sistema da família rica tradicional realmente funciona muito bem. Casais ricos têm uma taxa de divórcio inferior à metade da norma.

O sistema "o pai trabalha fora, a mãe cuida dos filhos e da casa" muitas vezes é copiado pela prole feminina desses casamentos. Na verdade, muitos pais ricos estimulam as filhas a não trabalhar fora, a não ter carreira própria e a não serem independentes econômica e psicologicamente. Pais ricos instilam essa característica de "dependência" nas filhas ao longo do tempo com sinais sutis. Assim, muitos pais ricos transmitem às filhas mensagens como as seguintes:

> *Não se preocupe... Se você não quiser seguir uma carreira... não precisa se preocupar com dinheiro. Nós a ajudaremos financeiramente... Se você tiver uma carreira,... se você se tornar um grande sucesso... e se tornar independente, não receberá quaisquer presentes em espécie significativos de nós, tampouco uma herança.*

## OS FRACOS E OS FORTES

### ANN E BETH: DONAS DE CASA E FILHAS

Ann tem 35 anos. Ela é a filha caçula de um casal que chamaremos de Robert e Ruth Jones. Seus pais são milionários. O Sr. Jones administra e é dono de vários negócios no ramo da distribuição. A Sra. Jones é uma dona de casa tradicional. Ela não terminou a faculdade e nunca trabalhou fora de casa. Entretanto, participa de várias causas nobres em sua comunidade. Quando os filhos eram pequenos, ela participava da APM (Associação de Pais e Mestres).

Sua filha Ann é muito sincera sobre a relação com os pais:

> *Seria tão fácil... tirar dinheiro de meus pais... para a casa... para a mensalidade da escola particular... Mas isso sempre vem com algumas condições... Minha irmã Beth, 37, aprendeu isso... Ela não tem vida própria... Ela aprendeu que esse papel tem seu preço... fazer as coisas como mamãe quer.*

Ann entendeu os componentes da equação de controle dos pais muito cedo. Quando se casou, ela e o marido procuraram emprego fora da cidade. Ela se isolou da influência dos pais com mais de mil quilômetros de distância entre eles.

Ann desistiu da carreira depois que o segundo filho nasceu. Mas, ao contrário da irmã Beth, Ann nunca aceitou suporte financeiro dos pais. Ela entendeu o verdadeiro preço de receber ajuda observando a experiência da irmã.

Segundo Ann, Beth e a família vivem em um "ambiente subsidiado". O Sr. e a Sra. Jones deram uma entrada polpuda para a casa de Beth. Eles também fornecem milhares de dólares para Beth todos os anos para despesas gerais. Ela recebe US$20 mil em dinheiro dos pais todo Natal. Beth mora a menos de 3km da casa dos pais. (Uma das formas comprovadas pelas quais pais dominadores controlam os filhos adultos é morando perto deles.) Ann relata que há alguma confusão sobre a propriedade da casa entre Beth e os pais. Parece que a mãe está sempre na casa de Beth — convidada ou não. E a mãe se envolveu mais com a escolha da casa de Beth do que a própria filha.

Beth casou-se e foi mãe antes de terminar a faculdade. Ela e o marido moraram com os pais dela durante três anos após o casamento. Isso deu ao marido a oportunidade de concluir a faculdade. Nenhum dos dois trabalhava, nem mesmo em meio período, durante esse tempo.

O marido de Beth terminou a faculdade e aceitou um cargo administrativo em uma corporação regional, mas sua posição foi eliminada menos de dois anos depois, então ele aceitou um emprego como vice-presidente administrativo na empresa do sogro. Segundo Ann, era um cargo recém-criado. O título anterior era de gerente administrativo. Mas, como Ann explicou, a função paga muito bem, e "você ganha um generoso pacote de benefícios".

Nessas condições, é difícil que Beth e o marido desenvolvam autoconfiança. Os pais de Ann, principalmente o pai, não mostram respeito pelo marido de Beth. Segundo Ann, eles sempre o consideraram social, econômica e intelectualmente inferior a Beth. Eles demonstram muito mais respeito pelo marido de Ann, que se formou com louvor em uma faculdade prestigiosa e completou o mestrado com distinção aos 24 anos. Robert e Ruth constantemente contam aos amigos e conhecidos das grandes realizações do "marido de nossa Ann".

Robert e Ruth estenderam o tapete vermelho para o futuro marido de Ann na primeira vez que ele os visitou. Eles ficaram muito impressionados com suas credenciais acadêmicas. Ann contou que, durante sua breve estada, o marido de Beth, então hóspede dos sogros, agiu como um garçom. O sogro Robert pediu ao genro para preparar e servir os drinques e petiscos, por exemplo. Depois de vários coquetéis naquela noite, Robert se referiu ao genro como um "palhaço". Ann e o namorado ficaram chocados. Esse tratamento deixou uma impressão duradoura no casal. Ann prometeu que ela e o marido nunca se tornariam "palhaços" aos olhos dos pais. Até agora, ela manteve a promessa, mesmo quando os seus pais a pressionam incansavelmente a aceitar um suporte financeiro. Em comparação, Robert e Ruth pedem ao marido de Beth para realizar tarefas para eles com regularidade. Eles o tratam mais como um faz-tudo e motorista do que como o homem que casou com a filha mais velha.

Por que o marido de Beth tolera essa situação? Porque foi condicionado a fazê-lo. Ele e Beth têm um estilo de vida de alto consumo congruente com o dos sogros. No entanto, sua habilidade de sustentar esse estilo de vida é o resultado de serem controlados. Robert e Ruth passaram uma mensagem importante para Beth, não tanto em palavras quanto em atitudes:

*Beth, você e seu marido não são capazes de gerar renda suficiente para manter sua posição na vida. Vocês têm uma deficiência econômica. Você e seu marido precisam de nosso suporte financeiro especial.*

Será que Robert e Ruth estão corretos ao afirmar que Beth e o marido são incapazes de realizações na vida sem auxílio? Uma pessoa desconhecida objetiva diria que são. Mas o que esse desconhecido objetivo diria se tivesse analisado a situação desde o início? Talvez ele conclua que Robert e Ruth fizeram um esforço especial para provar sua hipótese. Depois de apenas alguns anos recebendo suporte financeiro agressivo e excessivo, Beth e o marido perderam parte de sua ambição, autoconfiança econômica e independência. Nunca saberemos se esse casal poderia ter atuado de forma produtiva por conta própria. Beth e o marido nunca tiveram essa oportunidade.

O papel de pais instruídos é o de fortalecer os fracos. Robert e Ruth fizeram o oposto. Eles enfraqueceram os fracos e continuam a fazê-lo até hoje. Não é surpresa que eles nunca valorizaram seu papel na criação de parte da dependência em que Beth e o marido vivem hoje. Ann sente um certo ressentimento e até mágoa em relação aos pais. Ela os considera responsáveis por criar a dependência econômica e emocional com que a irmã e o cunhado precisam lidar todos os dias. Ann aprendeu muito com as experiências de Beth e do marido.

Ann é especialmente sensível ao papel dos pais em usurpar o controle sobre os filhos da irmã. Neles, os erros do passado provavelmente se repetirão. Ann só queria que os pais tivessem seguido algumas regras simples sobre criar os filhos para serem independentes. Agora eles não podem. Mas Ann sim. Não é tarde demais para ela. Ann nunca permitirá que os pais controlem qualquer parte de sua vida ou da vida do marido e dos filhos.

## Cinderela Sarah

Sarah é uma executiva com quase 60 anos. Seus pais eram ricos. O pai começou o próprio negócio quando ela era muito jovem. Quando a entrevistamos, Sarah foi muito franca sobre seu relacionamento com seu "Papa" e sua irmã.

O pai de Sarah era muito voluntarioso. Suas opiniões sobre o papel das mulheres na sociedade iam contra as de Sarah. Ele achava que as mulheres deviam ser educadas em belas artes e então casar, ter filhos e nunca trabalhar fora de casa. As mulheres, segundo as imposições de

Papa, não deveriam seguir carreira própria. Elas deveriam dar apoio — e até ser subservientes — aos maridos.

Quando adolescente, Sarah gostava de debater vários temas com ele, incluindo o papel de mulheres liberais em nossa cultura. Muitas vezes, esses debates se transformavam em discussões sobre como Sarah passaria o resto da vida. Papa frequentemente ameaçava a filha desafiadora com a perda do apoio financeiro para a educação superior, do dote, e assim por diante.

Apesar dessas ameaças, Sarah saiu de casa quando jovem. O pai cumpriu a promessa e retirou toda a ajuda financeira. No entanto, Sarah nunca perdeu a determinação de obter a independência financeira e emocional dos pais. Depois de sair de casa, ela se tornou revisora em uma editora. Durante sua carreira no ramo, ela chegou a uma posição bastante elevada. Ela acabou se casando, mas só depois que a própria carreira estava bem estabelecida.

Sarah era visivelmente diferente da irmã, Alice. Ao contrário de Sarah, Alice, uma dona de casa Tipo B, desempenhou o papel destinado a ela pelo pai. Estava claro que ela era a "garotinha do papai". A garotinha do papai casou-se com um rapaz local, de uma camada social inferior e que tinha alta propensão a gastar, mas pouca para obter uma renda. Diante desse fato, Papa colocou Alice, o marido de baixa renda e os três filhos em seu próprio regime especial de suporte financeiro. Papa nunca permitiria que a filha preferida vivesse em uma casa ou um bairro que não fosse condizente com sua imagem de classe média alta. Ele subsidiou pesadamente a compra de uma casa e acessórios para Alice e a família. Presentes em espécie significativos e de títulos eram oferecidos à "garotinha do papai" todos os anos.

Dados esses subsídios liberais, seria possível prever que a garotinha do papai tivesse acumulado uma fortuna considerável. Na verdade, ela e o marido acumularam muito pouco dinheiro durante todos os anos em que receberam o suporte financeiro. Seu sistema de orçamento era muito simples: gaste mais do que recebe e mais do que ganha em presentes em dinheiro. O saldo será absorvido por Papa.

Durante todo esse tempo, Sarah, como muitas executivas (veja a Tabela 6-4), não recebeu nenhum suporte financeiro do pai. Em vez disso, foi punida por sua ousadia de violar as rígidas doutrinas que Papa havia criado para ela.

Quando Papa morreu, Alice não recebeu mais o suporte financeiro anual, embora a filha favorita tivesse recebido a maior parte do que sobrara de sua fortuna. Sarah recebeu uma quantia menor. Ela ficou surpresa por ter recebido uma parte dos bens do pai, principalmente por ele ter dito pouco antes de sua morte que ela "receberia muito menos que a irmã". Em sua opinião, a filha liberada e independente precisava muito menos da herança do que a irmã, a dona de casa do Tipo B.

Não foram precisos muitos anos para que Alice, a filha favorita, e o marido gastassem quase todo o dinheiro de Papa. Pouco tempo depois, Alice morreu. Como os filhos sobreviveriam? O próprio pai não tinha renda suficiente para manter seu estilo de vida de classe média alta. Quem os sustentou? Quem pagou as mensalidades da faculdade? Ninguém mais que a tia, a recebedora de nenhum suporte financeiro, a semideserdada Cinderela Sarah. Durante todos os anos em que o pai sustentou a irmã, Sarah nunca havia endurecido ou demonstrado qualquer animosidade contra Alice. Sarah nunca se esqueceu de mandar um pequeno presente em seu aniversário. Ela nunca se esqueceu de mandar presentes de Natal e aniversário para os sobrinhos. Sarah é, na verdade, uma mulher independente, muito bem-sucedida e solidária.

Hoje Sarah é uma milionária que se fez sozinha. Ela controla as finanças da família e está no processo de criar "trust funds" para os filhos e futuros netos da irmã. Sarah acha que isso é importante. Com relação às filhas de Alice, ela nos disse: "Elas não sabem nada sobre dinheiro." Como poderiam? Seus modelos foram os pais, típicos SARs.

## TABELA 6-4
## EXECUTIVOS CORPORATIVOS — PRESENTES E HERANÇA: CONTRASTES ENTRE FILHOS ADULTOS DOS RICOS

| PROPENSÃO A RECEBER PRESENTES/HERANÇA | RAZÕES PARA DAR PRESENTES/DEIXAR HERANÇA | "POSIÇÃO" DE FILHO/FILHA EM RELAÇÃO AOS PAIS | O PROVÁVEL MOMENTO EM QUE FILHO/FILHA RECEBEM PRESENTES/HERANÇA | FORMA/TIPO DE PRESENTES/HERANÇA |
|---|---|---|---|---|
| Executivos corporativos têm probabilidade menor que a norma entre todos os filhos dos ricos de receber uma herança dos pais. | Jovens executivos tendem a demonstrar maturidade mais cedo que os outros. Assim, seus pais sentem-se à vontade com o fato de não lhes dar presentes em espécie vultosos. | Não está claro se os tipos de executivos corporativos são mais ou menos "próximos" dos pais do que os outros tipos de filhos de ricos. Porém, dados limitados sugerem que eles tendem a ficar um tanto distantes em termos de interação e escolha de residência. | Executivos corporativos tendem a receber presentes, quando os recebem, no início da vida adulta. Mas eles têm probabilidade muito menor de receber tais presentes em estágios posteriores da vida. | Os executivos que recebem uma herança dos pais geralmente recebem dinheiro/ativos financeiros. |
| Sua propensão de receber presentes anuais em dinheiro dos pais é muito menor que a média para todos os filhos adultos dos ricos. | Muitas vezes, pais ricos sentem que seus filhos de meia-idade que são executivos têm pouca necessidade de suporte financeiro/presentes em dinheiro ou herança. | | | Presentes em dinheiro para a compra da primeira casa muitas vezes se originam de um "fundo para a faculdade" que foi significativamente sobrefinanciado pelos pais. |

Sarah é uma prodigiosa acumuladora de riqueza. Mesmo hoje ela é frugal e uma consumidora muito disciplinada. Seu patrimônio líquido é muitas vezes maior que seu salário anual como executiva. Sarah nos disse:

> As pessoas ficariam surpresas ao saber quanto dinheiro acumulei...
> Eu sei como conservá-lo.

Como muitas pessoas ricas, Sarah está no processo de subsidiar a renda de outras pessoas, produtos de pais subacumuladores e hiperconsumidores.

Muitas vezes, as pessoas nos perguntam como filhos dos mesmos pais podem ser tão diferentes quando se trata de acumular riqueza. Como Sarah e a irmã são tão diferentes? Estamos convencidos de que algumas diferenças nascem com as pessoas. Grande parte da diferença, porém, é explicada pelas variações de como os pais se relacionam com cada filho.

Papa encorajou Sarah a se tornar uma prodigiosa acumuladora, enquanto promoveu traços opostos na irmã. Em suma, ele fortaleceu a filha forte enquanto enfraqueceu a fraca. Quando Sarah saiu de casa, ela queimou as pontes. Ela não recebeu suporte financeiro e não teve escolha senão aprender a "pescar" sozinha. E aprendeu muito bem. Ao mesmo tempo, a irmã tornou-se cada vez mais dependente do dinheiro do pai.

Sarah tinha pena dos pais, principalmente do Papa. Ele fez muitos sacrifícios e trabalhou muito duro para se tornar um dono de empresa rico. Papa estava determinado a não deixar que seus filhos tivessem que trabalhar tanto e enfrentar o risco de "fazer tudo sozinhos". Mas a disposição e habilidade de trabalhar duro, assumir riscos e fazer sacrifícios foram as qualidades que o tornaram um empresário rico e bem-sucedido. De alguma forma, como muitos de seus pares, ele se esqueceu de como se tornou rico.

Muitos pais dizem que não há nada de errado em oferecer suporte financeiro. Talvez seja verdade, se os recebedores forem bem disciplinados e demonstrarem que são capazes de gerar uma boa vida sem o dinheiro de outras pessoas. Por exemplo, que efeito aceitar alguma ajuda teria exercido em Sarah depois que ela aprendeu a ter sucesso e se destacar no ramo escolhido? A resposta é: provavelmente muito pequeno. Ela era madura e forte o suficiente para lidar com o dinheiro, dela ou de outra pessoa.

A verdadeira tragédia é a impotência dos que se tornam dependentes do suporte financeiro. Sem a bondade de tia Sarah, suas sobrinhas provavelmente ficariam aterrorizadas com o futuro. Felizmente para elas, Sarah está ajudando. Mais sensata que Papa, ela providenciará fundos para essas jovens. Esse apoio financeiro as beneficiará mais no longo prazo do que presentes polpudos em dinheiro. Alguns dos recursos desses fundos estão destinados à educação. O resto não será distribuído até que as jovens demonstrem maturidade considerável. Sarah define maturidade como a capacidade comprovada de ganhar a vida com conforto. Ela não tem a intenção de criar outra geração de "irmãs fracas". Mesmo assim, Sarah é realista sobre as filhas da irmã. Ela sabe que é difícil para as adolescentes se reorientarem. Não está claro se algum dia as sobrinhas adolescentes serão mulheres fortes e independentes como a tia Sarah. Talvez seja tarde demais. Talvez elas já estejam acostumadas demais ao estilo de vida de consumo e dependência que viveram em casa. Felizmente, Sarah é um modelo forte. Ela confia que pode exercer um impacto positivo no comportamento e na personalidade das sobrinhas. Além disso, a solidariedade e amor que Sarah dá às meninas não podem ser medidos em dólares.

O que Sarah realmente queria de seu pai? Muito mais que dinheiro, ela queria seu amor e reconhecimento por suas excelentes realizações. Hoje Sarah tem poucos arrependimentos. Ela nunca se prende ao passado, exceto quando fala do pai. Embora ainda sinta que nunca teve o reconhecimento dele, ela dirá a você que tirou vantagem dessa necessidade. Grande parte da ambição e motivação de Sarah se originou na necessidade de ter suas conquistas reconhecidas pelos outros. Assim ocorre com muitas Cinderelas que transformam a adversidade inicial em uma vida de realizações.

## O FILHO ADULTO DESEMPREGADO

Assim como donas de casa do Tipo B, filhos adultos desempregados têm probabilidade muito maior de receber presentes anuais em dinheiro dos pais do que os irmãos que trabalham. Na verdade, as descobertas de nossas pesquisas referentes à incidência e as verdadeiras quantias em dinheiro dos presentes recebidos provavelmente são *subestimadas*, visto que cerca de 1 em 4 filhos (com 25 a 35 anos) mora com os pais ricos e alguns entrevistados não viam essa situação como o recebimento de um presente. A propósito, filhos adultos têm probabilidade duas vezes maior de morar em casa do que filhas adultas.

Muitas vezes, desempregados têm um histórico de entrar e sair dos empregos. Outros são os chamados estudantes profissionais. Normalmente seus pais encaram que esses filhos precisam mais de dinheiro do que os irmãos, agora e no futuro. Assim, os desempregados têm probabilidade duas vezes maior do que os irmãos que trabalham de receber uma herança.

Com frequência o filho adulto nessa categoria tem firmes laços emocionais e econômicos com o pai. Ele é significativamente mais propenso a viver perto dos pais — na mesma rua, talvez, ou até na mesma casa. Não é incomum, principalmente entre filhos adultos desempregados, que ele aja como o faz-tudo, assistente ou garoto de recados da casa.

O adulto desempregado muitas vezes recebe seu primeiro presente em dinheiro quando mostra sinais de ser incapaz ou desinteressado em manter um emprego de período integral. Alguns jovens adultos que recebem vultosos presentes em espécie voltam para casa após a formatura na faculdade ou no curso de pós-graduação. Outros recebem polpudos presentes em espécie para moradia, roupas, aulas e transporte. Os pais costumam pagar também seu seguro saúde. Muitos desses presentes em dinheiro vêm de planos de poupança para os estudos dos quais sobrou uma quantia significativa que é legalmente deles. Esse dinheiro costuma ser usado para ajudá-los a manter um estilo de vida confortável.

O desemprego nos primeiros estágios da vida adulta está relacionado ao desemprego em estágios posteriores. Muitos filhos desempregados de meia-idade recebem subsídios diretos em espécie, geralmente por ano. Além disso, a incidência de desemprego está associada a presentes maiores e mais frequentes. Esses filhos adultos também têm maior probabilidade que os irmãos de receber heranças na forma de imóveis.

## ANTES E DEPOIS QUE VOCÊ SE FOI

Pedimos a um recrutador que nos conseguisse de oito a dez milionários para nossa sessão de três horas para uma de nossas entrevistas de grupos de discussão. Todos deveriam ser PARs e ter no mínimo um patrimônio líquido de US$3 milhões. Também o instruímos que os milionários deveriam ter 65 anos ou mais. Cada um receberia US$200 pela participação.

Dois dias antes da entrevista, 9 milionários haviam sido recrutados. Mas, na manhã da entrevista, nosso recrutador telefonou para nos dizer que um deles não poderia participar. O recrutador disse que poderia encontrar um substituto. Uma hora antes do início, o recrutador ligou outra vez para dizer que havia encontrado uma pessoa de 62 anos. Ele era dono de um negócio com uma renda elevada, mas não se encaixava na rígida descrição de um PAR. Mesmo assim, concordamos em incluí-lo. A decisão mostrou ser favorável.

O entrevistado substituto, "Sr. Andrews", não fora avisado de que os demais participantes eram ricos. Talvez por isso, ele começou a se vangloriar de como ele "estava bem financeiramente". Na verdade, o Sr. Andrews tinha uma renda elevada, mas um patrimônio líquido relativamente pequeno. Ele era um clássico SAR que parecia e agia como um rico. Ele usava pulseiras de ouro nos dois pulsos e tinha um relógio incrustado de brilhantes de aspecto caro e vários anéis. Quando o Sr. Andrews começou a contar sua história ao grupo, transpirava confiança. Mas, depois de três horas conversando com oito homens mais sensatos, sua atitude mudou. Acreditamos que naquele dia o Sr. Andrews aprendeu algumas lições importantes sobre planejamento financeiro e a distribuição intergeracional de riqueza.

O Sr. Andrews nos disse que já estava bem de vida e que tinha atingido suas metas financeiras, mas, quando questionado, não soube explicar seus objetivos. Uma parte importante de seu plano era obter uma renda elevada. Ele sempre supôs que "a maioria das outras partes" de seu plano financeiro "cuidaria de si mesma". Entrevistamos muitos SARs como o Sr. Andrews. Não importa como lhes perguntamos sobre suas metas financeiras, as respostas são previsíveis:

*Você sabe quantas celebridades moram em meu bairro?*

*Eu ganho muito dinheiro.*

*Moro a duas casas de uma estrela do rock.*

*Minha filha casou-se com um sujeito que tem uma renda excelente.*

O que SARs como o Sr. Andrews enfatizam ao falar de si mesmos? Sua renda, seus hábitos de consumo e artigos de status. Os PARs falam de suas realizações, como diplomas e sobre como criaram suas empresas. Você notará que o Sr. Andrews, o SAR, tem uma orientação financeira muito diferente dos oito PARs que participaram de nossa entrevista do grupo de discussão.

Vários dos entrevistados mais velhos refletiram sobre suas experiências em detalhes excepcionalmente incomuns. Não achamos que essas informações teriam fluido com tanta facilidade não fosse pelos comentários iniciais do Sr. Andrews. Suas opiniões — tão diferentes da dos outros — precipitaram uma conversa que resultou em conselhos valiosos sobre questões como dar presentes, o papel e seleção de executores, conflitos entre herdeiros, trusts e os prós e contras de "controlar filhos e netos a partir do túmulo".

Começamos a entrevista perguntando:

*Poderia nos contar algo a seu respeito?*

Os nove participantes brevemente se apresentaram. Uma resposta típica:

*Eu sou Martin. Estou casado com a mesma mulher há 41 anos. Temos 3 filhos. Um é médico, outro é advogado, e o terceiro é executivo. Temos 7 netos. Recentemente, vendi minha empresa. Agora participo ativamente de várias organizações religiosas e de duas que ajudam jovens a iniciar seu negócio.*

Todos os entrevistados naquele momento tinham e geriam seus negócios ou haviam se aposentado após a venda da empresa. Todos, exceto o Sr. Andrews, que tinha 62 anos, tinham 60 ou 70 e poucos anos. Depois de se apresentarem, eles discutiram suas metas financeiras. O primeiro a responder foi o Sr. Andrews:

*Estar no negócio sozinho... Quando acordo pela manhã, é sempre um desafio... Planejo meu trabalho... executo meu plano. É por isso que meu negócio vai bem.*

O Sr. Andrews discutiu sobre dar presentes atualmente e como sua riqueza seria distribuída no futuro:

> *Tenho um genro que é médico... Outro é advogado. Eles estão bem (geram rendas elevadas). Ambos se encontram entre os maiores patamares de renda. Eles não precisam do meu dinheiro.*
>
> *Mas suas esposas, minhas filhas... elas precisam. Elas são gastadoras... Claro, eu sempre as mimei demais e agora estou pagando por isso... Elas ligam e pedem que eu pague as aulas de piano das crianças e que eu compre o piano... Bicicletas e festas de aniversário... Pago isso também. Gosto de dar-lhes dinheiro.*
>
> *Minhas filhas são as beneficiárias de todos os meus planos de seguro, o que é mais do que suficiente para pagar todos os impostos prediais e outras despesas. As meninas ficarão com o saldo.*
>
> *Depois que eu me for, não faz diferença como elas gastarão o dinheiro... Elas podem ficar com ele, desperdiçá-lo... mas só quero que sejam felizes.*

"Feliz" para o Sr. Andrews significa ter dinheiro para gastar. E orgulho é ter filhas casadas com produtores de altas rendas. Ele falou repetidas vezes sobre essas questões.

Sentado ao lado do Sr. Andrews estava o Sr. Russel, um senhor aposentado muito rico que recentemente vendera sua fábrica. Imediatamente após o Sr. Andrews ter admitido que mimava as filhas, o Sr. Russel se inclinou para a frente na cadeira e afirmou o seguinte:

> *Tenho três filhas... Todas têm carreiras. Todas trabalham... Todas são felizes. Todas moram longe daqui. Elas têm a própria vida para cuidar... Não estou preocupado em pagar pelo seu futuro... Nem elas. Não discutimos isso. Mas haverá uma grande soma... Tenho certeza de que sobrará bastante depois que eu morrer.*

Outro entrevistado, o Sr. Joseph, assentiu com a cabeça e falou:

> *Temos duas filhas, uma é vice-presidente de uma grande corporação e a outra é cientista. Temos muito orgulho delas... Elas ficarão em ótima situação financeira. Mas, como família, não passamos muito tempo pensando nos meus bens.*

O Sr. Russel e o Sr. Joseph têm a fórmula correta. *Se você é rico e quer que seus filhos sejam adultos felizes e independentes, minimize discussões e comportamentos centrados no tema de receber dinheiro de outras pessoas.*

Depois dessas declarações, um dos entrevistados perguntou ao Sr. Andrews sobre o destino de seu negócio. Seus comentários geraram uma série de observações interessantes dos membros mais velhos do grupo. O Sr. Andrews declarou:

> *Todo o dinheiro que ganhei está destinado às minhas filhas e aos meus netos. Não preciso do dinheiro. As crianças podem usá-lo. Eu dou o máximo nos limites da lei.*

O que o Sr. Andrews planeja fazer com a propriedade de seu negócio? Ele acabará por vendê-lo? Ele o dará para os filhos administrarem? Ou ele tem outra ideia em mente?

> *Eu fiz um acordo com meu filho mais velho. Ele deve pagar X dólares todos os anos... e Billy acabará ficando com a empresa.*

Vários entrevistados mais velhos questionaram seu plano, visto que ele claramente tem o potencial de criar conflitos entre os filhos do Sr. Andrews. A empresa dele está no ramo de serviços/distribuição; ela não tem grande valor a menos que continue e ser operada associada ao Sr. Andrews. Em outras palavras, a menos que Billy Andrews continue a fazer a empresa funcionar, não haverá negócio algum. Um entrevistado perguntou:

> *O negócio teria valor significativo se o vendesse hoje?*

O Sr. Andrews admitiu que não. Então por que ele exige que o filho mais velho e principal empregado compre a empresa? Por que não dar a ele? Lembre-se de que o Sr. Andrews dá todos os lucros do negócio às filhas. Ele também planeja dar-lhes a receita que recebe da venda da empresa — o dinheiro que o filho Billy paga por ela. Além disso, as filhas do Sr. Andrews já recebem do pai elevados presentes em dinheiro. Mas não Billy. Este, segundo o cálculo do pai, não precisa de subsídios. Ele é extremamente produtivo na geração de renda e sempre leva "uma grande carga nos ombros". O Sr. Andrews acha que as filhas, por outro lado, não têm capacidade de manter o estilo de classe média alta sozinhas. Mas e quanto aos genros produtores de renda elevada?

Na opinião do Sr. Andrews, seus genros nunca gerarão uma renda alta o bastante para sustentar os hábitos de alto consumo das "meninas". Além disso, ele nos disse:

> *Nunca se pode confiar plenamente nos genros... O divórcio é sempre uma possibilidade.*

E quanto ao futuro suporte financeiro para as filhas? Billy, o substituto dele, encontrará uma solução para o problema. O plano do Sr. Andrews estipula que Billy faça os pagamentos às irmãs durante anos após sua morte. O dinheiro para esses pagamentos anuais virá dos lucros de "seu negócio". Isso é incomum? Não. Donos de negócios, empresários e médicos geralmente se veem em situação semelhante (veja as Tabelas 6-5 e 6-6).

Em resumo, Billy terá que fornecer um elevado subsídio para o estilo de vida das irmãs, um estilo baseado em grande consumo. O Sr. Andrews sente que "é praticamente certo" que Billy realizará seus desejos. Talvez ele o faça. Mas como você reagiria a esse plano se fosse a esposa de Billy? Pense um pouco. Seu marido está pagando as roupas caras, os carros de luxo, as férias etc. das irmãs dele. A maioria das esposas acha que caridade começa em casa. Note que as esposas geralmente iniciam os conflitos familiares referentes a desigualdades na distribuição de riqueza.

Os demais participantes não criticaram o plano do Sr. Andrews diretamente. Quando um deles falou, olhou para o grupo, não para o Sr. Andrews. No entanto, à medida que a discussão avançava, ficou cada vez mais claro que outros entrevistados consideravam o Plano Andrews inadequado.

Um participante mais velho refletiu sobre uma situação relacionada:

## TABELA 6-5
### EMPRESÁRIOS — PRESENTES E HERANÇA: CONTRASTES ENTRE FILHOS ADULTOS DOS RICOS

| Propensão a Receber Presentes/Herança | Razão para dar Presentes/Deixar Herança | "Posição" de Filho/Filha em Relação aos Pais | O Provável Momento em que Filho/Filha Recebe Presentes/Herança | Forma/Tipo de Presentes/Herança |
|---|---|---|---|---|
| Empresários têm menor probabilidade do que a norma entre todos os filhos de afluentes de receber presentes em dinheiro ou herança dos pais. | Muitas vezes, pais oferecem um capital semente para os filhos com orientação empresarial que desejam iniciar um negócio. | Empresários costumam ser fortes e independentes. | Empresários geralmente recebem presentes em espécie no início da vida adulta. | Empresários geralmente completam menos anos na faculdade/pós-graduação que a norma para todos os filhos de afluentes. |
| Só uma pequena minoria de empresários herda o negócio da família. | Empresários têm probabilidade muito menor de receber presentes em espécie/herança quando bem-sucedidos. Os pais costumam concluir que eles não precisam de suporte financeiro. | Eles têm probabilidade menor, emocional e financeira, de ter orientação empresarial do que o contrário. | | Muitas vezes, pais afluentes dão recursos em excesso para o fundo universitário dos filhos com orientação empresarial. |
| Geralmente, eles começam o próprio negócio. | Filhos com orientação empresarial de afluentes têm as características de maior renda/patrimônio líquido de todas as categorias ocupacionais. | Muitas vezes, pais idosos são mais "ligados" aos filhos com orientação empresarial do que o contrário. | | Presentes em espécie/títulos muitas vezes vêm desse tipo de cenário. Presentes em espécie também são dados na forma de empréstimos totais/parciais perdoados para capital semente. |
| | Alguns desses filhos que assumem o negócio dos pais/família são solicitados a fazer pagamentos de longo prazo "de compra" aos irmãos menos produtivos. | | | |

## TABELA 6-6
### MÉDICOS — PRESENTES E HERANÇA: CONTRASTES ENTRE FILHOS ADULTOS DE RICOS

| Propensão a Receber Presentes/Herança | Razão para Dar Presentes/Deixar Herança | "Posição" de Filho/Filha em Relação aos Pais | O Provável Momento em que Filho/Filha Recebe Presentes/Herança | Forma/Tipo de Presentes/Herança |
|---|---|---|---|---|
| De todos os filhos de afluentes, os médicos têm menor probabilidade de receber herança dos pais. | Muitas vezes, os pais acham que filhos médicos têm pouca ou nenhuma necessidade de herança. Em outras palavras, eles acham que médicos não precisam de riqueza adicional, visto que "já são ricos". | Médicos estão entre os com menor probabilidade de depender econômica ou emocionalmente dos pais. Geralmente, eles são determinados a afirmar sua independência. Essa "posição" dá aos pais mais evidências de que o "doutor" não precisa de seu dinheiro. | Médicos costumam receber presentes em espécie no início da vida adulta. A probabilidade de receber presentes em espécie se reduz muito quando eles atingem a meia-idade. | Presentes recebidos na forma de dinheiro para pagamento da faculdade e "começar na vida". |
| Sua propensão de receber presentes anuais em espécie dos pais é mais ou menos comum para todos os filhos adultos. | Os filhos não médicos, às vezes, fazem lobby contra eles, encorajando os pais a "tirá-los do testamento". Alguns pais acham que os filhos médicos oferecerão apoio financeiro aos irmãos necessitados. | | | Os que recebem uma herança costumam receber dinheiro, outros ativos financeiros em vez de propriedades/tangíveis/colecionáveis. |
| Muitas vezes, pais de médicos esperam que eles deem presentes de serviços profissionais e, em alguns casos, presentes financeiros para irmãos adultos menos prósperos. | | | | |

*Um filho fica impaciente com o pai. O filho queria assumir o negócio do pai, mas não queria esperar que ele morresse. Assim, ele abriu o próprio negócio e atualmente concorre com o do pai.*

O Sr. Andrews retrucou depressa:

*Meu filho assinou um contrato incompleto comigo... Tudo em uma família se baseia na confiança, não é mesmo?*

Os participantes pensaram nessa afirmação por um momento. Talvez o Sr. Andrews estivesse pensando melhor sobre seu plano.

Logo depois de ter feito esse comentário, ele revelou que os filhos eram seus testamenteiros. O Sr. Harvey então levantou a mão e pediu para responder. Ficamos satisfeitos. Ele era o entrevistado mais velho do grupo e começou por observar a importância de facilitar a harmonia entre os herdeiros. E, em sua opinião, a escolha dos testamenteiros era essencial para esse fim. O Sr. Harvey tinha sido testamenteiro ou cotestamenteiro de várias propriedades. Ele entendia muito bem que essa função era difícil e que, muitas vezes, havia animosidade entre os testamenteiros e os herdeiros dos bens. Por esse motivo, ele escolheu com cuidado os testamenteiros de seus bens.

*Eu tenho dois filhos. Eles são próximos um do outro e podem dividir os bens entre eles. Mas eles o farão com o meu advogado... Os filhos e o advogado são meus testamenteiros. Eu adicionei o advogado para manter o equilíbrio... sabemos o que pode acontecer quando há dinheiro envolvido. Quero que mantenham boas relações,... mas boas relações podem se deteriorar no último momento sem um profissional experiente.*

Então o Sr. Andrews falou. Ele perguntou em um tom de desafio:

*Você realmente vai usar alguém de fora da família como testamenteiro?*

Em resposta, sete dos nove participantes declararam que, além de um membro da família, pelo menos um terceiro seria cotestamenteiro de seus bens. O Sr. Ring, empresário aposentado e avô de nove netos, foi um deles. Ele tinha sido cotestamenteiro de vários bens e sabia de situações em que os herdeiros da fortuna de um avô eram pessoas extremamente mimadas com cerca de 20 e 30 anos que não tinham o treinamento, a disciplina ou a ambição de sustentar o estilo de vida de ricos que tinham sido condicionados a usufruir. Vários desses adultos ainda moram na casa dos pais, e todos vêm recebendo atendimento emergencial dos avós. Mas, como o Sr. Ring explicou, quando a "fonte secava", surgiam os problemas. Quando os avós morriam, seus filhos e netos tornavam-se adversários. Cada geração sentia que deveria receber a maior parte dos bens.

Essas experiências tiveram uma profunda influência no Sr. Ring. Ele se deu conta de que, muito antes de morrer, a pessoa deve selecionar profissionais para serem testamenteiros. Consequentemente, ao longo dos anos, ele desenvolveu relações próximas com um advogado de propriedades altamente habilitado e um contador especializado em tributos. O Sr. Ring buscou seus conselhos antes de se aposentar, compreendendo que algum dia esses profissionais poderiam agir em seu nome para evitar, ou pelo menos reduzir, a probabilidade de os netos brigarem por causa de seus bens. Ao longo dos anos, ele também buscou sua orientação para "dar sem mimar". O Sr. Ring hoje dá presentes aos netos, mas não na forma de produtos ou privilégios sociais. E ele nunca os dá sem antes ter a aprovação dos pais das crianças.

> *Os trusts para os netos estão sob controle... O dinheiro será distribuído só quando cada neto atingir certa maturidade... Eu era um pouco contra isso. Mas ouvi meu advogado e o contador... Não quero sair do túmulo para controlá-los,... mas, da forma como os trusts estão definidos, meus netos terão que trabalhar.*

Os herdeiros do Sr. Ring só começarão a receber suas heranças quando atingirem 30 anos. Embora alguns avós afluentes deem produtos e privilégios, os Rings lhes dão educação. Esses presentes têm a intenção de aumentar sua disciplina, ambição e independência.

O Sr. Graham falou em seguida. Ele refletiu sobre as próprias experiências como cotestamenteiro, que o ajudaram a selecionar cotestamenteiros para seus bens.

> *Você tem que usar discernimento. Precisa ser compreensivo e solidário. Eu fui testamenteiro dos bens de um amigo próximo que tinha*

> *uma quantia significativa de dinheiro. Eu tinha poder discricionário... Cada decisão não era necessariamente imposta...*
>
> *Quando a filha de 23 anos estava para se casar,... eu sabia que seu pai gostaria que ela tivesse um belo casamento... então nós lhe demos... o tipo de casamento que ele teria lhe proporcionado.*
>
> *Depois que ela se casou e começou uma família, eu ainda não tinha certeza sobre sua maturidade. Então só lhe dei dinheiro para comprar uma boa casa... Mais tarde, convencido de que ela era capaz de cuidar de si mesma... aprovei a distribuição do restante do trust.*

A filha recebeu o saldo da herança um pouco antes de completar 30 anos, quando o Sr. Graham a julgou capaz de lidar com o dinheiro. Ela havia demonstrado sua maturidade em um casamento estável, em seu papel como mãe e em uma carreira própria.

Ao escolher os testamenteiros de seus bens, o Sr. Graham escolheu um advogado, que era um velho amigo. Ele descobriu que "é melhor para os filhos se zangarem com o mediador do que um com o outro".

O Sr. Ward, outro entrevistado afluente, também atuou como cotestamenteiro. Ele escolheu dois advogados como testamenteiros de sua fortuna multimilionária, em vez dos filhos. Um dos advogados era sua sobrinha; o outro, sócio de uma grande firma de advocacia do país. O Sr. Ward explicou suas escolhas:

> *Escolhi advogados mais jovens porque achei que eles entenderiam melhor as necessidades dos herdeiros de meus bens. Ambos são íntegros e compreensivos e os dois se conhecem profissionalmente.*

Além da compreensão, empatia e integridade, outra característica era essencial para o Sr. Ward:

> *O advogado que redigiu meu testamento foi um dos que eu escolhi como cotestamenteiro com minha sobrinha. Achei que, se houvesse uma disputa entre meus filhos e genros... ele seria um bom mediador. Essa é a razão pela qual o escolhi. Ele é um amigo pessoal há muito tempo e um homem de negócios muito bem-sucedido.*

Os comentários do Sr. Ward são condizentes com as descobertas de muitas de nossas pesquisas. Primeiro, PARs têm relações próximas de longo prazo com muitos profissionais-chave, como advogados e contadores experientes. Segundo, muitas pessoas na categoria do Sr. Ward têm parentes e/ou amigos próximos que os aconselham sobre testamentos, trusts, propriedades e doação de presentes. Na verdade, tudo permanecendo constante, bens nos quais os herdeiros, normalmente filhos e filhas, são advogados de propriedades recebem uma tributação menor. Filhos e filhas que são advogados agem como consultores legais formais e informais e líderes de opinião para os pais afluentes. Eles exercem grande influência em todos os aspectos dos planos dos bens, incluindo a escolha de um advogado de propriedade, provisões no testamento, a última disposição dos ativos da família, a escolha dos testamenteiros, o uso de serviços de trusts e a incidência e o valor das doações financeiras destinadas aos filhos e netos.

"Parentes advogados" normalmente aconselham seus pais afluentes em relação a como minimizar os impostos sobre bens por meio de presentes anuais aos filhos e netos. Assim, a mera presença de um filho ou filha advogado aumenta a probabilidade de que todos os filhos na família receberão presentes substanciais dos pais. (Consequentemente, esses filhos herdam quantias menores do que a norma para todos os filhos dos ricos, visto que grande parte da riqueza dos pais é distribuída ao advogado e aos irmãos antes da morte daqueles.)

O que todos esses entrevistados experientes estavam tentando dizer ao Sr. Andrews? Primeiro, que seus bens eram complexos, com muitas provisões subjetivas. Ele havia reconhecido que seu plano continha várias promessas verbais e comprometimentos monetários. O Sr. Andrews precisava de orientação especializada sobre como lidar com esses arranjos complexos. Seria sensato pensar em contratar um advogado de propriedades/mediador como cotestamenteiro de sua fortuna, do contrário, seu plano se tornaria a causa de muitos conflitos e animosidade entre os filhos.

Mas e se ele for como muitos outros subacumuladores de riqueza que entrevistamos? Nesse caso, é provável que ele não estabeleça uma relação de trabalho próxima e de longo prazo com profissionais como advogados. Lembre-se de que o Sr. Andrew declarou que não precisava de pessoas de fora para ajudá-lo porque "Confio nos meus filhos...

Tudo se baseia na confiança". Mas confiança não é o único elemento nessas situações.

## REGRAS PARA PAIS RICOS E FILHOS PRODUTIVOS

Os ricos que têm filhos adultos bem-sucedidos nos passaram informações valiosas sobre como os criaram. Veja algumas de suas diretrizes:

### 1. NUNCA DIGA AOS FILHOS QUE OS PAIS SÃO RICOS.

Por que tantos filhos adultos dos SARs têm maior probabilidade de obter altas rendas do que acumular riqueza? Achamos que uma das principais razões é que os filhos ouviam sempre que os pais eram ricos. SARs adultos tendem a ser o produto de pais que viveram de forma condizente com a de pessoas ricas. Elas viveram um estilo de vida de status elevado e grande consumo, tão comum nos Estados Unidos hoje. Não é surpresa que seus filhos tentem imitá-los. Por outro lado, PARs adultos cujos pais eram ricos nos disseram repetidas vezes:

> *Eu só soube que meu pai era rico quando me tornei testamenteiro de seus bens. Ele nunca deu essa impressão.*

### 2. NÃO IMPORTA O QUANTO VOCÊ SEJA RICO, ENSINE DISCIPLINA E FRUGALIDADE A SEUS FILHOS.

Você deve se lembrar de que no Capítulo 3 descrevemos o Dr. North, um homem rico cujos filhos adultos levam uma vida frugal e disciplinada. O Dr. North detalhou como ele e a mulher criaram os filhos. Em palavras simples, pelo exemplo. Seus filhos foram expostos a modelos convincentes cujas vidas eram caracterizadas pela disciplina e frugalidade. O Dr. North se expressou muito bem:

> *As crianças são muito espertas. Elas não seguirão regras que os pais não seguem. Nós (minha mulher e eu) fomos pais disciplinados... Vivemos de acordo com as regras... ensinamos pelo exemplo... Eles (os filhos) aprenderam pelo exemplo.*
>
> *Deve haver coerência entre o que os pais falam aos filhos e o que fazem como pais. As crianças têm grande percepção para identificar inconsistências.*

O Dr. North recebeu um presente de aniversário de uma das filhas quando ela tinha 12 anos. Era um pôster intitulado "As Regras do Rei". Nele, a filha escreveu as regras que o pai pregava aos filhos. O Dr. North ainda mantém o pôster no escritório, disposto com destaque atrás de sua escrivaninha.

> *Crianças buscam disciplina e normas. Ela me honrou com o pôster. Crianças precisam ser treinadas a assumir responsabilidade por seus atos. Hoje, todos meus filhos são bem disciplinados e frugais. Eles aderiram às normas. Por quê? Porque seus pais o faziam... Ações falam mais alto do que normas que são apenas palavras e não ações.*

Quais eram algumas das regras que a filha de 12 anos do Dr. North listou no pôster?

- Seja resistente... a vida é dura. Em outras palavras, não há promessas de um jardim de rosas.
- Nunca diga "coitado de mim"... ou sinta pena de si mesmo.
- Entenda antes de criticar... Não desperdice, não queira. Em outras palavras, não abuse de seus pertences. Eles durarão mais.
- Feche a porta da frente... Não desperdice o dinheiro de seus pais deixando o calor escapar.
- Sempre guarde as coisas em seu lugar.
- Dê descarga.
- Diga "sim" aos que precisam de ajuda antes que peçam.

**3. GARANTA QUE SEUS FILHOS NÃO ENTENDAM QUE VOCÊ É RICO ATÉ TEREM ADOTADO UM ESTILO DE VIDA E UMA PROFISSÃO MADURA E DISCIPLINADA.**

Outra vez, o Dr. North foi feliz:

> *Criei um trust para meus filhos... algumas vantagens em termos de tributação sobre bens. Mas meu plano não distribuirá dinheiro aos meus filhos até completarem 40 anos ou mais, porque nessa idade*

*meu dinheiro exercerá pouco efeito em seu modo de vida. Eles já terão adotado um estilo de vida próprio.*

O Dr. North também nos disse que ele nunca dá presentes em dinheiro aos filhos, nem agora que são adultos.

*O dinheiro lhes dá muitas opções... principalmente no caso de filhos mais jovens. A mídia, especialmente a TV, controla os valores de seus jovens, assim como tentam controlar o que pensamos ser engraçado com as trilhas de risadas... Há muita ênfase no consumo... Eu nunca dei dinheiro por esse motivo. Sempre disse aos meus filhos que, se precisarem fazer uma compra grande, primeiro reúna uma boa parte dos recursos.*

### 4. MINIMIZE DISCUSSÕES SOBRE ITENS QUE CADA FILHO E NETO RECEBERÁ COMO HERANÇA OU COMO PRESENTE.

Nunca acene com promessas verbais: "Billy, você ficará com a casa; Bob, a casa de veraneio; Bárbara, a prataria." Principalmente em uma situação de grupo, ainda mais quando consumir álcool. É possível esquecer e confundir facilmente quem terá o quê, mas é provável que os filhos não esqueçam. Eles culparão você e os irmãos por serem prejudicados. Falsas promessas muitas vezes levam à discórdia e a conflitos.

### 5. NUNCA DÊ DINHEIRO OU OUTROS PRESENTES SIGNIFICATIVOS AOS FILHOS ADULTOS COMO PARTE DE UMA ESTRATÉGIA DE NEGOCIAÇÃO.

Dê por amor, obrigação ou bondade. Filhos adultos muitas vezes perdem o respeito e o amor pelos pais que os submetem a táticas de alta pressão. A coerção desse tipo geralmente é produto da maneira pela qual os pais negociam com as crianças. Mesmo pré-adolescentes aprendem os benefícios de "Johnny ganhou uma bicicleta, então eu devo ganhar um trenzinho". Johnny e o irmão devem receber símbolos de amor e gentileza, mas, em vez disso, aprendem que os pais precisam ser pressionados, obrigados e coagidos a dar. Os meninos começam a se encarar como adversários.

Muitas vezes, os pais perpetuam os conflitos mesmo entre os filhos adultos. Você já disse a um de seus filhos ou netos algo como:

*Ajudamos seu irmão a reformar a casa/mandar os filhos para uma escola particular/pagar o seguro saúde. Queremos dar-lhe alguns dólares. Cinco mil são suficientes?*

O que há de errado com essas ofertas? Muitas vezes, os que as recebem as encaram como sinais de culpa ou apaziguamento por parte dos pais.

## 6. FIQUE DE FORA DAS QUESTÕES FAMILIARES DE SEUS FILHOS ADULTOS.

Pais, observem que sua visão do estilo de vida ideal pode ser diametralmente oposta à dos seus filhos adultos, assim como de seus genros e noras. Filhos adultos ressentem-se com a interferência dos pais. Deixe-os levar suas vidas; peça permissão até para dar conselhos. Peça permissão também quando pensar em dar um presente significativo a eles.

## 7. NÃO TENTE COMPETIR COM SEUS FILHOS.

Nunca se gabe do dinheiro que acumulou. Isso envia uma mensagem confusa. Muitas vezes, os filhos não podem competir com os pais nessa base e tampouco querem. Você não tem que se vangloriar de suas conquistas. Seus filhos são sensatos o bastante para valorizar o que você conseguiu. Nunca comece uma conversa com "Quando eu tinha sua idade, já tinha...".

Para muitos filhos de afluentes, bem-sucedidos e orientados para realizações, acumular dinheiro não é uma meta máxima. Em vez disso, eles querem ter boa instrução, ser respeitados por seus pares e ocupar uma posição de status elevado. Para muitos desses filhos e filhas, as variações na renda e riqueza entre ocupações são muito menos importantes do que são para os pais. O típico afluente norte-americano de primeira geração é dono de um negócio. Ele tem um elevado patrimônio líquido, mas, geralmente, baixa autoestima. O pai de baixo status e alto patrimônio líquido muitas vezes vive indiretamente por meio dos filhos adultos bem instruídos que ocupam profissões de status elevado. Faça a um milionário que se fez sozinho uma pergunta simples: "Sr. Ross, fale-me sobre si mesmo." Um multimilionário prototípico (que abandonou o ensino médio) recentemente respondeu o seguinte:

> *Eu era só um garoto, um adolescente, quando casamos... nunca terminei o ensino médio. Mas abri um negócio... Hoje sou muito bem-sucedido, tenho dezenas de diplomados, meus gerentes, trabalhando para mim.*
>
> *A propósito, eu contei que minha filha vai se formar com honras na Faculdade Barnard?*

Esse mesmo milionário nunca quis que seus filhos fossem empresários. E, na realidade, a maioria dos filhos dos afluentes nunca se torna donos de negócios. O dinheiro ocupa o segundo ou terceiro lugar em sua lista de metas e realizações.

### 8. SEMPRE SE LEMBRE DE QUE SEUS FILHOS SÃO INDIVÍDUOS.

Eles são diferentes uns dos outros em termos de motivação e realizações. Mesmo que você tente oferecer suporte financeiro, as diferenças existirão. Esse atendimento reduzirá essas diferenças? É improvável. Subsidiar os malsucedidos tende a aumentar as diferenças de riqueza, não diminuí-las. Isso, por sua vez, pode causar discórdia, visto que o irmão bem-sucedido poderá se ressentir desse presente.

### 9. ENFATIZE AS REALIZAÇÕES DE SEUS FILHOS, MESMO PEQUENAS, NÃO OS SÍMBOLOS DE SUCESSO DELES OU SEUS.

Ensine os filhos a realizar, não só a consumir. Ganhar para aumentar os gastos não deveria ser a meta máxima de ninguém. Isso foi o que o pai de Ken sempre lhe ensinou. Depois do curso de finanças e marketing, ele obteve mestrado com distinção. Seu pai era médico e um verdadeiro membro do grupo dos PARs. Ele costumava dizer a Ken:

> *Não fico impressionado com o que as pessoas possuem. Eu fico impressionado com o que realizam. Tenho orgulho de ser médico. Sempre tente ser o melhor em seu ramo. Não corra atrás do dinheiro. Se você for o melhor, o dinheiro o encontrará.*

O pai de Ken vivia de acordo com essas crenças. Ele vivia bem abaixo de seus meios e investia com sensatez. Nas palavras de Ken:

> *Meu pai comprava um novo Buick a cada 8 anos. Ele morou na mesma casa durante 32 anos. Casa simples, boa, menos que um acre. Quatro quartos para 6 pessoas, dois banheiros... um para meus pais e os outros para os 4 filhos.*

O que o pai de Ken admirava mais no filho?

> *Primeiro que eu trabalhava meio período como ajudante em um restaurante de panquecas durante o ensino médio. Segundo que eu nunca lhe pedi dinheiro. Ele se ofereceu para me emprestar alguns milhares de dólares para iniciar um negócio assim que saí da faculdade. Terceiro, eu vendi o negócio com lucro suficiente para pagar o curso de pós-graduação... e nunca precisei pedir um subsídio.*

O foco de Ken hoje está na realização. Ele é um importante executivo em uma grande empresa de comunicação e entretenimento. É também um investidor esperto tanto em imóveis comerciais quanto em empresas públicas de qualidade. Também como o pai, ele mora em uma casa modesta e dirige carros usados.

Seu pai foi um excelente modelo e mentor para o filho, mas Ken também acha que sua primeira experiência como ajudante teve grande influência nele:

> *Eu pude ver as massas... como as outras pessoas vivem. Eu vi o quanto as pessoas tinham de trabalhar duro para sustentar suas famílias... muitas horas para ganhar um salário mínimo só para sobreviver. O dinheiro não deve ser desperdiçado... não importa o quanto você ganhe.*

## 10. DIGA A SEUS FILHOS QUE HÁ MUITAS COISAS MAIS VALIOSAS QUE DINHEIRO.

*Boa saúde, longevidade, felicidade, uma família amorosa, autossuficiência, bons amigos... se você tiver cinco, é um homem rico. Reputação, respeito, integridade, honestidade e um histórico de conquistas!*

*O dinheiro é a cereja no bolo da vida... Você não precisa nem enganar ou roubar... Não precisa descumprir a lei... ou sonegar impostos.*

*É mais fácil ganhar dinheiro honestamente do que desonestamente nos EUA. Você nunca existirá nos negócios se explorar as pessoas. A vida é longa.*

*Você não pode se esconder da adversidade. Não pode esconder seus filhos dos altos e baixos da vida. Os que chegam lá são os que vivenciam e superam obstáculos... mesmo na infância. Esses são aos quais nunca foi negado o direito de enfrentar uma luta, uma dificuldade. Outros foram, na verdade, enganados. Os que tentaram proteger os filhos de todos os germes possíveis da sociedade... realmente nunca lhes mostraram como encarar o medo e a sensação de dependência. De jeito nenhum.*

Capítulo 7

# Encontre Seu Nicho

Eles são proficientes na identificação de oportunidades de mercado.

Por que motivo você não é rico? Talvez seja por não estar buscando as oportunidades que existem no mercado. Há muitas oportunidades de negócio para os que visam os afluentes, seus filhos e suas viúvas. Com frequência, os que fornecem para os afluentes também ficam muito ricos. Por outro lado, muitas pessoas, inclusive donos de negócios, profissionais liberais, vendedores e até alguns trabalhadores assalariados, nunca produzem rendas elevadas. Talvez seja porque seus clientes têm pouco ou nenhum dinheiro!

Mas talvez você se lembre de que dissemos que os ricos costumam ser frugais. Por que voltar-se para os que não são "grandes gastadores"? Por que focar pessoas que estão atentas à variação dos preços de produtos e serviços? Os afluentes, principalmente os que se fizeram sozinhos, *são* frugais e sensíveis aos preços em relação a muitos produtos e serviços. Mas eles não são nada sensíveis quando se trata de pagar por conselhos e serviços de investimentos, de contabilidade, consultoria tributária, serviços legais, atendimento médico e dentário para eles e membros da família, produtos de educação e moradias. Como quase todos os afluentes são donos de empresas e gerentes, eles também compram produtos industriais e serviços. Eles consomem tudo, desde o espaço em que trabalham a softwares para computadores. Além disso, os afluentes não são nem um pouco frugais quando se trata de comprar produtos e serviços para os filhos e netos. Tampouco são frugais os filhos dos ricos quando se trata de gastar os presentes substanciais que seus pais e avós lhes dão.

## SIGA O DINHEIRO

Na próxima década,[1] haverá mais riqueza neste país do que jamais existiu. Oportunidades de atender os ricos serão maiores do que nunca. Pense nestes fatos sobre a economia norte-americana:

- Em 1996, aproximadamente 3,5 milhões de famílias nos Estados Unidos (de um total de 100 milhões) tinham um patrimônio líquido de US$1 milhão ou mais. Famílias de milionários eram responsáveis por quase metade de toda a riqueza privada nos Estados Unidos.

- Durante o período de dez anos entre 1996 e 2005, espera-se que a riqueza das famílias norte-americanas cresça cerca de seis vezes mais depressa do que sua população. Em 2005, o patrimônio líquido total dos domicílios norte-americanos será de US$27,7 trilhões, ou 20% a mais que em 1996.

- Em 2005, a população de famílias de milionários deve chegar a aproximadamente 5,6 milhões. Nessa época, a maioria da riqueza privada nos Estados Unidos (US$16,3 trilhões de US$27,7 trilhões, ou aproximadamente 59%) estará nas mãos dos 5,3% dos domicílios que têm um patrimônio líquido de US$1 milhão ou mais.

Durante o período de 1996 a 2005, calcula-se que 692.493 falecidos deixarão bens no valor de US$1 milhão ou mais. Isso representa US$2,1 trilhões (em dólares constantes de 1990). Cerca de 1/3 dessa quantia será distribuída entre os cônjuges (em 80% dos casos, viúvas). As viúvas receberão aproximadamente US$560,2 bilhões, enquanto os filhos dos falecidos receberão quase US$400 bilhões (veja a Tabela 7-1). Isso representa US$189.484 para cada um dos esperados 2.077.490 filhos dos falecidos. Pessoas que recebem riqueza como herança de pais ricos têm uma propensão muito maior de gastar do que outras em seu grupo de renda/idade.

---

1 Dados efetivos e/ou atualizados não disponibilizados. (N. da E.)

## TABELA 7-1
### ALOCAÇÃO ESTIMADA[2] DE BENS AVALIADOS EM US$1 MILHÃO OU MAIS ($ BILHÕES)

| Categoria de Alocações | Anos | | | |
|---|---|---|---|---|
| | 1996 N = 40.921 | 2000 N = 66.177 | 2005 N = 100.650 | Total para 1996–2005 N = 692.493 |
| Impostos Estaduais após Crédito | 14,95 | 24,65 | 40,65 | 269,04 |
| Legados para Cônjuge | 38,92 | 64,17 | 105,80 | 700,24 |
| Legados para Caridade | 8,56 | 14,12 | 23,28 | 154,07 |
| Transferências Vitalícias | 21,88 | 36,07 | 59,47 | 393,65 |

## TABELA 7-2
### TAXAS ESTIMADAS[3] PARA SERVIÇOS DE PROPRIEDADE ($ MILHÕES)

| Categoria do Serviço | Anos | | | |
|---|---|---|---|---|
| | 1996 N = 40.921 | 2000 N = 66.177 | 2005 N = 100.650 | Total para 1996–2005 N = 692.493 |
| Taxas de Advogados | 962,5 | 1.586,9 | 2.626,3 | 17.105,6 |
| Taxas de Testamenteiros | 1.241,1 | 2.042,3 | 3.373,7 | 22.329.9 |
| Taxas de Administradores | 938,1 | 1.546,7 | 2.550,0 | 16.878,1 |

Além disso, para minimizar impostos de propriedade, muitos pais ricos reduzem o tamanho de seus bens transferindo grande parte de sua riqueza aos filhos em vida. Durante o período de dez anos de 1996 a 2005, está previsto que pais/avós vivos darão aos filhos e netos adultos mais de US$1 trilhão. Esses presentes terão várias formas, incluindo dinheiro, colecionáveis, casas, carros, imóveis comerciais, títulos públicos e pagamento de hipotecas. Esse US$1 trilhão em presentes representa mais de U$600 mil (em dólares constantes de 1990) para cada filho dos ricos. O valor de US$1 trilhão é uma estimativa muito conservadora,

---

2 A estimativa de alocações está em dólares de 1990.
3 Taxas estimadas estão em dólares de 1990.

visto que, como declaramos antes, em 2005 os domicílios nos Estados Unidos com um patrimônio líquido de US$1 milhão ou mais representarão US$16,3 trilhões — ou 59% — da riqueza pessoal nos Estados Unidos. O US$1 trilhão dado aos filhos e netos representa, assim, uma pequena porção (6,3%) dessa riqueza.

Muitos desses presentes estão isentos de impostos. Tipicamente, os pais distribuem sua riqueza de modo a limitar a tributação sobre eles. Cada pai pode dar a cada filho e neto até US$10 mil por ano. Assim, os pais com 3 filhos e 6 netos podem dar-lhes US$180 mil isentos de impostos todos os anos. Observe também que presentes para pagamento de mensalidades e despesas médicas geralmente são isentos de impostos de presentes.

## NEGÓCIOS E PROFISSÕES COM PROBABILIDADE DE SE BENEFICIAR DOS RICOS

Há muitos. Haverá grande demanda por especialistas que resolvam problemas dos ricos e seus herdeiros nos próximos vinte anos.

### Advogados Especializados

Um pai nos perguntou recentemente sobre a ocupação ideal para o filho. Na época dessa conversa, o filho estava no segundo ano de faculdade com uma média de notas excelentes. O que o pai respondeu quando sugerimos que o filho pensasse em se tornar advogado? Ele disse que havia advogados demais. Replicamos que havia *advogados diplomados* demais. Sempre há demanda para advogados de primeira qualidade. Advogados que podem gerar novos negócios são ainda mais procurados. O pai perguntou que áreas do direito seriam mais adequadas ao filho. Descrevemos três para ele:

### ADVOGADOS IMOBILIÁRIOS — NÚMERO EXCESSIVO?

A primeira área que recomendamos foi o direito imobiliário. Durante o período de dez anos de 1996 a 2005, os honorários associados com regularização de imóveis na categoria de US$1 milhão ou mais terão um total estimado de US$17,1 bilhões (veja a Tabela 7-2). Muitos advogados também ganharão atuando como testamenteiros ou cotestamenteiros, além de administradores de propriedades. Os advogados participarão como testamenteiros ou administradores de somente uma fração das propriedades com valor de US$1 milhão ou mais, porém mesmo uma fração dos US$22,3 bilhões dos honorários estimados dos testamenteiros e US$16,9 bilhões de honorários de administradores representa altos lucros para advogados imobiliários bem informados.

Em resumo, advogados imobiliários possivelmente gerarão rendas superiores a US$25 bilhões atendendo propriedades na faixa de US$1 milhão ou mais durante o período de 1996 a 2005. Esse número é maior do que a renda líquida gerada por todas as sociedades de direitos para todos os serviços em 1994! Naturalmente, esse total é só uma pequena quantia comparada com os quase US$270 bilhões que serão pagos ao Governo Federal em impostos de propriedade durante o mesmo período de 10 anos (veja a Tabela 7-1).

O sucesso de um advogado imobiliário não depende apenas da prestação de serviços legais. Os mais bem-sucedidos também são mentores e consultores familiares dos ricos e seus herdeiros. Esses advogados precisam estar especialmente aptos a atender às necessidades das viúvas e viúvos, seus clientes. Na população de casais afluentes, quase todos os maridos e esposas pretendem deixar seus bens para os cônjuges, visto que um marido ou uma mulher pode receber essa herança isenta de impostos.[4] Essa dedução marital ilimitada basicamente adia o pagamento dos tributos até a morte do segundo cônjuge.

Viúvas ricas enfrentam uma situação bastante difícil. Mais da metade estava casada com o mesmo marido havia mais de 50 anos. Entre 1996 e 2005, é provável que surjam 4 viúvas ricas para cada viúvo rico. A idade é muito importante para explicar essa variação. Na população de casais milionários, a idade média esperada para a morte do marido é de 75 anos, enquanto a média esperada para a morte da esposa é de 82 anos. Além disso, os homens nesses casos casam com mulheres em média 2 anos mais jovens. Assim, na população típica de casais afluentes, o marido que falece aos 75 anos deixa uma viúva 2 anos mais jovem do que ele

---

4 O termo *herdar* como usado aqui não se encaixa na definição tradicional, que se relaciona a receber dinheiro ou seu equivalente como um direito ou título passado por lei de um ancestral quando de sua morte. Tampouco um cônjuge se encaixa rigidamente na definição de um ancestral. Na realidade, quase toda a riqueza de casais de milionários pertence a ambos; esse é o principal motivo de ser quase impossível calcular quantidade de milionários individuais e por que substituímos o número de domicílios de milionários. Mesmo assim, é um tanto inexato usar o termo *herança* ao discutir a transferência de riqueza entre casais. Enquanto ambos estão vivos, o que é dele é dela, e vice-versa.

na época de sua morte. Sua mulher, que ficou viúva aos 73, deverá viver até os 82. A maioria das mulheres nesse cenário nunca casa outra vez, portanto, a maioria fica viúva durante 9 anos antes de falecer.

Calcula-se que durante o período de 10 anos de 1996 a 2005, cerca de 296 mil mulheres da população de casais milionários ficarão viúvas. Sua herança média será de aproximadamente US$2 milhões (em dólares de 1990). Nesse mesmo período, perto de 72 mil homens dessa população ficarão viúvos. Calcula-se que eles herdarão mais de US$125 milhões ou uma herança média de cerca de US$1,7 milhão.

Em que estados a demanda por advogados imobiliários será maior? Prevemos que a demanda na Califórnia, na Flórida, em Nova York, em Illinois, no Texas e na Pensilvânia será especialmente alta durante a próxima década (veja as Tabelas 7-3 e 7-4).

**SOBRE RENDA E/OU RIQUEZA**

Qual é a categoria número um em consumo de renda entre os afluentes? O imposto de renda. Os afluentes na categoria de renda anual obtida de US$200 mil ou mais são responsáveis por apenas 1% dos domicílios nos EUA, mas pagam 25% dos impostos sobre renda pessoal. Eles gostariam de obter uma renda menor no futuro.

O que acontecerá em 2005, quando as famílias de milionários controlarão 59% da riqueza pessoal nos Estados Unidos? É provável que o governo aumente a pressão sobre os ricos, possivelmente criando novos meios de tributar a riqueza além da renda. Essa perspectiva, segundo nossos levantamentos com milionários, é prioritária na mente dos ricos. Pagar impostos cada vez mais altos para cobrir os gastos do governo e reduzir o déficit federal está entre os maiores receios da população afluente. Vários estados já adotaram um imposto sobre a riqueza. Cada ano os residentes desses estados devem listar todos os ativos financeiros que possuem; o imposto incide sobre ações, títulos, depósitos a prazo etc. Qual será a dificuldade de o governo federal tributar a riqueza dessa forma? Não muito grande, visto que ele já sabe como alguns estados tributam o capital antes de se tornar renda realizada.

Acreditamos que nos próximos vinte anos os ricos terão que usar todas as opções dentro da lei para permanecer ricos. Esse é um segmento de nossa economia que estará cercado pelo político liberal e seu amigo, o fiscal. Certamente os ricos rapidamente gastarão seu dinheiro em consultoria jurídica que os ajudará a resistir ao cerco. O advogado tributário mostrará ser parte integrante da defesa. Assim, a segunda área da lei que recomendamos ao pai e seu filho foi o direito tributário.

### TABELA 7-3
### PREVISÃO DE QUANTIDADE E VALOR[5] DE PROPRIEDADES DE US$1 MILHÃO OU MAIS

|  | Número de Propriedades | | | Total em Dólares das Propriedades | | |
|---|---|---|---|---|---|---|
|  | 1996 | 2000 | 2005 | 1996 | 2000 | 2005 |
| Alabama | 359 | 563 | 883 | 952.915.427 | 1.571.091.934 | 2.590.292.690 |
| Alasca | 45 | 70 | 110 | 105.229.924 | 173.494.815 | 286.044.592 |
| Arizona | 508 | 796 | 1.249 | 1.206.636.467 | 1.989.407.210 | 3.279.977.983 |
| Arkansas | 240 | 376 | 590 | 97.472.127 | 985.065.004 | 1.624.097.625 |
| Califórnia | 7.621 | 11.952 | 18.744 | 20.784.079.307 | 34.267.153.645 | 56.496.985.101 |
| Colorado | 412 | 646 | 1.012 | 1.039.437.810 | 1.713.743.226 | 2.825.484.910 |
| Connecticut | 1.052 | 1.650 | 2.588 | 2.873.946.160 | 4.738.336.164 | 7.812.195.622 |
| Delaware | 151 | 237 | 371 | 349.597.194 | 576.388.329 | 950.303.699 |
| Distrito de Colúmbia | 129 | 203 | 318 | 583.441.470 | 961.932.362 | 1.585.958.346 |
| Flórida | 3.720 | 5.835 | 9.151 | 13.274.170.363 | 21.885.407.028 | 36.082.936.085 |
| Geórgia | 731 | 1.147 | 1.799 | 2.057.829.634 | 3.392.787.490 | 5.593.760.901 |
| Havaí | 259 | 406 | 637 | 765.840.006 | 1.262.656.708 | 2.081.768.972 |
| Idaho | 110 | 172 | 270 | 212.798.292 | 350.845.070 | 578.445.730 |
| Illinois | 2.002 | 3.140 | 4.925 | 5.688.262.029 | 9.378.358.600 | 15.462.299.309 |
| Indiana | 479 | 751 | 1.179 | 1.944.415.160 | 3.205.798.634 | 5.285.468.397 |
| Iowa | 502 | 787 | 1.235 | 933.038.664 | 1.538.320.691 | 2.536.262.045 |
| Kansas | 430 | 675 | 1.059 | 992.668.954 | 1.636.634.420 | 2.698.353.980 |
| Kentucky | 408 | 640 | 1.004 | 1.053.468.466 | 1.736.875.868 | 2.863.624.189 |
| Louisiana | 16 | 495 | 777 | 948.238.542 | 1.563.381.053 | 2.577.579.597 |
| Maine | 253 | 397 | 623 | 558.887.821 | 921.450.239 | 1.519.214.608 |
| Maryland | 766 | 1.201 | 1.884 | 1.936.230.610 | 3.192.304.592 | 5.263.220.484 |
| Massachusetts | 1.200 | 1.882 | 2.951 | 3.203.666.590 | 5.281.953.251 | 8.708.468.675 |
| Michigan | 85 | 1.544 | 2.422 | 2.485.764.661 | 4.098.333.070 | 6.757.008.907 |
| Minnesota | 577 | 904 | 1.418 | 1.403.065.660 | 2.313.264.197 | 3.813.927.887 |
| Mississippi | 231 | 362 | 568 | 534.334.172 | 880.968.115 | 1.452.470.870 |
| Missouri | 789 | 1.237 | 1.940 | 2.395.734.614 | 3.949.898.617 | 6.512.281.867 |
| Montana | 93 | 146 | 229 | 191.752.307 | 316.146.107 | 521.236.811 |
| Nebrasca | 312 | 489 | 767 | 574.087.699 | 946.510.601 | 1.560.532.160 |
| Nevada | 173 | 271 | 426 | 411.565.927 | 678.557.498 | 1.118.752.180 |
| Nova Hampshire | 237 | 371 | 582 | 477.042.324 | 786.509.827 | 1.296.735.482 |
| Nova Jersey | 1.582 | 2.482 | 3.892 | 4.343.657.438 | 7.161.480.411 | 11.807.285.084 |
| Novo México | 121 | 190 | 298 | 330.889.651 | 545.544.807 | 899.451.327 |
| Nova York | 3.636 | 5.702 | 8.942 | 12.767.897.504 | 21.050.704.197 | 34.706.743.772 |
| Carolina do Norte | 827 | 1.297 | 2.034 | 2.099.921.604 | 3.462.185.416 | 5.708.178.738 |
| Dacota do Norte | 126 | 198 | 310 | 192.921.528 | 318.073.827 | 524.415.084 |
| Ohio | 1.398 | 2.192 | 3.438 | 3.555.602.226 | 5.862.197.020 | 9.665.128.920 |
| Oklahoma | 350 | 549 | 862 | 1.017.222.603 | 1.677.116.543 | 2.765.097.718 |
| Oregon | 321 | 503 | 789 | 722.578.815 | 1.191.331.062 | 1.964.172.862 |

---

5 Valor das propriedades em dólares de 1990.

|  | Número de Propriedades | | | Total em Dólares das Propriedades | | |
|---|---|---|---|---|---|---|
|  | 1996 | 2000 | 2005 | 1996 | 2000 | 2005 |
| Pensilvânia | 1.760 | 2.761 | 4.330 | 5.100.143.673 | 8.408.715.358 | 13.863.627.870 |
| Rhode Island | 214 | 335 | 525 | 401.042.934 | 661.208.016 | 1.090.147.721 |
| Carolina do Sul | 482 | 757 | 1.187 | 952.915.427 | 1.571.091.934 | 2.590.292.690 |
| Dacota do Sul | 81 | 128 | 200 | 268.920.918 | 443.375.638 | 731.002.845 |
| Tennessee | 472 | 740 | 1.160 | 1.556.233.661 | 2.565.795.539 | 4.230.281.681 |
| Texas | 1.922 | 3.014 | 4.727 | 5.849.614.580 | 9.644.383.983 | 15.900.901.016 |
| Utah | 83 | 131 | 205 | 377.658.507 | 622.653.613 | 1.026.582.256 |
| Vermont | 84 | 132 | 207 | 182.398.536 | 300.724.346 | 495.810.625 |
| Virgínia | 924 | 1.448 | 2.272 | 2.965.145.428 | 4.888.698.337 | 8.060.100.935 |
| Washington | 697 | 1.093 | 1.714 | 2.015.737.665 | 3.323.389.564 | 5.479.343.064 |
| Virgínia Ocidental | 126 | 198 | 310 | 308.674.445 | 508.918.123 | 839.064.135 |
| Wisconsin | 480 | 753 | 1.181 | 1.324.727.827 | 2.184.106.946 | 3.600.983.580 |
| Wyoming | 81 | 128 | 200 | 195.259.971 | 321.929.267 | 530.771.631 |
| Outras áreas | 64 | 101 | 158 | 275.936.246 | 454.941.959 | 750.072.484 |
| TOTAL | 40.921 | 64.177 | 100.650 | 117.340.719.569 | 193.462.140.273 | 318.965.145.743 |

**TABELA 7-4**
**PREVISÃO DE QUANTIDADE DE PROPRIEDADES AVALIADAS[6] EM US$1 MILHÃO OU MAIS CLASSIFICADAS POR QUANTIDADES POR ESTADO NO ANO DE 2000**

| Estado | Número | Valor Total | Valor Médio | Classificação |
|---|---|---|---|---|
| Califórnia | 11.952 | 34.267.153.645 | 2.867.121 | 1 |
| Flórida | 5.835 | 21.885.407.028 | 3.750.905 | 2 |
| Nova York | 5.702 | 21.050.704.1 97 | 3.691.901 | 3 |
| Illinois | 3.140 | 9.378.358.600 | 2.986.706 | 4 |
| Texas | 3.014 | 9.644.383.983 | 3.199.594 | 5 |
| Pensilvânia | 2.761 | 8.408.715.358 | 3.045.791 | 6 |
| Nova Jersey | 2.482 | 7.161.480.411 | 2.885.822 | 7 |
| Ohio | 2.192 | 5.862.197.020 | 2.674.136 | 8 |
| Massachusetts | 1.882 | 5.281.953.251 | 2.807.188 | 9 |
| Connecticut | 1.650 | 4.738.336.164 | 2.871.869 | 10 |
| Michigan | 1.544 | 4.098.333.070 | 2.654.315 | 11 |
| Virgínia | 1.448 | 4.888.698.337 | 3.375.224 | 12 |
| Carolina do Norte | 1.297 | 3.462.185.416 | 2.669.469 | 13 |
| Missouri | 1.237 | 3.949.898.617 | 3.192.418 | 14 |
| Maryland | 1.201 | 3.192.304.592 | 2.657.293 | 15 |
| Geórgia | 1.147 | 3.392.787.490 | 2.958.510 | 16 |
| Washington | 1.093 | 3.323.389.564 | 3.040.937 | 17 |
| Minnesota | 904 | 2.313.264.197 | 2.558.322 | 18 |
| Arizona | 796 | 1.989.407.210 | 2.498.002 | 19 |
| Iowa | 787 | 1.538.320.691 | 1.953.634 | 20 |
| Carolina do Sul | 757 | 1.571.091.934 | 2.076.484 | 21 |
| Wisconsin | 753 | 2.184.106.946 | 2.901.461 | 22 |
| Indiana | 751 | 3.205.798.634 | 4.265.994 | 23 |

---

6 Valor das propriedades em dólares de 1990.

| Estado | Número | Valor Total | Valor Médio | Classificação |
|---|---|---|---|---|
| Tennessee | 740 | 2.565.795.539 | 3.467.637 | 24 |
| Kansas | 675 | 1.636.634.420 | 2.424.247 | 25 |
| Colorado | 646 | 1.713.743.226 | 2.654.536 | 26 |
| Kentucky | 640 | 1.736.875.868 | 2.711.934 | 27 |
| Alabama | 563 | 1.571.091.934 | 2.791.534 | 28 |
| Oklahoma | 549 | 1.677.116.543 | 3.053.025 | 29 |
| Oregon | 503 | 1.191.331.062 | 2.367.867 | 30 |
| Louisiana | 495 | 1.563.381.053 | 3.155.647 | 31 |
| Nebrasca | 489 | 946.510.601 | 1.935.581 | 32 |
| Havaí | 406 | 1.262.656.708 | 3.108.297 | 33 |
| Maine | 397 | 921.450.239 | 2.319.648 | 34 |
| Arkansas | 376 | 985.065.004 | 2.619.438 | 35 |
| Nova Hampshire | 371 | 786.509.827 | 2.120.397 | 36 |
| Mississippi | 362 | 880.968.115 | 2.434.008 | 37 |
| Rhode Island | 335 | 661.208.016 | 1.973.824 | 38 |
| Nevada | 271 | 678.557.498 | 2.499.696 | 39 |
| Delaware | 237 | 576.388.329 | 2.434.051 | 40 |
| Distrito de Colúmbia | 203 | 961.932.362 | 4.743.494 | 41 |
| Virgínia Ocidental | 198 | 508.918.123 | 2.574.768 | 42 |
| Dakota do Norte | 198 | 318.073.827 | 1.609.230 | 43 |
| Novo México | 190 | 545.544.807 | 2.871.968 | 44 |
| Idaho | 172 | 350.845.070 | 2.039.959 | 45 |
| Montana | 146 | 316.146.107 | 2.160.697 | 46 |
| Vermont | 132 | 300.724.346 | 2.274.795 | 47 |
| Utah | 131 | 622.653.613 | 4.756.169 | 48 |
| Dakota do Sul | 128 | 443.375.638 | 3.471.839 | 49 |
| Wyoming | 128 | 321.929.267 | 2.520.857 | 50 |
| Alasca | 70 | 173.494.815 | 2.480.281 | 51 |
| TOTAL | 64.076 | 193.007.198.314 | 3.012.139 | |

## À VENDA: UM LUGAR NOS ESTADOS UNIDOS

A terceira área que recomendamos foi a de direito migratório. Advogados especializados em leis de imigração se beneficiarão dos previsíveis avanços nesse ramo. Por exemplo, será cada vez mais difícil imigrar para os EUA e se naturalizar. Ao mesmo tempo, a demanda pela cidadania norte-americana aumentará muito, principalmente entre estrangeiros ricos. Pense em como empresários milionários e defensores da economia de mercado que moram em Taiwan se sentem sobre o futuro. A China também quer seu capital e país. A China quer as Filipinas por causa do petróleo. Quem sabe como a China tratará a população afluente de um país que adquirir? A China é uma real ameaça a muitos ricos que vivem sob sua influência. Muitas dessas pessoas procurarão a cidadania norte-americana. Advogados de imigração certamente se beneficiarão dessa tendência.

> *"As pessoas não se sentem seguras", disse Chris Chiang, da Companhia de Imigração Pan Pacífico, sediada em Taiwan. "Elas querem ir para os EUA. Bilhões de dólares saíram de Taiwan desde que a China Continental realizou manobras navais próximas às ilhas costeiras... A China considera Taiwan uma província renegada"* (Darryl Fears, "Taiwanese Talk Deal on Blighted Area", *Atlanta Journal-Constitution*, 27 de abril de 1996, p. 1).

O medo dos ricos donos de negócios de Taiwan se reflete no movimento de seu dinheiro para os Estados Unidos. Na verdade, eles recentemente investiram mais de US$10 bilhões só na Califórnia. Agora estão pensando em investir US$50 milhões em Atlanta (Fears, p. 1). O que eles conseguem investindo nesse país?

> *O programa milionário de investidores foi criado pelo Congresso em 1990. Ele permite que cidadãos estrangeiros obtenham residência permanente nos EUA contanto que o investimento crie dez empregos* (John R. Emshwiller, "Fraud Plagues U.S. Programs That Swap Visas for Investments", *The Wall Street Journal*, 11 de abril de 1996, p. Bl).

A necessidade de experiência legal relacionada à imigração não se limita a ricos empresários estrangeiros. Muitos profissionais altamente especializados e cientistas estão sendo cada vez mais procurados por corporações norte-americanas. Esses empregados têm uma crescente necessidade dos serviços de advogados com considerável conhecimento e experiência de estatutos de imigração.

## Especialistas em Atendimento Médico e Dentário

Muitos especialistas se beneficiarão dos muitos dólares que a população afluente gastará com saúde na próxima década. Um crescente número de pessoas ricas pagará despesas médicas e dentárias de seus filhos adultos e netos. Atualmente, mais de 4 em 10 milionários (44%) pagam ou pagaram despesas médicas/dentárias dos filhos adultos e/ou netos. Calculamos que nos próximos 10 anos os milionários gastarão mais de US$2 bilhões em atendimento médico e dentário dos filhos adultos e netos.

A maioria dessas despesas não é coberta pelos planos de saúde. Especialistas habilidosos que preferem lidar diretamente com pagantes individuais, e não com organizações burocráticas de terceiros, serão especialmente importantes ao oferecer esses serviços sem cobertura. Um crescente número de profissionais de saúde já está focando o mercado desses pagadores afluentes. Esses profissionais com altas habilidades e correspondente reputação facilmente se beneficiarão dessa tendência. Muitas vezes, eles cobram e recebem valores mais altos do que qualquer empresa de seguro-saúde estaria disposta a pagar. Os afluentes geralmente pagam diretamente ao profissional ou à organização. Dessa forma, eles evitam a possibilidade de pagar um imposto sobre doações dessas distribuições. Além disso, muitas pessoas ricas pagarão pelos serviços de saúde que escolherem.

Especialistas que se beneficiarão incluem:

- **Dentistas** oferecendo odontologia estética, incluindo clareamento, aplicação de resina, facetas, alinhadores invisíveis, cirurgia nasal estética e de correção bucomaxilar.

- **Cirurgiões plásticos** realizando cirurgia estética do nariz, das orelhas, remoção de tatuagens, contorno facial, peelings e remoção permanente de pelos.

- **Dermatologistas** realizando remoção de verrugas, cirurgia estética, tratamento da acne, remoção de sardas e eletrólise.

- **Alergistas** oferecendo tratamento para fadiga, exantemas, urticária, coceira, mudanças de humor e depressão relacionadas a alergias, alergias a alimentos, dificuldades de aprendizado e síndrome do edifício doente.

- **Psicólogos** oferecendo orientação vocacional, avaliação acadêmica e de carreira, tratamentos para transtorno do déficit de atenção, compulsão alimentar, timidez e condicionamento de assertividade e testes de inteligência e aptidão.

- **Psiquiatras** oferecendo tratamento para estresse e ansiedade, abuso de drogas e álcool, estresse escolar e distúrbios de pânico.

- **Quiropráticos** oferecendo tratamento para alívio do estresse e dores de cabeça, pescoço e região lombar.

## LIQUIDANTES DE ATIVOS, FACILITADORES E AVALIADORES

Nem todos os presentes intergeracionais são dados na forma de dinheiro ou seus equivalentes. Presentes para filhos adultos e netos muitas vezes vêm em forma de negócios privados/familiares, coleções de moedas e selos, pedras e metais preciosos, áreas de reflorestamento comercial, fazendas, direitos de propriedades de petróleo e gás, imóveis pessoais, imóveis comerciais, coleção de armas, porcelanas, antiguidades, artes, automóveis, móveis etc. Muitas vezes, quem os recebe tem pouco ou nenhum interesse neles e quer transformá-los em dinheiro de imediato. Eles precisarão de especialistas para averiguar o real valor do bem ou como vendê-los, administrá-los mesmo por curtos períodos de tempo ou aumentar seu valor.

Especialistas que se beneficiarão incluem:

- **Avaliadores e leiloeiros** oferecendo serviços de avaliação e vendas de uma variedade de bens pessoais ou não, como os listados anteriormente.

- **Negociadores de moedas e selos** oferecendo serviços de avaliação e, em alguns casos, dinheiro imediato para coleção de moedas e selos.

- **Penhoristas** oferecendo serviços em nível local; eles costumam promover-se como especialistas na compra de joias usadas, brilhantes, metais preciosos, moedas, armas, antiguidades, porcelana, colecionáveis, relógios caros, prataria etc.

- **Profissionais de administração imobiliária** realizando administração de imóveis individuais/familiares, serviços de manutenção, coleta de aluguel e limpeza de contaminantes

## INSTITUIÇÕES E PROFISSIONAIS DE EDUCAÇÃO

Mais de 40% dos afluentes nos Estados Unidos pagam as mensalidades da escola particular dos netos. Associado ao rápido crescimento da população rica, isso representa vários milhões de alunos cujas mensalidades para frequentar escolas particulares serão subsidiadas nos próximos dez anos. Considerando esses fatos, a demanda por escolas particulares e professores, orientadores e professores particulares provavelmente acelerará. Ao mesmo tempo, mensalidades e despesas relacionadas aumentarão significativamente. Por quê? Porque os avós ricos estão inflacionando o custo das mensalidades das escolas privadas. Como muitos de seus filhos adultos não precisam pagar serviços dos quais seus filhos se beneficiarão, os pais são relativamente insensíveis ao aumento do custo da educação particular.

Organizações que se beneficiarão incluem:

- **Proprietários e professores** de escolas particulares que proporcionam educação paga para pré-escola, jardim da infância, ensino elementar e ensino médio.
- **Proprietários e professores** em áreas especializadas, como música, teatro, artes plásticas, educação especial/programas de distúrbios de aprendizado, orientação vocacional e aulas particulares para o SAT e outros tipos de testes de entrada/aptidão.

## Profissionais para Serviços Especializados

Como dissemos anteriormente, advogados desempenham um papel essencial na transferência de riqueza entre gerações. Contadores também são importantes nesse aspecto. Muitas vezes, esses profissionais servem como importantes consultores aos afluentes.

A consultoria nesse contexto ultrapassa a função essencial da contabilidade e dos serviços jurídicos. Esses profissionais são contratados por seus insights de como melhor distribuir presentes financeiros e outros aos filhos e netos. Os clientes veem os contadores como sua primeira linha de defesa contra o pagamento de tributos elevados sobre seus bens. Muitas vezes, eles são contratados para ser cotestamenteiros dos bens de seus clientes ricos. Não é incomum que cotestamenteiros nessa situação recebam uma porcentagem dos bens dos clientes. Essa é uma forma de os ricos recompensarem esses consultores confiáveis por seus sábios conselhos.

Especialistas que se beneficiarão incluem:

- Contadores que oferecem estratégias de planejamento de impostos; soluções de impostos para propriedades, trusts e presentes; serviços fiduciários/avaliação de negócios/ativos e planejamento de aposentadoria.

## Especialistas em Habitação/Produtos/ Serviços para Moradias

Mais da metade da população afluente oferecerá ajuda financeira aos descendentes na compra de uma casa. Esse número realmente subestima a incidência desse tipo de suporte financeiro porque, muitas vezes, outros presentes financeiros não destinados para uso específico são aplicados na compra de casas e despesas relacionadas. Os que recebem "subsídios para aquisição de residências" dos parentes geralmente são menos sensíveis à variação nos preços dos imóveis do que os não subsidiados. (Como sempre, nossos dados sugerem que é mais fácil gastar o dinheiro dos outros.) Essa tendência beneficiará muitos dos que estão empregados em negócios imobiliários e de financiamentos hipotecários.

Os subsídios para a aquisição de uma moradia normalmente não eliminam a necessidade de crédito. Na verdade, os pais que oferecem parte do valor da compra de uma casa para morar muitas vezes precipitam a compra de imóveis mais caros e hipotecas maiores por parte dos filhos.

Especialistas que se beneficiarão incluem:

- Empreiteiros/construtores.
- Bancos que oferecem financiamento imobiliário.
- Empreiteiros para reformas.
- Empreiteiros para renovação.
- Imobiliárias.
- Corretores de imóveis residenciais.
- Lojas de tintas, papel de parede e artigos de decoração.

- Vendedores de alarmes e sistemas de segurança e serviços de consultoria de segurança.
- Decoradores de interiores.

## CONSELHEIROS DE ARRECADAÇÃO DE FUNDOS

Especialistas que se beneficiarão incluem:

- Profissionais que realizam pesquisas filantrópicas desenvolvem estratégias de segmentação e orientam fundações e instituições educacionais.

## AGENTES DE VIAGENS E ESCRITÓRIOS E CONSULTORES DE VIAGENS

Os ricos gostam de passar férias com os filhos e netos, e muitos gastam quantias consideráveis para isso. Cerca de 55% recentemente gastaram mais de US$5 mil em uma viagem. Cerca de 1 em 6 gasta mais de US$10 mil.

Especialistas que se beneficiarão incluem:

- **Agentes** de resorts de férias familiares.
- **Agentes** de cruzeiros, excursões, férias ao redor o mundo, trilhas e safáris.

## ONDE ESTARÃO AS OPORTUNIDADES?

Pessoas interessadas em buscar os ricos precisam conhecer a distribuição geográfica das oportunidades disponíveis. Note que antes deste capítulo apresentamos estimativas por estado do número e do total em dólares dos bens na categoria de US$1 milhão ou mais (veja as Tabelas 7-3 e 7-4). Lembre-se, porém, de que para cada categoria com bens no valor de US$1 milhão ou mais, há cerca de 40 milionários que ainda estão vivos. Assim, para muitas pessoas que desejam vender aos afluentes, milionários vivos são os mais importantes dos dois grupos.

## TABELA 7-5
## ESTIMATIVA DE DOMICÍLIOS DE MILIONÁRIOS EM 2005

|  | Total | Por 100 Mil Domicílios | Concentração Relativa |
|---|---|---|---|
| Estados Unidos | 5.625.408 | 5.239 | 100 |
| Alabama | 66.315 | 3.844 | 73 |
| Alasca | 19.216 | 7.148 | 136 |
| Arizona | 76.805 | 4.501 | 86 |
| Arkansas | 32.008 | 3.228 | 62 |
| Califórnia | 773.213 | 5.762 | 110 |
| Colorado | 92.677 | 5.936 | 113 |
| Connecticut | 109.481 | 8.702 | 166 |
| Delaware | 18.237 | 6.247 | 119 |
| Distrito de Colúmbia | 14.076 | 6,815 | 130 |
| Flórida | 289.231 | 4.911 | 94 |
| Geórgia | 146.064 | 4.973 | 95 |
| Havaí | 30.857 | 6.046 | 115 |
| Idaho | 19.264 | 3.883 | 74 |
| Illinois | 283.329 | 6.054 | 116 |
| Indiana | 108.679 | 4.674 | 89 |
| Iowa | 46.202 | 4.100 | 78 |
| Kansas | 49.784 | 4.755 | 91 |
| Kentucky | 56.271 | 3.668 | 70 |
| Louisiana | 62.193 | 3.611 | 69 |
| Maine | 18.537 | 3.887 | 74 |
| Maryland | 149.085 | 7.283 | 139 |
| Massachusetts | 154.390 | 6.746 | 129 |
| Michigan | 202.929 | 5.406 | 103 |
| Minnesota | 102.662 | 5.533 | 106 |
| Mississippi | 30.045 | 2.841 | 54 |
| Missouri | 92.665 | 4.431 | 85 |
| Montana | 12.954 | 3.661 | 70 |
| Nebrasca | 28.026 | 4.276 | 82 |
| Nevada | 36.272 | 5.577 | 106 |
| Nova Hampshire | 26.941 | 6.013 | 115 |
| Nova Jersey | 258.917 | 8.275 | 158 |
| Novo México | 26.352 | 3.758 | 72 |
| Nova York | 431.607 | 6.153 | 117 |
| Carolina do Norte | 130.362 | 4.450 | 85 |
| Dacota do Norte | 9.559 | 3.865 | 74 |
| Ohio | 197.554 | 4.485 | 86 |
| Oklahoma | 46.734 | 3.593 | 69 |
| Oregon | 62.776 | 4.795 | 92 |
| Pensilvânia | 238.010 | 5.033 | 96 |
| Rhode Island | 19.672 | 5.125 | 98 |
| Carolina do Sul | 58.479 | 3.867 | 74 |
| Dacota do Sul | 10.613 | 3.584 | 68 |
| Tennessee | 91.263 | 4.285 | 82 |
| Texas | 365.034 | 4.736 | 90 |
| Utah | 33.850 | 4.097 | 78 |

|  | Total | Por 100 Mil Domicílios | Concentração Relativa |
|---|---|---|---|
| Vermont | 10.035 | 4.407 | 84 |
| Virgínia | 171.516 | 6.327 | 121 |
| Washington | 134.570 | 5.764 | 110 |
| Virgínia Ocidental | 21.774 | 3.077 | 59 |
| Wisconsin | 100.421 | 4.852 | 93 |
| Wyoming | 9.021 | 4.493 | 86 |
| Outras Áreas | 41.239 | 3.640 | 69 |

Com isso em mente, calculamos quantos domicílios dos EUA terão um patrimônio líquido de US$1 milhão ou mais no ano de 2005. Também calculamos quantos desses domicílios haverá em cada um dos 50 estados, no Distrito de Colúmbia e entre os norte-americanos que vivem fora dos EUA (veja a Tabela 7-5). Note que a Califórnia tem a maior população de famílias de milionários. Em termos de concentração por 100 mil famílias, porém, Connecticut está em primeiro lugar.

Capítulo 8

# Empregos: Milionários versus Herdeiros

Eles escolheram a profissão certa.

HÁ CERCA DE DEZ ANOS, UMA REPÓRTER DE UMA REVISTA DE NOTÍCIAS nacional nos telefonou e fez uma pergunta que nos fazem com frequência:

### Quem são os ricos?

Agora é possível que você já saiba a resposta. A maioria dos ricos dos Estados Unidos são donos de negócios, incluindo profissionais liberais. Vinte por cento das famílias ricas nos Estados Unidos são chefiadas por aposentados. Dos restantes 80%, mais de 2/3 são chefiadas por pessoas que trabalham para si próprias. Nos Estados Unidos, menos de 1 em cada 5 famílias, ou cerca de 18%, é chefiada por alguém que trabalha para si próprio ou é profissional liberal. *Mas essas pessoas têm quatro vezes mais probabilidade de serem milionários que os que trabalham para terceiros.*

A repórter fez a próxima pergunta lógica:

### Que tipos de negócios os milionários têm?

Nossa resposta foi a mesma dada a todos:

## Não se pode prever se alguém é milionário pelo tipo de negócio que tem.

Após vinte anos estudando milionários em um amplo espectro de setores, concluímos que *o caráter do dono do negócio é mais importante para prever seu nível de riqueza do que a classificação de sua empresa.*

Mas não importa o quanto tentemos provar nosso ponto, os repórteres querem manter a simplicidade dos fatos. Que grande história, que boa manchete seria se eles pudessem dizer aos leitores:

## Dez negócios que os milionários têm!

Nós nos desviamos do tema para enfatizar que não há passos seguros para se tornar rico. Com frequência, os repórteres ignoram os fatos. Eles usam de sensacionalismo e distorcem as descobertas de nossas pesquisas. Sim, é mais provável que você se torne afluente se trabalhar para si próprio. Mas o que alguns desses repórteres não contam é que a maioria dos donos de negócios não é milionária e nem chegará perto de ser rica.

Dizemos aos repórteres que alguns setores tendem a ser mais lucrativos que outros, assim, os que têm negócios em setores mais lucrativos tendem a, por definição, obter mais renda. Mas só o fato de estar em um setor lucrativo não garante que seu negócio será altamente produtivo. E mesmo que seu negócio seja altamente lucrativo, talvez você nunca fique rico. Por quê? Porque, mesmo que você tenha altos lucros, pode gastar quantias ainda maiores em bens de consumo e serviços não relacionados ao negócio. Talvez você tenha se divorciado três vezes ou gosta de apostar nos cavalos. Talvez você não tenha um plano de previdência ou não tenha ações de empresas de capital aberto de qualidade. Talvez você sinta pouca necessidade de acumular riqueza. O dinheiro, em sua opinião, é o recurso mais facilmente renovável. Se pensar isso, pode ser um gastador, e nunca um investidor.

Mas e se você for frugal e um investidor consciencioso e tiver um negócio lucrativo? Neste caso, é provável que fique rico.

É mais fácil obter altos lucros em alguns setores que outros. Identificamos vários desses ramos lucrativos neste capítulo. Mas, outra vez, não simplifique demais nossas descobertas e sugestões. Frequentemente as pessoas querem uma "resposta rápida" para a pergunta de como se tornar rico nos Estados Unidos. Pior até são os que distorcem as descobertas de nosso banco de dados. Pense, seguindo esse raciocínio, na mensagem que foi deixada há pouco para nós por um corretor de negócios:

> *Achei que gostariam de saber que alguém imprimiu um folheto declarando que você é professor da Universidade de Stanford e que descobriu que 20% dos milionários nos Estados Unidos são donos de lavanderias... Isso é verdade?*

Primeiro, nenhum de nós lecionou em Stanford. Segundo, nenhum de nós jamais declarou que um em cinco milionários está passando camisas neste momento. Descobrimos em meados dos anos de 1980 que lavanderias eram um pequeno negócio lucrativo. Mas, outra vez, lucros não representam afluência ou acúmulo de riqueza automaticamente. Isso é como nossos filhos, talvez também os seus, que acham que entrariam para o time de basquete da escola porque compraram um par de tênis Air Jordan. Uma etiqueta não o transforma em um jogador da faculdade, tampouco um setor da indústria faz o dono ficar rico. É preciso talento e disciplina para gerar lucros e, por fim, riqueza. É por isso que nos ofendemos com pessoas que dizem ao público norte-americano:

> *Compre meu kit educacional/estude-em-casa e seu novo empreendimento será um sucesso. Comece seu próprio negócio hoje — e estará rico amanhã. Eu fiz isso neste ramo. Você também consegue! É muito fácil!*

Outra vez, não é o kit, a ideia ou o setor. Por exemplo, os dados sobre a lucratividade para lojas de ferramentas/madeira há 25 anos nunca nos estimulou. Elas não nos convenceram a investir em um negócio desse tipo. Mas pense no que os fundadores do muito lucrativo Home Depot fizeram. Eles reinventaram o setor. Não permitiram que os padrões do ramo para lucros, volume de vendas ou despesas gerais ditassem como administrar o negócio e investir seu dinheiro. Esses fundadores tinham muito talento, disciplina e coragem. Eles ficaram ricos e ajudaram muitos empregados e outros investidores a atingirem a independência financeira. A maioria das pessoas que se sai muito bem nos negócios cria seus próprios padrões.

## SÓ A MUDANÇA É PREVISÍVEL

As coisas mudam, mesmo no assim chamado ambiente de negócios dono/gerente. Por exemplo, veja o ramo que mencionamos, as lavanderias (Na verdade, o título correto é lavagem de roupas, lavagem a seco e serviços relacionados). Referente a esse setor, Tom Stanley escreveu em 1988:

> Em 1984, havia 6.940 sociedades; 91,9% tinham renda líquida, enquanto o retorno médio sobre os recibos (lucro líquido como uma porcentagem dos recibos) era de 23,4% (Thomas J. Stanley. Marketing to the Affluent (Marketing para os Ricos, em tradução livre), Homewood, Ill.: Irwin, 1988, p. 190).

E quanto à lucratividade desse setor como um todo nos anos de 1990? Analisamos os dados das declarações do imposto de renda. Em 1992, determinamos que havia 4.615 sociedades; apenas 50,5% tinham uma renda líquida, enquanto o retorno médio sobre os recibos [no sentido de valores recebidos pelo serviço efetuado] era de 13%. Também em 1992, havia 24.186 proprietários individuais de lavanderias a seco nos Estados Unidos. Qual era sua renda líquida? Na média, US$5.360. Esse valor colocou as lavanderias a seco no 116º lugar entre 171 proprietários individuais com base no critério da renda média líquida. Na época, o setor como um todo se classificava em 119º em retorno sobre os recibos, o que equivalia a 8,1%. Que porcentagem de lavanderias a seco gerava uma renda líquida? Cerca de 3 em 4, ou 74,1%, ganhavam pelo menos um dólar de renda líquida. Nesse aspecto, as lavanderias a seco ocupavam o 92º lugar entre 171 setores analisados.

Que diferença faz 8 anos! Mas o setor de lavanderias não é o único a ver essas mudanças. Os dados na Tabela 8-1 comparam setores selecionados. Observe que vários passaram por mudanças significativas em termos de lucro ao longo dos anos. A quantidade de lojas de roupas para homens e meninos, e móveis, por exemplo, mais que dobrou de 1984 a 1992. Em 1984, todos os proprietários individuais nesse setor tiveram lucro. Mas, em 1992, somente 82,7% foram lucrativas. Sua posição nesse aspecto caiu de 1º para 57º entre os 171 proprietários individuais estudados. O setor de empreiteiras voltadas para a abertura de ruas e estradas passou do 8º ao 138º, enquanto a de mineração de carvão foi do 14º ao 165º.

## TABELA 8-1
### CLASSIFICAÇÃO DE CATEGORIAS SELECIONADAS DE PROPRIETÁRIOS INDIVIDUAIS SEGUNDO A PORCENTAGEM DE RENDA LÍQUIDA[1]: 1984 VERSUS 1992

| Categoria | 1984 | | | 1992 | | | Renda Média Líquida (US$1000) |
|---|---|---|---|---|---|---|---|
| | Número Total de Empresas | % com Renda Líquida | Classificação | Número Total de Empresas | % com Renda Líquida | Classificação | |
| Lojas de roupas para homens e meninos, e de móveis | 1.645 | 100 | | 3.410 | 82,7 | 57 | 8,2 |
| Clínicas de médicos osteopatas | 1.001 | 100 | 3 | 10.598 | 96,3 | 13 | 7,76 |
| Concessionárias de mobile-homes | 4.718 | 95,4 | 7 | 6.844 | 92,3 | 23 | 10,1 |
| Empreiteiras de construção de rodovias e ruas | 6.812 | 92,5 | 8 | 8.641 | 56,0 | 138 | 12,7 |
| Colocadores de carpetes e pisos | 312.832 | 92 | 9 | 497.631 | 92,0 | 25 | 8,9 |
| Clínicas de quiropraxia | 18.928 | 91,5 | 10 | 32.501 | 85,1 | 49 | 47,5 |
| Colocação de telhados e telas metálicas | 53.539 | 91,4 | 11 | 98.235 | 86,9 | 42 | 9,1 |
| Farmácias e lojas exclusivas | 14.128 | 90,9 | 12 | 8.324 | 82,2 | 60 | 45,5 |
| Mineração de carvão | 717 | 90,7 | 14 | 76 | 34,2 | 165 | 196,6 |
| Lojas de cortinas e estofados | 17.508 | 90,3 | 15 | 29.827 | 79,2 | 74 | 6,2 |
| Agricultura/veterinária | 16.367 | 89,7 | 16 | 19.622 | 92,5 | 22 | 41,7 |
| Transporte de passageiros/táxis | 42.975 | 89,5 | 17 | 38.907 | 97,1 | 11 | 7 |
| Outros transportes de passageiros locais e interurbanos | 16.945 | 89,4 | 18 | 30.666 | 93,6 | 20 | 8,8 |
| Laboratórios dentários | 15.246 | 89,4 | 19 | 28.101 | 96,0 | 15 | 15,2 |
| Fábricas de metal primário | 4.972 | 89,2 | 20 | 3.460 | 100,0 | 1 | 26,1 |
| Profissionais de pintura. colocação de papel de parede e decoração | 180.209 | 88,8 | 21 | 235.599 | 91,1 | 28 | 7,6 |
| Clínicas dentárias | 77.439 | 88,2 | 22 | 96.746 | 94,9 | 16 | 73,1 |
| Pistas de boliche | 1.456 | 88,1 | 23 | 1.547 | 91,3 | 27 | 57,4 |
| Clínicas de optometria | 16.919 | 86,9 | 25 | 12.576 | 96,1 | 14 | 60,1 |

Muitos fatores externos e, com frequência, incontroláveis influenciam a lucratividade de setores e empresas a eles pertencentes. Muitas vezes, a presença de número elevado de firmas lucrativas em um setor atrai mais pessoas, o que pode exercer um efeito moderador nos lucros. Mudanças

---

1  A renda líquida foi calculada a partir dos dados do imposto de renda de 1993 e 1994.

nas preferências do consumidor também afetam os lucros. Da mesma forma, ações do governo. Se ele tivesse uma política de energia que favorecesse o uso de carvão, talvez a quantidade de pequenas empresas de mineração de carvão com proprietários individuais não tivesse caído de 717 para 76 em apenas 8 anos. Observe que só 34,2% das mineradoras de carvão tiveram um lucro líquido. Mas, apesar disso, proprietários individuais nesse setor obtiveram uma renda média líquida de US$196.618. É óbvio que uma minoria de proprietários de mineradoras de carvão ignora tendências e padrões do setor, e muitos deles foram recompensados por sua tenacidade e crenças contrárias sobre a indústria do carvão. Muitos proprietários bem-sucedidos nos disseram que gostam de "breves períodos de tempos difíceis" no setor escolhido, porque eles eliminam grande parte da concorrência. Esse parece ser o caso da mineração de carvão. Os 34,2% das empresas lucrativas do setor tiveram uma renda líquida de aproximadamente US$600 mil.

Muitas pessoas nos perguntam: "Devo abrir um negócio sozinho?" A maioria nunca trabalhou por conta própria. A renda média líquida de mais de 15 milhões de proprietários individuais é de apenas US$6.200! Cerca de 25% dos proprietários individuais não ganham nem um centavo de lucro em um ano comum. Em sociedades, é ainda pior. Quarenta e dois por cento, em média, não lucram nada em um ano. E quanto a corporações? Somente 55% obtêm uma renda tributável durante um período comum de 12 meses.

## PROFISSIONAIS LIBERAIS VERSUS OUTROS PROPRIETÁRIOS DE NEGÓCIOS

Menos de um em cinco proprietários de negócios milionários passa a empresa para os filhos. Por quê? Dê crédito aos pais ricos. Eles conhecem as chances de obter sucesso nos negócios. Eles entendem que a maioria das empresas é altamente suscetível à concorrência, às mudanças de tendências dos consumidores, despesas gerais elevadas e outras variáveis incontroláveis.

Então, o que esses milionários aconselham os filhos a fazer? Eles os estimulam a se tornar profissionais liberais, como médicos, advogados, engenheiros, arquitetos, contadores e dentistas. Como já dissemos, casais milionários com filhos têm probabilidade cinco vezes maior de mandar os filhos para faculdades de medicina do que outros pais nos Estados Unidos, e quatro vezes maior de enviá-los a faculdades de direito.

Os afluentes conhecem os riscos e as chances de êxito ou fracasso dos negócios. Eles também entendem que apenas uma minoria de profissionais liberais não consegue ter lucro em determinado ano, e que a lucratividade da maioria das firmas prestadoras de serviços é significativamente maior do que a média de pequenas empresas em geral. Falaremos sobre essas questões com dados concretos, mas primeiro discutiremos os outros atributos associados a ser um profissional liberal.

Por um momento, suponha que você é o Sr. Carl Johnson, proprietário individual da Johnson Coal. Você é dono de uma das 26 mineradoras de carvão que lucraram no ano passado entre as 76 existentes no setor. Não faz muito tempo, 717 proprietários individuais ainda estavam no ramo. Mais de 9 em 10 tiveram lucro. Agora o setor sofreu uma redução de 90%. Mas você é dinâmico, engenhoso e inteligente. Apesar da saída da maioria das outras empresas, você ficou firme. Agora está colhendo os benefícios. Você obteve um lucro líquido de US$600 mil no ano passado e está indo bem neste ano. Você tem dois filhos na faculdade que são ótimos alunos, então começa a se fazer algumas perguntas:

- Devo encorajar David e Christy a se envolverem no negócio de mineração de carvão?
- Devo encorajá-los a assumir a mina de carvão de meus pais algum dia?
- É a mina de carvão o melhor lugar para meus filhos?

A maioria dos donos de negócios que entrevistamos não encorajaria os filhos a assumir esse negócio, principalmente no caso em que os filhos são ótimos alunos. Eles sugeririam que David e Christy, jovens estudantes, pensassem em outros caminhos.

Quase todas as empresas atualmente exigem algum investimento em terreno, equipamento e imóvel. A Johnson Coal Mining tem montanhas que contêm carvão. Ela possui milhões de dólares em equipamentos, emprega vários mineiros e precisa constantemente melhorar a segurança da operação. Precisa seguir as normas do Departamento do Trabalho [OSHA, na sigla em inglês]. Precisa lidar com o preço incontrolável que o mercado coloca em uma tonelada de carvão. Precisa estar sempre vigilante com a concorrência que tenta roubar seus clientes. Precisa ficar atenta a mudanças na política de energia nos Estados Unidos. E sempre precisa lidar com a possibilidade de uma mina desabar e parar a produção. Finalmente, a operação fica em um local fixo. As montanhas não podem ser movidas para um local de clima mais ameno ou para mais perto de uma ferrovia eficiente. O que acontece se houver uma prolongada greve dos ferroviários?

Faça-se essas perguntas e descobrirá que se encontra em uma situação precária. De que adianta gerir uma empresa superior? Os fatores incontroláveis descritos antes podem acabar com seu negócio. Dadas essas considerações, os US$600 mil que lucrou no ano passado parecem menores. Quantos anos de US$600 mil há em seu futuro? E se fatores incontroláveis o levarem à falência no ano que vem? Você pode usar suas habilidades para ensinar sobre mineração de carvão em um curso técnico? Provavelmente não. Suas habilidades são mais para pôr as mãos na massa, não intelectuais.

Certa vez, perguntamos a um dono de negócios afluente que tinha escapado da Europa devido ao holocausto por que todos seus filhos adultos eram profissionais liberais. Sua resposta:

*Eles podem tomar seu negócio, mas não seu intelecto!*

O que isso significa? O governo e/ou um credor pode confiscar um negócio composto de terras, maquinário, minas de carvão, instalações etc. Eles não podem confiscar seu intelecto. O que os profissionais vendem? Não é o carvão, não é a pintura, nem mesmo pizza. O que vendem, acima de tudo, é seu intelecto.

Médicos, por exemplo, podem levar seu intelecto a qualquer lugar dos Estados Unidos. Seus recursos são móveis. O mesmo se aplica a dentistas, advogados, contadores, engenheiros, arquitetos, veterinários e quiropráticos. Essas são as ocupações seguidas por uma quantidade desproporcional de filhos e casais ricos em todos os Estados Unidos.

O que dizer sobre as características de renda dos profissionais liberais comparadas à operação da Johnson Coal Mining? Só uma minoria de profissionais liberais conseguiu um lucro de US$600 mil em um ano, e a maioria desses profissionais passa muitos anos estudando, o que é caro em termos de dólares e tempo. Mesmo assim, a maioria dos pais ricos acha que os benefícios de toda uma vida sendo um profissional liberal compensam em muito os custos. Lembre-se de que a maioria desses pais paga todas ou grande parte das mensalidades e taxas para o estudo dos filhos. Eles votam com o dinheiro que ganharam arduamente.

Qual é seu voto? Note que a mineração de carvão, na média, produziu uma renda líquida mais alta (US$196.600) do que qualquer um dos proprietários individuais listados na Tabela 8-2. Mas que proporção das operações de mineração de carvão teve uma renda líquida durante o mesmo período? Só 1 em 3 (34,1%). Isso contrasta fortemente com as porcentagens de negócios lucrativos em cada categoria de serviços profissionais listados na Tabela 8-2. Que porcentagens foram lucrativas? Cerca de 87,2% das clínicas médicas, 94,9% das clínicas dentárias, 92,5% das clínicas veterinárias e 86,6% dos escritórios de advocacia.

Analise também o retorno médio sobre recibos. Em média, seriam necessários US$2,4 milhões em recibos para que uma mineradora de carvão gerasse, em média, uma renda líquida de US$196.600 (aproximadamente 8,2% de US$2,4 milhões em recibos). E quanto aos médicos? A renda média de uma clínica médica é de US$87 mil — ou seja, 56,2% dos US$154.804 em recibos gerados. Com esse tipo de retorno nos recibos, quantos dólares em recibos uma clínica média teria que gerar para obter a mesma renda líquida média produzida pela mineradora de carvão (US$195.600)? Somente US$349.800, muito longe dos US$2,4 milhões exigidos para as operações da mina de carvão. A quantia é ainda menor para médicos osteopatas; em média, eles precisam de recibos de US$340.138 para ganhar os esperados US$196.600 em renda líquida. Prestadores de serviços legais em média precisariam gerar US$414.800 em vendas para ganhar a renda líquida de uma mineradora de carvão.

O que você aconselharia David e Christy a fazer? Se você for como a maioria dos donos de negócios bem-sucedidos, aconselhará que se tornem profissionais liberais. É assim com os afluentes nos Estados Unidos. A primeira geração de afluentes geralmente é de empresários. Eles superam as adversidades. Seus negócios têm êxito, e eles ficam ricos. Grande parte de seu sucesso depende de levar uma vida frugal enquanto constroem o negócio. Muitas vezes, há interferência da sorte. E a maioria que tem sucesso entende que as circunstâncias poderiam ter se voltado contra eles.

## TABELA 8-2
## OS DEZ NEGÓCIOS MAIS LUCRATIVOS[2] DE PROPRIETÁRIOS INDIVIDUAIS

| Tipo de Negócio | Quantidade de Negócios | Renda Média Líquida (US$1.000) | Classificação por Renda Média Líquida | % com Renda Líquida | Média de Retorno sobre Recibos | Média de Recibos Exigidos para Gerar Renda Líquida (US$1.000) | Média de Recibos Exigidos para Gerar a Renda Média Líquida da Mineradora de Carvão (US$1000) |
|---|---|---|---|---|---|---|---|
| Mineração de Carvão | 76 | 196,6 | 1 | 34,2 | 8,2 | 2.397,6 | 2.397,6 |
| Clínicas Médicas | 192.545 | 87 | 2 | 87 | 56,2 | 154,8 | 349,8 |
| Clínicas de Osteopatia | 10.598 | 77,6 | 3 | 96,3 | 57,8 | 134,3 | 340,1 |
| Clínicas Dentárias | 96.746 | 73,1 | 4 | 94,9 | 34,2 | 201,9 | 543,1 |
| Clínicas de Optometria | 12.576 | 60,1 | 5 | 96,1 | 30,7 | 195,8 | 640,4 |
| Pistas de Boliche | 1.547 | 57,4 | 6 | 91,3 | 31 | 185,2 | 634,2 |
| Clínicas de Quiropraxia | 32.501 | 47,5 | 7 | 85,1 | 39,3 | 120,9 | 500,3 |
| Farmácias | 8.324 | 45,5 | 8 | 82,2 | 8,7 | 523 | 2.259,8 |
| Clínicas Veterinárias | 19.622 | 41,7 | 9 | 92,5 | 22,5 | 185,3 | 873,8 |
| Serviços Jurídicos | 280.946 | 39,8 | 10 | 86,6 | 47,4 | 84,0 | 414,8 |

2 Renda líquida calculada a partir dos dados do imposto de renda de 1992. Na época, havia mais de 15 milhões de proprietários individuais em 171 classificações nos EUA.

Os filhos deles estarão em melhor situação. Não precisarão assumir grandes riscos e terão uma boa instrução. Eles serão médicos, advogados e contadores. O intelecto é seu capital. Mas, ao contrário dos pais, eles adiarão entrar no mercado de trabalho até quando estiverem perto dos 30 anos, e provavelmente adotarão um estilo de vida de classe média alta assim que começarem a trabalhar, um estilo muito diferente do adotado pelos pais frugais quando começaram seu negócio.

Muitas vezes, os filhos não são frugais. Como poderiam? Eles têm posições de status elevado que requerem maiores níveis de consumo e, portanto, menores níveis de investimento. Como consequência, talvez precisem de suporte financeiro. Apesar de ter altas rendas, como a maioria dos profissionais liberais, eles são obrigados a gastar. Assim, como há elevados níveis correspondentes de exigências de gastos domésticos para muitas categorias profissionais produtoras de rendas altas, é difícil prever níveis de riqueza com base nas características de renda de vários tipos de negócios.

## NEGÓCIOS "MONÓTONOS-NORMAIS" E OS AFLUENTES

Um artigo recente da *Forbes* mostrou uma declaração interessante:

> *Empresas monótonas com crescimento de ganhos constantes podem não ser um papo estimulante em uma festa, mas no longo prazo são os melhores investimentos* (Fleming Meeks e David S. Fomdiller, "Dare to Be Dull", *Forbes*, 6 de novembro de 1995, p. 228).

Depois, no mesmo artigo, os autores mencionam que, no longo prazo, empresas de alta tecnologia podem e muitas vezes caem na escala de desempenho. Normalmente, são as empresas que pertencem ao que chamamos de setor "monótono-normal" que se desempenham bem com consistência para seus donos. A *Forbes* lista várias pequenas empresas de ótimo desempenho que têm persistido bem nos últimos dez anos. Alguns dos setores representados incluem fabricantes de drywall, fabricantes de material de construção, lojas de eletrônicos, casas pré-fabricadas e peças de automóveis.

Não, esses setores não parecem muito interessantes, mas normalmente são essas categorias comuns que produzem riqueza para os donos. Muitas vezes, ramos monótonos-normais não atraem muita concorrência, e a demanda para suas ofertas geralmente não está sujeita a reviravoltas rápidas. Recentemente, desenvolvemos nossa lista de negócios que milionários têm (veja o Apêndice 3). Gostaríamos de enumerar apenas uma amostra neste momento (veja a Tabela 8-3). Que negócios os afluentes têm? Uma ampla variedade de monótonos-normais.

## RISCO — OU LIBERDADE?

Por que as pessoas cuidam dos próprios negócios? Primeiro, donos de negócios mais bem-sucedidos lhe dirão que têm muita liberdade. Eles são seus próprios patrões. Além disso, eles nos dizem que trabalhar por conta própria é menos arriscado do que trabalhar para terceiros.

Certa vez, um professor fez a um grupo de sessenta alunos de MBA que eram executivos em corporações públicas esta pergunta:

*O que é risco?*

Um aluno respondeu:

*Ser empresário!*

Os colegas concordaram. Então o professor respondeu à própria pergunta com a citação de um empresário:

*O que é risco? Ter uma fonte de renda. Empregados estão em risco... eles têm uma única fonte de renda. E o empresário que vende serviços de zeladoria para seus empregadores? Ele tem centenas de clientes... centenas de fontes de renda.*

## TABELA 8-3
## NEGÓCIOS/OCUPAÇÕES DE MILIONÁRIOS AUTÔNOMOS

| | |
|---|---|
| Distribuidores de Publicidade Especializada | Serviços de Consultoria em Recursos Humanos |
| Serviços de Ambulância | Fabricantes de Produtos Químicos de Limpeza/Higienização Industrial |
| Fabricantes de Roupas Prêt-à-porter | Prestador de Serviços de Zeladoria |
| Leiloeiro/Avaliador | Dono de Escola Técnica/Profissionalizante |
| Dono de Cafeteria | Casas de Repouso |
| Produtor de Frutas Cítricas | Processador de Carnes |
| Negociante de Moedas e Selos | Dono de Estacionamento de Mobile-Homes |
| Consultoria em Geologia | Editor de Boletins Informativos |
| Descaroçamento de Algodão | Serviço de Recrutamento de Mão de Obra Temporária |
| Distribuidor/Reconstrutor de Motores a Diesel | Serviços de Dedetização |
| Fabricante de Máquinas para Donuts | Físico-Inventor |
| Engenharia/Design | Relações Públicas/Lobista |
| Angariador de Fundos | Produtor de Arroz |
| Fabricante de Equipamentos de Transferência de Calor | Empresa de Jateamento de Areia |

Na verdade, há muito risco financeiro em ser dono de um negócio, mas donos de negócios têm uma série de crenças que os ajudam a reduzir os riscos ou, pelo menos, seu risco percebido:

- Eu controlo meu destino.
- Arriscado é trabalhar para um patrão inescrupuloso.
- Posso resolver qualquer problema.
- O único jeito de me tornar CEO é ser dono da empresa.
- Não há limites para a renda que posso obter.
- Fico mais forte e sensato a cada dia enfrentando riscos e adversidades.

Ser dono de um negócio também exige que você tenha o desejo de estar empregado. Se você detesta a ideia de estar fora do ambiente corporativo, ter uma empresa pode não ser sua vocação. Os donos de negócios mais bem-sucedidos que entrevistamos têm uma característica em comum: todos gostam do que fazem. Todos se orgulham de "caminhar sozinhos".

Pense no que um multimilionário nos disse certa vez sobre trabalhar para si próprio:

> *Hoje há mais pessoas (empregados) trabalhando em funções de que não gostam. Eu lhe direi honestamente que o homem bem-sucedido é o sujeito que trabalha em um lugar, gosta do que faz, que não consegue esperar se levantar de manhã para ir ao escritório, e isso é o que eu faço. E sempre fui assim. Mal posso esperar para levantar e ir para o escritório e fazer meu trabalho.*

Para essa pessoa (um viúvo sem filhos), não se trata de dinheiro. Na verdade, o planejamento de seus bens foi feito de modo que toda sua riqueza fosse para um fundo de bolsa de estudos para sua *alma mater*.

Como esse sujeito e outros como ele escolheram o negócio que queriam começar? Ele estudou com professores de engenharia e de ciências, muitos dos quais também eram empresários. Esses professores foram seus modelos. A maioria dos homens de negócios bem-sucedidos tem algum conhecimento ou experiência com o setor escolhido antes de abrir o próprio negócio. Larry, por exemplo, trabalhou por mais de doze anos vendendo serviços de impressão. Seu desempenho era excelente para o empregador. Mas, depois de se cansar do medo constante de que o patrão fosse à falência, ele pensou em abrir a própria empresa de impressão. Ele buscou nossa orientação sobre o assunto.

Fizemos uma pergunta simples a Larry: "Qual é a coisa mais importante de que uma empresa de impressão precisa?" Ele respondeu de imediato: "Mais negócios, mais receita, mais clientes." Assim, Larry respondeu à própria pergunta. Ele começou seu negócio, mas não uma empresa de impressão. Ele se tornou corretor de serviços de impressão. Hoje ele representa várias firmas importantes e recebe uma comissão por cada venda realizada. Seu negócio tem poucas despesas gerais.

Antes de começar o próprio negócio, Larry nos disse que não tinha coragem de se tornar empresário. Ele nos disse que sempre que pensava em "trabalhar sozinho" ficava temeroso. Larry achava que quem trabalha para si próprio não tinha medo, que o medo nunca entrava na mente dessas pessoas. Ajudamos Larry a ajustar seu pensamento. Começamos por explicar que a definição dele de coragem estava errada. Como definimos coragem? Coragem é se comportar de um jeito que chame o medo. Sim, Larry, pessoas corajosas, empresários reconhecem o medo no que estão fazendo, mas lidam com ele, superam seus temores. É por isso que são bem sucedidos.

Passamos muito tempo estudando pessoas corajosas. Certamente Ray Kroc tinha uma enorme coragem em pensar que poderia vender alimentos para o mundo. Lembre-se de que ele era um motorista de ambulância nas linhas de frente da Primeira Guerra Mundial. Assim como Walt Disney. Lee Iacocca teve grande coragem para dizer ao Congresso e ao mundo que a Chrysler voltaria "com tudo". Ele não se encaixa na definição rígida de um empresário, mas em nossa mente ele tem sangue de empresário nas veias.

Existe muito medo nos Estados Unidos. Mas, segundo nossa pesquisa, quem tem menos medo e preocupação? Você imaginaria que é a pessoa com uma conta de trust de US$5 milhões ou o empresário que se fez sozinho com vários milhões de dólares? Normalmente, é o empresário, a pessoa que lida com riscos todos os dias, que testa sempre a própria coragem. Dessa forma, ele aprende a combater o medo.

\* \* \*

Deixamos o próximo caso para o fim porque, em nossa opinião, ele abrange as diferenças entre PARs e SARs. Em todo o livro, enfatizamos que os membros desses dois grupos têm necessidades distintamente diferentes. Os PARs precisam realizar, criar riqueza, tornar-se financeiramente independentes, construir algo a partir do zero. Os SARs geralmente precisam exibir um estilo de vida de alto status. O que ocorre quando membros desses dois grupos tentam ocupar o mesmo espaço ao mesmo tempo? Como o próximo estudo de caso demonstra, conflito é o resultado provável.

O Sr. W. é um milionário que se fez sozinho com um patrimônio líquido, em uma estimativa conservadora, superior a US$30 milhões. Um PAR típico, o Sr. W. é dono de várias empresas que produzem equipamentos industriais e testam instrumentos e medidores especializados. Ele também se envolve em várias outras atividades empresariais, incluindo empreendimentos imobiliários.

O Sr. W. mora em um bairro de classe média cercado por pessoas que têm apenas uma fração da riqueza que ele acumulou. Ele e a mulher dirigem grandes sedãs da General Motors. Seus hábitos de vida e consumo correspondem aos da classe média. Ele nunca usa uma gravata ou terno para trabalhar.

O Sr. W. gosta de se aventurar no que chama de imóveis de luxo:

*Eu ganho dinheiro fora do negócio de equipamentos... com imóveis... Deus continua a produzir mais pessoas, mas não cria mais terras... Você ganhará dinheiro se for esperto e exigente na escolha do lugar.*

O Sr. W. é mesmo muito exigente. Ele compra propriedades sozinho ou em parceria somente quando o preço é bom. Ele costuma comprar propriedades ou partes dela do proprietário ou de uma incorporadora que precisa muito de ajuda financeira.

Recentemente ele descobriu outra "oportunidade de investimento excelente em Mineápolis":

*Um pobre sujeito estava planejando um condomínio de alto luxo... Para alguém começar a construir, teria que ter vendido 50% das unidades... Então o procurei e fiz negócio com ele... eu comprei todas as unidades com o mesmo estilo... na planta... com uma grande vantagem, e ele conseguiu seu dinheiro. E construiu. Porque comprei todos no mesmo estilo,... qualquer pessoa que quisesse comprar naquele estilo tinha que me ver... como um monopólio, ninguém concorre comigo... Eu vendi todos, menos um.*

Mas o Sr. W. nem ao menos conservou a unidade restante por muito tempo. Ele e a família a usam para uma ou duas férias rápidas. Às vezes ele a oferece a amigos próximos. Do contrário, ele a aluga até que seja vendida. Por que o Sr. W. não mantém uma presença mais permanente nesses condomínios? Não é seu estilo.

A maioria das pessoas que compram as casas de férias do Sr. W. são SARs de classe média alta. Ele e muitos dos compradores de suas unidades tiveram uma série de divergências. Em vários complexos em que o Sr. W. comprou algumas unidades, seus compradores exigiram tantos acordos restritivos, que ele mesmo não se sentia à vontade de passar férias ali. Assim, ele se sentiu obrigado a vender "aquela unidade restante" em cada um desses complexos.

> *Eu tenho um cachorro... Chame-o de cachorrinho de seis dígitos... Eu vendi várias casas porque... as pessoas criavam leis para os cachorros. Eles me disseram: "Você tem que se livrar do cachorro..." Eu vendo um prédio inteiro antes de me livrar do meu cachorro.*

O Sr. W. previu que os compradores preocupados com status de seu último empreendimento também seriam insensíveis a seu desejo de ter um cachorro, assim, antes de a construção do complexo começar, ele colocou o cachorro na documentação dos edifícios. Ela dizia que o Sr. W. e família teriam o direito de ter um cão com eles quando estivessem na residência.

Todos os compradores, segundo o Sr. W., receberam cópias dessa documentação, assim, todos estavam cientes do direito de o Sr. W. ter um cachorro no complexo. Nenhum proprietário se opôs na época da compra da propriedade. Mas logo depois que o complexo tinha sido totalmente vendido, exceto a "última unidade disponível" do sr. W, os proprietários se uniram e formaram um comitê de ação. Seu objetivo era criar e fazer cumprir uma série de acordos restritivos. Certamente esses novos acordos não restringiriam os direitos do Sr. W. e seu cachorro, afinal, esses direitos foram especificados na documentação original.

O comitê de ação aprovou a lei dos cães. Eles ignoraram a cláusula original referente a cães e alegaram que eles seriam permitidos no complexo, com algumas restrições, como com peso inferior a 6 quilos. Que se danem os direitos do cachorro e as documentações originais. O Sr. W. sentiu que aquele era um subterfúgio para encorajá-lo a vender. Seu cachorrinho de 6 dígitos pesava 13 quilos. Ele sentiu que, mesmo com uma dieta, ele nunca atingiria o peso exigido. O Sr. W. ficou especialmente aborrecido por nunca ter podido votar a favor ou contra a norma sobre cachorros. Mesmo assim, ele estava determinado a manter o cachorro, apesar do acordo, afinal, ele tinha sido o principal investidor na construção antes mesmo de ela começar.

*Eles (o comitê de ação) escreveram-me uma carta e afirmaram que eu tinha que me livrar do cão porque ele pesava mais de 6 quilos... Então eu fui a uma de suas reuniões... Eu me queixei sobre seu sistema de votação no qual eu não tinha representação.*

Logo antes de deixar a reunião, o Sr. W. dirigiu-se ao comitê:

*Como vocês sabem que ele pesa mais de 6 quilos? Como sabem? Talvez ele seja oco... Eu não vou me livrar do cachorro.*

Alguns dias depois da reunião, o chefe do comitê de ação encurralou a Sra. W. enquanto ela passeava com o cão. Ele disse em um tom jurídico: "Livre-se do cão. A senhora está transgredindo nossas normas." Mais tarde naquele dia, a Sra. W. contou ao marido o ocorrido. Ela estava bastante aborrecida com o encontro, e ele a aconselhou a manter a calma.

Semanas depois, o Sr. W. recebeu uma carta que exigia que ele removesse o cão. Ela também dizia que seria iniciado um processo caso ele não cumprisse as normas. Duas cartas se seguiram a essa. Cada uma continha declarações ainda mais ameaçadoras que a primeira.

O Sr. W. não ficou impressionado com essas exigências. O autor das cartas era o chefe do comitê, que era também advogado. Mas, como o Sr. W. descobriu, ele não tinha autorização para prática do direito no estado em que o complexo estava localizado, assim, o Sr. W. "prontamente ignorou" todas as exigências do comitê.

Entretanto, o Sr. W. e a família começaram a sentir-se deslocados mesmo quando apenas passavam as férias no condomínio. Estava o comitê de ação usando o cão como subterfúgio para se livrar de toda a família? O Sr. W. estava convencido de que essa era a verdadeira questão. Ele e a família não eram o que se poderia considerar "pessoas maravilhosas". Em comparação, o complexo estava repleto de (segundo as palavras dele) proprietários mais asquerosos do que se poderia imaginar.

O Sr. W. ficou cada vez mais zangado com os membros do comitê. Ele sentiu que seus membros faziam de tudo para serem rudes com ele, e ficou especialmente aborrecido pelo fato de o chefe ter constrangido a mulher diante de vários outros proprietários. O Sr. W. arquitetou um plano.

Em uma reunião de proprietários, na qual todos os membros do comitê de ação estavam presentes, o Sr. W. levantou-se e se apresentou.

*Eu sou o sujeito para quem vocês têm enviado cartas sobre... nosso cachorro... Eu pensei bastante sobre a proposta de vocês... Decidi que não vou me livrar de meu cão, tampouco vou vender minha casa.*

Essa declaração gerou vaias e sussurros das pessoas. Depois de conseguir atenção total de seu público, ele apresentou sua contraproposta: passar sua unidade no condomínio para o plano de pensão e participação de lucros de sua empresa e permitir que os empregados da linha de produção usassem a unidade como resort de férias 52 semanas por ano. Ele perguntou ao público: "Isso está bem para todos vocês?"

Vários membros presentes gemeram. Com certeza, estavam imaginando os operários do Sr. W. invadindo seu espaço 52 semanas por ano! Alguns participantes gritaram: "Fique com o cão, fique com o cão!" O chefe do comitê propôs que uma reunião fosse realizada imediatamente na sala de conferências. Cinco minutos depois da reunião a portas fechadas, os membros do comitê voltaram à sala. O chefe disse aos presentes que o comitê tinha tomado uma decisão.

*Depois de rever todos os elementos dessa situação, o comitê de ação recomenda que os Ws. fiquem com o cão. Peço que o acordo seja então ratificado. Todos a favor...*

Não muito depois dessa brilhante vitória, os Ws. venderam sua unidade no condomínio. Eles o fizeram porque, como o Sr. W. observou:

*Não quero viver em um prédio com pessoas que não gostam de cães.*

Segundo o Sr. W, seu cachorro era muito importante para ele e a família, tanto que venderam a unidade por uma pechincha. Eles venderam outras unidades em outros complexos nos quais as pessoas eram hostis ao cão. Então, quanto vale o cachorro no condomínio? Para os Ws., ele vale milhares de dólares. É assim que ele calcula o que perdeu ao vender as unidades abaixo do valor de mercado. Um ambiente hostil, mesmo em uma atmosfera de pessoas maravilhosas, não é um bom lugar para cães — ou prodigiosos acumuladores de riqueza.

Apêndice 1

# Como Encontramos Milionários

Como conseguimos encontrar milionários para uma pesquisa? Um de nossos alunos, não um dos melhores, certa vez tentou responder a essa pergunta em um curso de pesquisa de marketing. Ele sugeriu que basta obter uma lista de pessoas que dirigem carros de luxo. Contudo, como os leitores agora já sabem, a maioria dos milionários não dirige carros de luxo. A maior parte dos que os dirigem não são milionários. Não, esse método não funciona!

## BUSCA POR BAIRRO

O método usado em nosso estudo mais recente, assim como outros que realizamos, foi desenvolvido por nosso amigo Jon Robbin, inventor do geocódigo. O Sr. Robbin foi o primeiro a classificar ou codificar cada um dos mais de 300 mil bairros dos Estados Unidos. Com esse sistema, é possível codificar mais de 90% dos 100 milhões de domicílios do país.

Primeiro, o Sr. Robbin codificou esses bairros segundo a renda média de cada um. Em seguida, ele calculou o patrimônio líquido médio de cada bairro determinando primeiro a renda média de juros, renda média de aluguéis, e outros, gerados pelos domicílios em cada bairro. Então, usando seu "modelo de capitalização" matemática, calculou o patrimônio líquido médio que seria necessário para gerar tais rendas. Depois de definir o patrimônio líquido médio de cada bairro, ele designou um código para cada um. O código um foi designado ao bairro com o maior patrimônio médio estimado; o código dois, para o bairro com o próximo patrimônio líquido médio mais alto, e assim por diante. (Veja também Thomas J. Stanley e Murphy A. Sewall, "The Response of Affluent

Consumers to Mail Surveys", *Journal of Advertising Research*, junho/julho de 1986, p. 55-58.)

Usamos essa escala de patrimônio médio estimado com objetivo de encontrar milionários para entrevistar. Primeiro, selecionamos amostras de bairros com classificação muito mais alta que a média nessa escala. Uma empresa de mala direta comercial calcula o número de domicílios em cada um dos bairros de patrimônio líquido elevado escolhido. Em seguida, essa empresa seleciona os chefes de domicílios ao acaso. Essas são as pessoas que pesquisamos.

Em nosso mais recente estudo nacional, realizado de junho de 1995 a janeiro de 1996, selecionamos 3 mil chefes de família. Cada um recebeu um questionário de 8 páginas, uma carta solicitando sua participação e garantindo o anonimato e a confidencialidade dos dados coletados e uma nota de um dólar como um gesto de agradecimento, juntamente com um envelope para resposta no qual colocar o questionário respondido. Um total de 1.115 pesquisas foram completadas a tempo de serem incluídas em nossa análise. Mais 322 também puderam ser contabilizadas: 156 com endereço desconhecido, 122 incompletas e 44 outras que chegaram após o início da análise. Em geral, a taxa de resposta foi de 45%. Dos 1.115 pesquisados, 385, ou 34,5% do total, tinham um patrimônio líquido de US$1 milhão ou mais.

### Busca por Ocupação

Complementamos esse estudo com levantamentos alternativos. Muitas vezes, empregamos o que se chama método *ad hoc*, no qual pesquisamos um segmento estritamente definido, ao contrário das pessoas que moram em bairros luxuosos em geral. Esses segmentos da população incluem fazendeiros, executivos corporativos seniores, gerentes de médio escalão, engenheiros/arquitetos, profissionais de saúde, contadores, advogados, professores, educadores, leiloeiros, empresários e outros profissionais afluentes. Pesquisas *ad hoc* são úteis porque mesmo os melhores métodos de geocodificação costumam ignorar os ricos que moram em áreas rurais.

Apêndice 2

# Automóveis de 1996: Preço Estimado por Libra

| Marca e Modelo | Lista Aproximada/ Preço de Varejo | Peso em Libras | Custo por Libra | Índice de Custo Relativo (MÉDIA = 100) |
|---|---|---|---|---|
| Dodge Ram | US$17.196 | 4.785 | US$3,59 | 52 |
| Hyundai Accent | US$8.790 | 2.290 | US$3,84 | 56 |
| Isuzu Hombre | US$11.531 | 2.850 | US$4,05 | 59 |
| Chevrolet S-Series | US$14.643 | 3.560 | US$4,11 | 60 |
| Dodge Dakota | US$15.394 | 3.740 | US$4,12 | 60 |
| Ford Ranger | US$15.223 | 3.680 | US$4,14 | 60 |
| Mazda B-Series | US$15.320 | 3.680 | US$4,16 | 61 |
| Ford Aspire | US$9.098 | 2.140 | US$4,25 | 62 |
| Dodge Neon | US$11.098 | 2.600 | US$4,27 | 62 |
| Plymouth Neon | US$11.098 | 2.600 | US$4,27 | 62 |
| GMC Sonoma | US$15.213 | 3.560 | US$4,27 | 62 |
| Geo Metro | US$9.055 | 2.065 | US$4,38 | 64 |
| Ford Escort | US$11.635 | 2.565 | US$4,54 | 66 |
| GMC Sierra C/K | US$17.394 | 3.829 | US$4,54 | 66 |
| Hyundai Elantra | US$12.349 | 2.700 | US$4,57 | 67 |
| Ford F-Series | US$20.143 | 4.400 | US$4,58 | 67 |
| Plymouth Voyager | US$18.703 | 3.985 | US$4,69 | 68 |
| Plymouth Grand Voyager | US$18.958 | 4.035 | US$4,70 | 68 |
| Mercury Cougar | US$17.430 | 3.705 | US$4,70 | 69 |
| Ford Thunderbird | US$17.485 | 3.705 | US$4,72 | 69 |
| Pontiac Grand Am | US$14.499 | 3.035 | US$4,78 | 70 |

Automóveis de 1996: Preço Estimado por Libra

| Marca e Modelo | Lista Aproximada/ Preço de Varejo | Peso em Libras | Custo por Libra | Índice de Custo Relativo (MÉDIA = 100) |
|---|---|---|---|---|
| Mitsubishi Mirage | US$11.420 | 2.390 | US$4,78 | 70 |
| Plymouth Breeze | US$14.060 | 2.930 | US$4,80 | 70 |
| Mercury Mystique | US$15.018 | 3.110 | US$4,83 | 70 |
| Saturn | US$11.695 | 2.405 | US$4,86 | 71 |
| Nissan Truck | US$15.274 | 3.125 | US$4,89 | 71 |
| Ford Aerostar | US$20.633 | 4.220 | US$4,89 | 71 |
| Eagle Summit | US$11.712 | 2.390 | US$4,90 | 71 |
| Chevrolet Astra | US$22.169 | 4.520 | US$4,90 | 71 |
| Jeep Wrangler | US$15.869 | 3.210 | US$4,94 | 72 |
| Dodge Stratus | US$15.285 | 3.085 | US$4,95 | 72 |
| Eagle Summit Wagon | US$15.437 | 3.100 | US$4,98 | 73 |
| Oldsmobile Ciera | US$15.455 | 3.100 | US$4,99 | 73 |
| Pontiac Trans Sport | US$19.394 | 3.890 | US$4,99 | 73 |
| GMC Safari | US$22.562 | 4.520 | US$4,99 | 73 |
| Chevrolet C/K | US$19.150 | 3.829 | US$5 | 73 |
| Suzuki Swift | US$9.250 | 1.845 | US$5,01 | 73 |
| Mazda Protegé | US$13.195 | 2.630 | US$5,02 | 73 |
| Chevrolet Cavalier | US$14.000 | 2.765 | US$5,06 | 74 |
| Dodge Avenger | US$16.081 | 3.175 | US$5,06 | 74 |
| Chevrolet Lumino | US$17.205 | 3.395 | US$5,07 | 74 |
| Mercury Tracer | US$12.878 | 2.535 | US$5,08 | 74 |
| GMC Yukon | US$27.225 | 5.343 | US$5,10 | 74 |
| Geo Prizm | US$12.820 | 2.510 | US$5,11 | 74 |
| Chevrolet Lumina Von | US$19.890 | 3.890 | US$5,11 | 75 |
| GMC Suburban | US$28.855 | 5.640 | US$5,12 | 75 |
| Ford Bronco | US$25.628 | 5.005 | US$5,12 | 75 |
| Hyundai Sonata | US$15.849 | 3.095 | US$5,12 | 75 |
| Toyota Tercel | US$11.128 | 2.165 | US$5,14 | 75 |
| Dodge Caravan | US$20.505 | 3.985 | US$5,15 | 75 |
| Ford Contour | US$14.978 | 2.910 | US$5,15 | 75 |
| Oldsmobile Achieva | US$14.995 | 2.905 | US$5,16 | 75 |
| Chevrolet Corsica | US$14.385 | 2.785 | US$5,17 | 75 |
| Ford Probe | US$15.190 | 2.900 | US$5,24 | 76 |
| Saturn SC | US$12.745 | 2.420 | US$5,27 | 77 |

Automóveis de 1996: Preço Estimado por Libra

| Marca e Modelo | Lista Aproximada/ Preço de Varejo | Peso em Libras | Custo por Libra | Índice de Custo Relativo (MÉDIA = 100) |
|---|---|---|---|---|
| Chevrolet Caprice | US$22.155 | 4.205 | US$5,27 | 77 |
| Pontiac Sunfire | US$14.619 | 2.765 | US$5,29 | 77 |
| Dodge Grand Caravan | US$21.375 | 4.035 | US$5,30 | 77 |
| Eagle Talon | US$17.165 | 3.235 | US$5,31 | 77 |
| Chevrolet Monte Carlo | US$18.355 | 3.450 | US$5,32 | 78 |
| Nissan Sentra | US$13.364 | 2.500 | US$5,35 | 78 |
| Pontiac Grand Prix | US$18.970 | 3.535 | US$5,37 | 78 |
| Chevrolet Suburban | US$30.340 | 5.640 | US$5,38 | 78 |
| Jeep Cherokee | US$18.411 | 3.420 | US$5,38 | 78 |
| Chevrolet Beretta | US$15.090 | 2.785 | US$5,42 | 79 |
| Buick Skylark | US$16.598 | 3.055 | US$5,43 | 79 |
| Ford Crown Victoria | US$21.815 | 4.010 | US$5,44 | 79 |
| Isuzu Rodeo | US$22.225 | 4.080 | US$5,45 | 79 |
| GMC Jimmy | US$23.876 | 4.380 | US$5,45 | 79 |
| Chevrolet Tahoe | US$29.337 | 5.343 | US$5,49 | 80 |
| Honda Civic | US$13.415 | 2.443 | US$5,49 | 80 |
| Toyota T100 | US$19.013 | 3.460 | US$5,50 | 80 |
| Ford Windstar | US$21.675 | 3.940 | US$5,50 | 80 |
| Toyota RAV 4 | US$15.998 | 2.905 | US$5,51 | 80 |
| Oldsmobile Curiass Supreme | US$18.808 | 3.410 | US$5,52 | 80 |
| Suzuki Esteem | US$12.649 | 2.290 | US$5,52 | 81 |
| Nissan 200SX | US$14.259 | 2.580 | US$5,53 | 81 |
| Toyota Corolla | US$14.143 | 2.540 | US$5,57 | 81 |
| Ford Mustang | US$19.338 | 3.450 | US$5,61 | 82 |
| Toyota Tacoma | US$17.078 | 3.040 | US$5,62 | 82 |
| Honda Passport | US$22.935 | 4.080 | US$5,62 | 82 |
| Mercury Grand Marquis | US$22.680 | 4.010 | US$5,66 | 82 |
| Oldsmobile Silhouette | US$22.005 | 3.890 | US$5,66 | 82 |
| Suzuki Sidekick | US$15.949 | 2.805 | US$5,69 | 83 |
| Ford Taurus | US$19.998 | 3.516 | US$5,69 | 83 |
| Suzuki X90 | US$14.249 | 2.495 | US$5,71 | 83 |
| Geo Tracker | US$14.340 | 2.500 | US$5,74 | 84 |
| Chevrolet Blazer | US$23.995 | 4.180 | US$5,74 | 84 |
| Chrysler Sebring | US$18.296 | 3.175 | US$5,76 | 84 |

Automóveis de 1996: Preço Estimado por Libra

| Marca e Modelo | Lista Aproximada/ Preço de Varejo | Peso em Libras | Custo por Libra | Índice de Custo Relativo (MÉDIA = 100) |
|---|---|---|---|---|
| Buick Century | US$18.063 | 3.100 | US$5,83 | 85 |
| Mitsubishi Galant | US$17.644 | 3.025 | US$5,83 | 85 |
| Chrysler Cirrus | US$18.525 | 3.145 | US$5,89 | 86 |
| Chevrolet Camaro | US$19.740 | 3.350 | US$5,89 | 86 |
| Volkswagen Jetta | US$17.430 | 2.955 | US$5,90 | 86 |
| Mazda MPV | US$24.510 | 4.150 | US$5,91 | 86 |
| Dodge Intrepid | US$20.353 | 3.435 | US$5,93 | 86 |
| Toyota Paseo | US$13.038 | 2.200 | US$5,93 | 86 |
| Mercury Villager | US$23.165 | 3.900 | US$5,94 | 87 |
| Buick Regal | US$20.623 | 3.455 | US$5,97 | 87 |
| Nissan Quest | US$23.299 | 3.900 | US$5,97 | 87 |
| Ford Explorer | US$26.558 | 4.440 | US$5,98 | 87 |
| Nissan Altimo | US$18.324 | 3.050 | US$6,01 | 88 |
| Chrysler Concorde | US$21.410 | 3.550 | US$6,03 | 88 |
| Mercury Sable | US$20.675 | 3.415 | US$6,05 | 88 |
| Pontiac Firebird | US$21.489 | 3.545 | US$6,06 | 88 |
| Eagle Vision | US$21.540 | 3.550 | US$6,07 | 88 |
| Mitsubishi Eclipse | US$19.713 | 3.235 | US$6,09 | 89 |
| Honda Accord | US$20.100 | 3.255 | US$6,18 | 90 |
| Volkswagen Golf | US$16.563 | 2.635 | US$6,29 | 92 |
| Subaru Imprezo | US$15.345 | 2.425 | US$6,33 | 92 |
| Buick Roadmaster | US$26.568 | 4.195 | US$6,33 | 92 |
| Volkswagen Passat | US$20.375 | 3.180 | US$6,41 | 93 |
| Toyota Camry | US$20.753 | 3.230 | US$6,43 | 94 |
| Pontiac Bonneville | US$23.697 | 3.665 | US$6,47 | 94 |
| Chrysler Sebring Conversível | US$22.068 | 3.350 | US$6,59 | 96 |
| Nissan Pathfinder | US$27.264 | 4.090 | US$6,67 | 97 |
| Toyota 4Runner | US$26.238 | 3.930 | US$6,68 | 97 |
| Oldsmobile 88 | US$23.208 | 3.470 | US$6,69 | 97 |
| Mazda 626 | US$19.145 | 2.860 | US$6,69 | 98 |
| Chrysler Town & Country | US$27.385 | 4.035 | US$6,79 | 99 |
| **MÉDIA** | **US$23.992** | **3.450** | **US$6,86** | **100** |
| Buick Le Sabre | US$23.730 | 3.450 | US$6,88 | 100 |

Automóveis de 1996: Preço Estimado por Libra

| Marca e Modelo | Lista Aproximada/ Preço de Varejo | Peso em Libras | Custo por Libra | Índice de Custo Relativo (MÉDIA = 100) |
|---|---|---|---|---|
| Toyota Previa | US$28.258 | 4.105 | US$6,88 | 100 |
| Subaru Legacy | US$20.995 | 3.040 | US$6,91 | 101 |
| Acura Integra | US$18.720 | 2.665 | US$7,02 | 102 |
| Oldsmobile Bravada | US$29.505 | 4.200 | US$7,03 | 102 |
| Nissan 240SX | US$20.304 | 2.880 | US$7,05 | 103 |
| Honda Odyssey | US$24.555 | 3.480 | US$7,06 | 103 |
| Mitsubishi Montero | US$31.437 | 4.445 | US$7,07 | 103 |
| Jeep Grand Cherokee | US$28.980 | 4.090 | US$7,09 | 103 |
| Isuzu Oasis | US$24.743 | 3.480 | US$7,11 | 104 |
| Mazda MX-6 | US$20.372 | 2.865 | US$7,11 | 104 |
| Honda Civic del Sol | US$17.165 | 2.410 | US$7,12 | 104 |
| Isuzu Trooper | US$31.657 | 4.365 | US$7,26 | 106 |
| Land Rover Discovery | US$33.363 | 4.535 | US$7,36 | 107 |
| BMW 318ti | US$20.560 | 2.790 | US$7,37 | 107 |
| Toyota Celica | US$20.568 | 2.720 | US$7,56 | 110 |
| Toyota Avalon | US$25.453 | 3.320 | US$7,67 | 112 |
| Nissan Maxima | US$23.639 | 3.070 | US$7,70 | 112 |
| Acura SLX | US$33.900 | 4.365 | US$7,77 | 113 |
| Toyota Land Cruiser | US$40.258 | 5.150 | US$7,82 | 114 |
| Buick Riviera | US$29.475 | 3.770 | US$7,82 | 114 |
| Oldsmobile 98 | US$28.710 | 3.640 | US$7,89 | 115 |
| Honda Prelude | US$22.920 | 2.865 | US$8,00 | 117 |
| Audi A4 | US$26.500 | 3.222 | US$8,22 | 120 |
| Cadillac Fleetwood | US$36.995 | 4.480 | US$8,26 | 120 |
| Acura CL | US$25.500 | 3.065 | US$8,32 | 121 |
| Buick Park Avenue | US$30.513 | 3.640 | US$8,38 | 122 |
| Chrysler LHS | US$30.255 | 3.605 | US$8,39 | 122 |
| Oldsmobile Aurora | US$34.860 | 3.995 | US$8,73 | 127 |
| Infiniti G20 | US$25.150 | 2.865 | US$8,78 | 128 |
| Mazda MX-5 Mioto | US$20.990 | 2.335 | US$8,99 | 131 |
| Subaru SVX | US$32.745 | 3.610 | US$9,07 | 132 |
| Volvo 850 | US$30.038 | 3.285 | US$9,14 | 133 |
| Lexus LX450 | US$47.500 | 5.150 | US$9,22 | 134 |
| Mazda Millenia | US$31.560 | 3.415 | US$9,24 | 135 |

Automóveis de 1996: Preço Estimado por Libra

| Marca e Modelo | Lista Aproximada/ Preço de Varejo | Peso em Libras | Custo por Libra | Índice de Custo Relativo (MÉDIA = 100) |
|---|---|---|---|---|
| Mitsubishi Diamante | US$35.250 | 3.730 | US$9,45 | 138 |
| Lexus ES300 | US$32.400 | 3.400 | US$9,53 | 139 |
| Cadillac De Ville | US$38.245 | 3.985 | US$9,60 | 140 |
| Mercedes-Benz C-Class | US$32.575 | 3.370 | US$9,67 | 141 |
| Acura TL | US$31.700 | 3.278 | US$9,67 | 141 |
| Lincoln Town Car | US$39.435 | 4.055 | US$9,73 | 142 |
| Audi A6 | US$33.150 | 3.405 | US$9,74 | 142 |
| Infiniti I30 | US$31.300 | 3.195 | US$9,80 | 143 |
| Volvo 960 | US$34.610 | 3.485 | US$9,93 | 145 |
| BMW 3-Series | US$33.670 | 3.250 | US$10,36 | 151 |
| Lincoln Mark VIII | US$39.650 | 3.810 | US$10,41 | 152 |
| Lincoln Continental | US$41.800 | 3.975 | US$10,52 | 153 |
| Saab 900 | US$33.245 | 3.145 | US$10,57 | 154 |
| BMW Z3 | US$28.750 | 2.690 | US$10,69 | 156 |
| Cadillac Eldorado | US$41.295 | 3.840 | US$10,75 | 157 |
| Saab 900 | US$36.195 | 3.275 | US$11,05 | 161 |
| Toyota Supra | US$39.850 | 3.555 | US$11,21 | 163 |
| Infiniti J30 | US$40.460 | 3.535 | US$11,45 | 167 |
| Cadillac Seville | US$45.245 | 3.935 | US$11,50 | 168 |
| Nissan 300ZX | US$41.059 | 3.565 | US$11,52 | 168 |
| BMW 5-Series | US$43.900 | 3.675 | US$11,95 | 174 |
| Range Rover | US$58.500 | 4.875 | US$12 | 175 |
| Lexus GS300 | US$45.700 | 3.765 | US$12,14 | 177 |
| Acura RL | US$45.000 | 3.700 | US$12,16 | 177 |
| Chevrolet Corvette | US$41.143 | 3.380 | US$12,17 | 177 |
| Mitsubishi 3000 GT | US$47.345 | 3.805 | US$12,44 | 181 |
| Mercedes-Benz E-Class | US$44.900 | 3.585 | US$12,52 | 183 |
| Lexus SC400/SC300 | US$47.900 | 3.710 | US$12,91 | 188 |
| Mazda RX-7 | US$37.800 | 2.895 | US$13,06 | 190 |
| Infiniti Q45 | US$56.260 | 4.250 | US$13,24 | 193 |
| Lexus LS400 | US$52.900 | 3.800 | US$13,92 | 203 |
| BMW 740iL | US$62.490 | 4,145 | US$15,08 | 220 |
| Jaguar XJ6 | US$61.295 | 4,040 | US$15,17 | 221 |

Apêndice 3

# Negócios/Ocupações de Milionários que Trabalham para Si Próprios

Administração de associação comercial não lucrativa
Administração de investimentos
Administração de transportes/frete
Administrador de fundos de investimentos imobiliários
Administrador independente de investimentos
Advogado
Advogado — danos pessoais
Advogado — imóveis
Advogado — indústria de entretenimento
Agência de publicidade
Agência de representação de vendas
Agência de seguros
Agente de contratos para empreiteiras
Agente de empréstimos
Agente de frete
Agente de seguros
Agente de seguros independente
Agente de vendas
Agricultura
Agricultura/armazenamento
Ajuste de seguros
Arbitragem trabalhista
Areia e pedregulho
Armazém atacadista
Armazém varejista
Artista comercial
Atacadista de bebidas
Atacadista de cerveja
Atacadista de doces/tabaco
Atacadista de fornecimento elétrico
Atacadista de frutos do mar
Atacadista de máquinas para escritório
Atacadista de motores e peças para veículos
Atacadista de suprimentos para escritório
Atacadista e franqueador de fotos
Atacado/distribuição
Autor de ficção
Autor de livros didáticos/manuais de treinamento
Lojas varejistas — roupas femininas prêt-à-porter
Cirurgião ortopédico
Cirurgião plástico
Clérigo palestrante
Clínica de cuidados prolongados
Clínica de fisioterapia e fonoaudiologia
Clínica para idosos
Companhia comercial
Companhia de administração de imóveis comerciais

## Negócios/Ocupações de Milionários que Trabalham para Si Próprios

Companhia de administração de propriedades comerciais
Conferencista
Conselheiro fiduciário
Conserto/pintura residencial
Consertos de navio — docas secas
Construção
Construção — mecânica/elétrica
Construtor
Construtor/empreiteiro imobiliário
Consultor
Consultor — energia
Consultor — levantamento de fundos
Consultor aeroespacial
Consultor de aplicações de informática
Consultor de informática
Consultor de publicidade/marketing
Consultor financeiro
Consultor técnico/científico
Consultor/advogado tributário
Consultoria de administração
Contador
Contador/corretor
Contador/planejador financeiro
Contratação de serviços de zeladoria/faxina
Corretagem/vendas
Corretor da bolsa
Corretor de agência imobiliária
Corretor/arrendatário — irrigação de fazendas
Corretor/investidor comercial/imobiliário
Criação de cavalos
Decoração de interiores
Dentista
Dentista — ortodontista
Descaroçamento de algodão
Desenvolvimento de software
Distribuidor atacadista
Distribuidor de contratos de publicidade
Distribuidor de cozinhas e banheiros

Distribuidor de frutas e legumes
Distribuidor de frutos do mar
Distribuidor de gasolina e combustíveis
Distribuidor de sêmen bovino
Distribuidor de serviços de zeladoria/faxina
Distribuidor de suprimentos para soldagem
Dono de agência de seguros
Dono de agência de viagens
Dono de agência imobiliária
Dono de cadeia de pizzarias
Dono de cadeia de postos de gasolina
Dono de clínica
Dono de companhia de investimentos em petróleo/gás
Dono de empresa de corretagem de commodities
Dono de escola técnica/de treinamento vocacional
Dono de estacionamento de trailers
Dono de funerária
Dono de loja
Dono de loja de departamentos
Dono de lojas de alimentos e conveniência
Dono de marina/serviços de consertos de iates
Dono de posto(s) de parada de caminhões
Dono de rancho
Dono de restaurante
Dono de serviços de barcos rebocadores
Dono/administrador de agência de empregos
Dono/administrador de agência de viagens
Dono/administrador de descaroçadeira de algodão
Dono/administrador de edifícios de apartamentos
Dono/administrador de salão/salões de beleza
Dono/presidente de empresa de fundos mútuos
Dono/presidente de universidade
Editor
Editor de jornais empresariais
Empreiteira/companhia de construção
Empreiteiro — escavações
Empreiteiro — escavações/fundações
Empreiteiro — estacionamento de escritórios

Empreiteiro — fabricante de laticínios
Empreiteiro — fornecimento de água
Empreiteiro — geral
Empreiteiro — imóveis
Empreiteiro — instalações
Empreiteiro — pavimentação
Empreiteiro — preparo de terreno
Empreiteiro — soldagem
Empreiteiro mecânico
Empreiteiro/construção civil
Engarrafamento de refrigerantes
Engenheiro civil/topógrafo
Engenheiro instrumentista
Engenheiro/arquiteto
Engenheiro/consultor de produção de energia
Equipamentos para escritório
Escola particular
Especulador de imóveis em más condições
Fabricante de aço
Fabricante de bonés/chapéus
Fabricante de cartazes
Fabricante de casas
Fabricante de colchões
Fabricante de cortinas
Fabricante de equipamentos para construção
Fabricante de equipamentos para transferência de calor
Fabricante de máquinas de fazer donuts
Fabricante de máquinas para bebidas
Fabricante de móveis
Fabricante de papel laminado e revestido
Fabricante de produtos químicos industriais/de limpeza
Fabricante de roupas — para crianças
Fabricante de roupas — esportivas
Fabricante de roupas — prêt-à-porter
Fabricante de roupas/lingerie para mulheres
Fabricante de tapetes
Fabricante de vitrines e acessórios

Farmacêutico
Fazendeiro
Fazendeiro — algodão
Fazendeiro — arroz
Fazendeiro — criação de galinhas
Fazendeiro — frutas cítricas
Fazendeiro — laticínios
Fazendeiro — madeira
Fazendeiro — verduras
Físico — inventor
Florista varejista/atacadista
Geólogo consultor
Imóveis
Imóveis — corretor/empreiteiro/financiador
Imóveis — leilão
Importação/exportação
Importador/distribuidor de alimentos
Impressão — gráfica
Inventor/proprietário de patentes
Jateamento com areia
Joalheria — varejista/atacadista
Joalheria a varejo
Laboratório comercial
Lavanderia comercial
Lavanderia industrial/lavagem a seco
Leasing de automóveis
Leiloeiro
Leiloeiro/avaliador
Loja varejista/serviços de pessoal
Manufatura de ferramentas
Manufatura de instrumentos
Manufatura de tecidos
Marketing — consultoria
Marketing — serviços
Marketing — vendas
Marketing direto
Médico
Médico anestesista
Médico dermatologista

Negócios/Ocupações de Milionários que Trabalham para Si Próprios

Microeletrônica
Mineração, processamento e vendas de caulim
Mudanças e guarda-móveis
Negociações trabalhistas
Negociante
Negociante de equipamentos para construção
Negociante de ferro-velho
Negociante de gasolina e combustíveis
Negociante de mercadorias arrematadas
Negociante de selos e moedas
Negociante de trailers
Operação de pistas de corrida
Organização de serviços de marketing direto
Pesquisa médica
Planejamento de terreno, projetos/engenharia
Planejamento/engenharia/construção
Processamento de carnes
Produção de bolos e tortas
Produção de filmes
Produtos farmacêuticos
Produtos por atacado
Projetos de máquinas
Promotor de esportes motorizados
Proprietário/empreiteiro
Psicólogo clínico
Radiologista

Relações públicas/lobista
Remoção de tintas/limpeza de metais
Reprodução de áudio/vídeo
Restaurantes fast food
Retífica/distribuição de motores a diesel
Seguro de desempenho de construções
Serviços de acompanhamento de veículos longos
Serviços de ambulância
Serviços de consultoria em engenharia de petróleo
Serviços de consultoria em recursos humanos
Serviços de contadoria/auditoria
Serviços de cuidados de saúde em domicílio
Serviços de dedetização
Serviços de engenharia têxtil
Serviços de informações
Serviços de mala direta
Serviços de processamento de dados
Serviços de recrutamento de mão de obra temporária para escritório
Serviços de transporte de executivos/guarda-costas
Técnico/cientista
Varejista de roupas/moda para senhoras
Vendas de antiguidades
Xerox — vendas/serviços

# Índice

**A**
acúmulo de riqueza, 40
advogados
   especializados, 218–219
   imobiliários, 218–219
alergistas, 225
ambição e motivação, 194
ambiente corporativo, 246
ativos financeiros, 3
autodisciplina, 1
avaliadores, 226

**B**
bem-estar econômico, 80
boa instrução, 26
bolsa de valores, 12, 103

**C**
cartões de crédito, 45–46, 160
cirurgiões plásticos, 225
comida, gastos com, 44–45
compradores de carros
   fiéis aos novos, 122–123
      pesquisadores de preços, 125–126
   usados, 127–128
      pesquisadores de preços, 129–130
      milionários, 131–132
conflitos entre herdeiros, 197
conselheiros de arrecadação de fundos, 229
consultor financeiro, 107–108
consumo/compra
   como um milionário, 116–118
   comportamento de, 121–123
   compradores fiéis, 122–123
   de carros, 86–89
   fazendo cotações, 126–127
   hábitos de compra, 130–132
   método
      Martin, 108–109
      North, 89–92
      South, 87–90
   pesquisadores de preços, 125–126
   planejando e controlando, 80–83
   recebedores de presentes, 156
coragem, 175
correlação entre riqueza e educação, 76

## D

decamilionários, 29–30, 47
deficiência educacional, 52
dentistas, 225
dependência econômica, 149
dermatologistas, 225
desenvolvimento de riqueza, 131
disciplina, 33
donas de casa, 180–181
  tipo
    A, 180–181
    B, 182–183
downsizing, 96

## E

efeito montagem, 159
escoceses parcimoniosos, 21–22
especialistas em habitação, 228
estratégia
  defensiva, 142
  de "pague-se primeiro", 43
estudantes profissionais, 195

## F

facilitadores, 226
filho
  adulto desempregado, 194
  de Pars e Sars, 92–94
frugal, 31
  sinônimo de riqueza, 134
fundos de investimentos em ações, 12
futuro financeiro,
  planejamento, 49–52

## G

gastos domésticos, 45
geocódigo, 253–254
geração de renda, 39
gratificação imediata, 32
Guerra da Independência, 26

## H

habitação, gastos com, 44–46
hábitos
  de compra, 130
  de investimento pessoal, 50
herança, 11, 192, 209
hiperconsumidores, 83–84, 193

## I

imposto sobre propriedades, 148
independência financeira, 68–70, 102, 113, 164
intelecto, 240
investidor ativo, 104
investimentos sólidos, 33

## J

Johnson Coal Mining, 239–243
juros, 160

## L

leasing, 9, 12
liquidantes de ativos, 226

## M

marcas de automóveis, 119–120
Mayflower, 19
McDonald's, 175

médio acumulador de riqueza (MAR), 16
mercado de ações, 109
metas, 47
   financeiras, 96–97
   ocupacionais, 102
método
   ad hoc, 254
   de 15%, 86
   Martin, 108–112
   North, 89–91
   South, 87–89
milionários
   autônomos, 245
   características comuns dos, 3–4
   como encontrar, 253–255
   comportamento de compra, 121–130
      compradores fiéis, 122
      instrumento de barganha, 128
   estilo de vida típico dos, 32–39
   leiloeiros, 40–43
   protótipo dos, 10–13
   regras para criar filhos, 207–214
   roupa customizada, 36
   versus herdeiros, 233–252
mobile-homes, 11
modelo de capitalização, 253

## N

negócios "monótonos-normais", 243–245
nouveau riche, 18

## O

orçamento e planejamento, 40
   hábitos de, 42

## P

pão-duro, 13
patrimônio líquido, 14–15
   familiar, 11
   prodigioso acumulador de riqueza (PAR), 16
perseverança, 1
pesquisadores de preços, 125–126
planejamento, 1
   impactante, 101
plano
   de aposentadoria, 13, 69
   de compra de ações, 68–69
   de previdência, 134, 234
portfólio de investimentos, 168
presentes
   e herança, 192, 209
   intergeracionais, 226
prodigioso acumulador de riqueza (PAR), 16, 31, 73, 91, 114
   filhos de, 92–95
   filhos e herança, 207
   investimentos, 99–100
   médicos, 76–79
   PARs versus SARs, 16–17
profissionais
   de educação, 226
   liberais, 238–242
programa de corte drástico, 58

# Índice

psicólogos, 225

psiquiatras, 225

## Q

quiropráticos, 225

## R

Ray Kroc, 175

realização econômica inferior, 30

recebedores de presentes, 156–157
  dependentes de crédito, 160–161
  e riqueza dos pais, 158–159
  investem menos, 160–161

reforço educacional de terceira geração, 148

regras para pais ricos, 207–214

renda, 220
  e riqueza, 95–96
  total anual tributável, 11

restrições econômicas, 92

retorno médio sobre recibos, 241

Revolução Americana, 19

rico
  definição, 13–15
  ocioso, 123
  PAR, SAR e MAR, 16
  quem são?, 233
  regras para criar filhos, 207–214
  você é?, 15–16

riqueza, 220

roupas, gastos com, 44–46

## S

sacrifício, 33

subacumulador de riqueza (SAR), 16–17, 32, 73–74, 87, 91, 114
  filhos de, 92–95
  filhos e herança, 207
  livre-se do hábito, 57–60
  médicos, 76–79
  SARs versus PARs, 16–17

suporte financeiro (SF), 93, 146–147, 179
  dado por pais ricos, 149
  produto do, 171–174
  produtos do zero, 175–176

## T

tabulação, 45

trabalho duro, 1, 5, 33

trader ativo e inativo, 103–105

transferências intergeracionais, 25

tributar a riqueza, 220

## V

veículos de crédito, 160

## Projetos corporativos e edições personalizadas
dentro da sua estratégia de negócio. Já pensou nisso?

**Coordenação de Eventos**
Viviane Paiva
viviane@altabooks.com.br

**Assistente Comercial**
Fillipe Amorim
vendas.corporativas@altabooks.com.br

A Alta Books tem criado experiências incríveis no meio corporativo. Com a crescente implementação da educação corporativa nas empresas, o livro entra como uma importante fonte de conhecimento. Com atendimento personalizado, conseguimos identificar as principais necessidades, e criar uma seleção de livros que podem ser utilizados de diversas maneiras, como por exemplo, para fortalecer relacionamento com suas equipes/ seus clientes. Você já utilizou o livro para alguma ação estratégica na sua empresa?

Entre em contato com nosso time para entender melhor as possibilidades de personalização e incentivo ao desenvolvimento pessoal e profissional.

## PUBLIQUE SEU LIVRO

Publique seu livro com a Alta Books. Para mais informações envie um e-mail para: autoria@altabooks.com.br

## CONHEÇA OUTROS LIVROS DA **ALTA LIFE**

Todas as imagens são meramente ilustrativas.

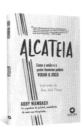 

 /altabooks   /alta-books   /altabooks   /altabooks

Este livro foi impresso nas oficinas gráficas da Editora Vozes Ltda.,
Rua Frei Luís, 100 – Petrópolis, RJ.